호외로 읽는 한국 현대사

號外

호외로 읽는
한국 현대사

정운현 지음

강화도 조약에서 북미 정상회담까지,
속보와 이슈로 읽는 현대사 150년

인문서원

"호외요! 호외!"

1960년대 중반까지만 해도 서울 도심에선 낯익은 소리였다. 대형 사건이 터지면 신문 배달 소년들이 외치는 소리가 장안에 울려 퍼지곤 했다. 당시 호외(號外)를 뿌리던 소년들은 뒤춤에 방울을 달고 뛰어다녔다. 그래서 이 방울 소리가 들리면 시민들은 '오늘 또 무슨 큰일이 터졌구나!' 하고 여겼다. 그러나 이제는 이런 일을 기억하는 사람조차 많지 않다.

호외를 뿌리는 신문 배달 소년들의 모습은 차치하고 호외조차 구경하기 힘든 세상이다. 지구촌 곳곳의 소식을 거의 실시간으로 접할 수 있고, 뉴스 전문 방송이 하루 종일 뉴스를 속보로 전한다. 이런 시대에 신문사가 호외를 발행한다는 것 자체가 어쩌면 '시대 착오'인지도 모른다. 소소한 일조차 시민들이 스마트폰으로 현장 생중계를 하는 세상이다. 호외는 더 이상 속보 매체가 아니다.

신문의 속보 기능은 방송이 등장하면서 치명타를 입었다. 1930년대 라디오 방송이 처음 등장했을 때 이미 신문은 반쯤 손을 들었다. 그래서 당시 신문이 고안해낸 것이 '화보 호외'였다. TV가 등장하기 전에는 라디오가 최고의 속보 매체였으나 '그림(화면)'은 불가능했다. 당시 신문들은 물난리나 화재 현장을 간단한 사진 설명과 함께 화보로 꾸며 호외를 발행해 라디오 방송과 차별화를 시도했다. 이때만 해도 신문이 그래도 비집고 들어갈 여지가 있었던 셈이다.

그러나 TV가 등장하면서 신문은 완전히 손을 들고 말았다. 방송은 큰 사건이나 주요 뉴스가 발생하면 신문으로 치면 호외격인 '특별 방송'을 내보낸다. 생생한 현장 화면과 함께. 따라서 이제 신문의 호외는 방송과의 속보 경쟁에서 이길 도리가 없다. 한마디로 신문 호외는 속보 매체로서의 고유한 기능과 영역을 완전히 상실했다. 이 때문에 1990년대 중반 이후 신문 호외는 겨우 체면치레를 하고 있을 뿐이다.

그러나 TV가 대중화되지 않았던 1970년대 이전까지만 해도 신문 호외는 그 나름의 '존재 의미'가 있었다. 당시로서는 호외가 유일한 대중 속보 매체여서 신문사들은 누가 먼저 호외를 뿌리느냐를 놓고 '호외 경쟁'을 벌이기도 했다. 어떤 경우에는 하루에도 두어 차례, 많게는 여섯 차례나 호외를 발행한 적도 있었다. 6·25 전쟁 당시 「서울신문」은 급박한 전황을 속보로 전하기 위해 하루에 무려 여섯 차례나 호외를 발행해 이 분야 최다 발행 기록을 수립했다.

물론 신문 호외가 속보 매체로서 위력을 발휘하던 시대에도 나름의 한계는 있었다. 우선 본판에 비해 절대적으로 발행 부수가 적은 데다 주로 발행지(대개 서울) 인근 지역에만 배포한 까닭에 극히 일부의 독자들 말고는 호외를 접하기가 어려웠다. 그래서 해방 이전의 신문들은 호외 내용을 다음 날짜 본판에 보도하면서 '호외재록(號外再錄)'이라는 문구를 넣곤 했다.

필자가 호외에 관심을 갖게 된 것은 현대사 관련 자료를 모으면서부터다. 일제시대 신문철을 뒤적이다 보니 그 속에 더러 호외가 섞여 있었다. 처음에는 무심히 지나쳤는데, 호외가 발행된 시기가 구한말까지 거슬러 올라가는 것을 보고는 다시 보게 되었다. 우리 나라에서 호외는 언제부터 생겨났을까, 세계 최초의 호외는 무엇일까, 호외라는 용어는 언제, 어디서부터 사용되었을까, 하는 의문이 생겼다. 호외 연구도, 수집도 그때부터 시작되었다.

이 땅에 신문이 등장한 이래 현재까지 발행된 신문 호외는 대략 1천여 건으로 추산된다. 일간지 호외 외에 관보(官報) 호외, 정당의 당보 호외, 대학신문 호외, 그리고 각종 기관과 단체에서 발행하는 기관지 호외까지 합하면 그 수는 훨씬 늘어날 것이다. 그러나 호외 발행 일지나 기록은 제대로 정리되어 있지 않다. 이는 호수(號數)가 매겨진 정규 발행판만을 중시한 나머지 호(號) 밖(外)에 발행한 것은 소홀히 취급한 탓이다.

지난 역사 속에서 호외는 대사건의 색인과도 같다. 따라서 호외는 단순히 '언론사(史)'에서뿐만 아니라 '사회사'에서도 중요한 의미를 가진다고 할 수 있다. 그러나 호외 발행의 주체인 신문사조차도 호외 발행 기록을 제대로 남겨두지 못했다. 이 점은 언론학계도 마찬가지다. 호외 관련 연구로는 필자가 쓴 「한국 신문 호외의 기원과 발달에 관한 연구」(고려대 언론대학원 석사학위 논문, 2000)가 유일하다.

필자는 그간 수집한 호외를 토대로 1997년에 『호외, 백 년의 기억들』이라는 책을 펴낸 바 있다. '강화도 조약에서 전두환 구속까지'라는 부제에서 알 수 있듯이 1876년부터 1995년까지의 호외

88점을 연대순으로 엮었다. 개별 사건에 관한 이야기는 물론, 호외 사진과 해설, 호외 발행 뒷이야기 등을 곁들여 이야기식으로 꾸몄다. 그새 20여 년의 세월이 흐르고 그동안 새로 발행된 호외들도 적지 않아 이번에 개정판을 출간하게 되었다.

개정판에서 추가한 내용은 김대중 대통령 당선(1997), 제1차 남북 정상회담(2000), 월드컵 4강 신화(2002), 노무현 대통령 당선(2002), 노무현 대통령 탄핵안 국회 가결(2004), 노무현 전 대통령 서거(2009), 연평도 포격 사건(2010), 김정일 위원장 사망(2011), 세월호 참사 당시 박근혜 대통령의 '미스터리 7시간'(2015), 사드 배치(2016), 박근혜 대통령 파면(2017), 문재인-김정은 제3차 남북 정상회담(2018), 김정은-트럼프 북미 정상회담(2018) 등이다. 하나같이 역사적으로 중요한 사건들이다.

이제 호외는 천연기념물이나 멸종 위기 동물과 같은 것인지도 모른다. 아직 실존하고 있긴 하지만 그 존재 가치는 서서히 사라지고 있다. 이 땅에 등장한 지 한 세기를 넘기면서 이제 그 생명을 다하고 있는 셈이다. 따라서 완전히 멸종되기 전에 호외의 역사를 기록해두는 것은 매우 의미 있는 일일 것이다.

개정판 출간을 독려해주신 인문서원 양진호 대표님과 편집진에게 감사드린다.

2018년 11월
정운현

차례

'호외사'는 우리 역사의 '사건사'

신문은 그 시대를 반영하는 거울이자 역사의 생생한 기록이다. 우리는 과거 신문을 통해 지난 일들을 알 수 있고, 역사 속의 인물들도 만날 수 있다. 따라서 신문은 그 시대의 새로운 소식을 전해 주는 메신저이자, 과거사를 가장 잘 기록한 1차 자료인 셈이다.

한국 최초의 근대적 신문 「한성순보」가 창간(1883. 10. 31.)된 지 벌써 130년이 지났다. 신문의 역사에서 보면 그리 긴 세월은 아니지만, 그동안 우리는 서구 국가들로 치면 수 세기에 맞먹을 정도의 파란만장한 역사적 사건들을 경험했고, 그때마다 우리 신문들은 이를 호외로 기록해왔다. 따라서 한국 신문의 '호외사'는 한국 언론사의 한 영역이기 이전에 한국 근대사의 '사건사'라고 볼 수 있다. 호외의 역사는 지난 역사 속 대사건들의 색인이나 마찬가지다. 일제 치하에서는 나라 잃은 설움과 저항의 역사를, 해방 후 지난 70년간은 정치·사회적 격동기의 굵직한 사건들을 기록해온 것이 바로 신문 호외다.

호외란 '신문사가 긴급한 뉴스를 속보로 전하기 위해 정기 간행 이외에 임시로 발행하는 인쇄물'을 말한다. 신문 이외에 관보나 잡지, 대학 학보, 정당 기관지 등도 호외를 발행하는 경우가 있지만,

일반적으로는 일간지의 호외를 호외의 전형으로 친다. 호외는 인터넷이나 방송 같은 속보 매체가 없던 시절 유일한 속보 매체였다. 신문사는 하루 한 번 발행하는 간기(刊期)를 기다릴 수 없을 만큼 중대한 사건이 발생한 경우 이를 호외로 보도했다.

그러나 호외는 이제 역사의 무대에서 사라져가고 있다. 최근 들어 호외 발행 자체도 극도로 줄었을 뿐 아니라 고유의 속보 기능 또한 완전히 잃어버렸다. 일간지의 호외를 대체하는 새로운 속보 매체가 생겨나면서 미디어의 세대교체가 이루어졌기 때문이다.

한국에서 호외는 언제 처음 발행되었을까?

호외는 신문사 간의 속보 경쟁에서 비롯된 부산물이라고 할 수 있다. 한국의 양대 신문이라 할 수 있는 「동아일보」와 「조선일보」가 가장 많은 호외를 남긴 데서도 알 수 있다. 오늘날처럼 다양한 속보 매체가 발달한 상황에서는 신문이 속보 경쟁을 벌이기 어렵지만, 방송이 등장하기 전이나 오늘날처럼 보도 기능이 활발하지 않던 시절, 일간지의 호외는 유일한 속보 매체였고, 그 시절 신문사들은 사운을 걸고 이른바 '호외 전쟁'을 치르곤 했다.

특히 1930년대 후반 「동아일보」와 「조선일보」 간의 중일전쟁 속보 호외 전쟁이 유명하다. 당시 「조선일보」는 방응모가 회사를 인수한 뒤 우위에 있던 「동아일보」를 따라잡기 위해 호외전에 뛰어들었다. 이때 양 사는 하루에 최고 제4호외까지 발행하는 등 치열한 호외 경쟁을 벌였다.

계훈모가 펴낸 『한국언론연표 1881~1945』에 따르면, 이 땅에서 발행된 최초의 호외는 1894년 당시 인천에서 발행되던 일본계 신문 「조선신보(朝鮮新報)」가 청일전쟁이 임박해서 발행한 호외라고 한다. 일본에서 호외라는 말이 생겨난 지 22년, 그리고 일본 신문계의 첫 호외로 알려져 있는 「별단중외신문(別段中外新聞)」이 발행된 지 26년이 지난 뒤였다.

「조선신보」의 호외가 등장할 무렵, 이미 일본 신문계에서는 '헌법 호외'로부터 시작해 호외가 성장 가도를 달리고 있었다. 따라서 일본에서 한국으로 건너올 당시 호외는 이미 완제품에 가까운 상태였다. 이는 초창기 이 땅에서 발행된 호외들이 일본에서처럼 '별호(別號)', '별지(別紙)', '별보(別報)' 등의 명칭으로 혼용된 예가 없고, 편집 면에서도 완벽할 정도의 격식을 갖추고 있다는 점에서 확인할 수 있다.

세계적으로는 존 캠벨(John Campbell)이 발행한 미국 최초의 신문 「보스턴 뉴스레터」(Boston News Letter)가 1704년 6월 30일 근해를 횡행하던 해적 6인의 처형 사실을 보도한 것이 첫 호외로 알려져 있다. 일본에서는 1868년[메이지(明治) 원년] 5월 16일 「중외신문(中外新聞)」이 발행한 '별단판(別段版)'을 일본 신문의 첫 호외로 꼽는다. 이날 「중외신문」은 하루 전인 5월 15일 우에노에서 발생한 '창의대(彰義隊) 사건'을 「별단중외신문」이라는 이름으로 호수 없이 발행했다. 여기에서 '별단'이란 호외를 뜻하는 네덜란드어 'extra'를 번역한 것이다. 영자신문이 호외를 지칭할 때 사용하는 'extra'라는 용어는 여기서 비롯된 것으로 생각된다.

일본에서 생겨나 이 땅으로 건너온 호외라는 용어는 메이지 5년(1872) 7월 일본의 「태정관일지(太政官日誌)」가 학문 보급을 논한 '태정관 포고문'에서 "난(欄) 외에 호외"라고 기록한 것이 가장 오래된 기록이다. 일본 신문에서 호외라는 용어를 처음 사용한 신문은 「조야신문(朝野新聞)」으로, 이 신문은 1876년 10월 29일 구마모토에서 발생한 '신풍련(神風連) 사건'을 속보로 전하면서 호외라는 이름으로 임시 간행물을 발행했다.

초창기 일본에서 호외라는 용어는 여러 가지 유사 용어로 혼용되었다. '별보', '별호', '별지', '호외부록(號外附錄)', '부록(附錄)', '부전번외(附箋番外)' 등이 대표적이다. 또 본지와 별도로 배달한다고 해서 '별배달(別配達)'이라는 용어를 사용하기도 했다.

이 땅에서 발행된 첫 호외는 앞에서 언급한 대로 당시 인천에서 발행되던 일본계 신문 「조선신보」가 1894년 7월 23일자로 청일전쟁의 임박을 속보로 전한 것이다. 따라서 이 신문은 일본인이 발행한 일문(日文) 신문이라 할지라도, 이 땅에서 최초로 호외를 발행한 신문이라는 점에서 호외사 또는 한국 언론사 연구에서 중요한 의의를 갖는다.

이 호외는 한국 신문계의 초창기 호외임에도 호외의 격식을 제대로 갖추고 있어서 한국 신문의 호외가 일본으로부터 전해졌다는 사실을 입증해주는 단적인 증거라고 할 수 있다. 또 이 호외는 호외의 속성인 속보성 기사를 다룬 '전단식 호외'임에도 가격이나 발행지 등을 구체적으로 밝히고 있어서 당시 일본 신문의 호외 발행 상황을 간접적으로 엿볼 수 있는 좋은 자료이기도 하다.

한글로 된 호외가 발행된 것은 이보다 3년 뒤의 일이다. 1897년 미국인 선교사 언더우드(Horace G. Underwood)가 창간한 「그리스도신문」은 그해 8월 22일자에 첫 한글 호외를 발행했다. 이 신문은 이날 고종 황제의 탄신일을 맞아 고종 황제의 사진을 석판으로 인쇄해 호외로 배포했다. 이 호외는 속보성 호외라기보다는 부록에 가깝다고 할 수 있다.

당시 「그리스도신문」은 경영 정책의 일환으로 여러 가지 경품을 독자들에게 제공했다. 따라서 엄밀한 의미에서 볼 때 이를 호외라고 부르기는 힘들다. 그러나 일단 호외라는 명칭을 달고 발행된 한글 신문의 첫 호외인 것만은 분명하다. 부록이라는 용어가 생겨난 것은 나중의 일이다.

위의 두 호외는 나름대로 의의는 있지만 명실상부한 이 땅의 첫 호외라고 보기는 어렵다. 한국 신문계의 첫 호외로 평가할 수 있는 것은 1898년 2월 19일 「독립신문」이 발행한 호외다. 그 이유는 우선 이 신문이 한국인에 의해 발행되었다는 점, 그리고 취급한 기사가 전형적인 속보성 기사라는 점 때문이다. 이날 이 신문은 미국 군함 메인호가 하바나항에서 폭침된 사실을 속보로 전달하기 위해 호외를 발행했다.

1890년대에 발행된 호외는 이상의 세 건 정도다. 초창기 한국 신문계의 호외는 이처럼 일본인이 첫 테이프를 끊었음은 물론, 국내 소식보다는 외신에 주력하는 등 궤도 진입을 제대로 하지 못한 상태였다.

호외의 역할은 속보에 있다

한국 신문계에서 호외가 시대상을 반영하고 속보 매체로서의 기능을 제대로 발휘하기 시작한 것은 1900년대에 들어서부터다. 1902년 1월 29일 「한성신보(漢城新報)」가 '영일동맹 체결'을 호외로 보도한 이후, 1905년 11월 27일 「대한매일신보(大韓每日新報)」는

'을사늑약 체결'을, 1907년 5월 24일 「제국신문(帝國新聞)」은 '학무대신 이완용의 총리대신 임명'을, 1907년 7월 19일 「경향신문(京鄉新聞)」은 '고종 황제의 양위'를 각각 호외로 보도했다.

특히 「대한매일신보」는 위 호외뿐 아니라 '헤이그 밀사 사건'(1907. 7. 18.), '고종 황제 양위'(1907. 7. 19.), '군대 해산'(1907. 8. 1.), '안중근 의사 다롄 감옥에서 사형'(1910. 3. 26.) 등 총 5회 호외를 발행했다. 이 신문은 당대를 대표하던 민족 노선의 신문으로, 중요한 사건이 발생할 때마다 이를 호외로 전해 일제하 조선 민족의 울분을 대변해주었다. 이준 열사가 헤이그 만국평화회의장에서 할복해 각국 사신들 앞에서 피를 뿌렸다는 이야기는 바로 이 신문의 1907년 7월 18일자 호외에서 비롯한 것이다.

'이준 열사 할복설'은 나중에 오보로 확인되었는데, 이는 당시 이 신문의 항일 보도 태도에서 기인한 것이다. 또 당시 국민감정이 이를 사실로 믿도록 만들었다고 볼 수도 있다. 이튿날 잇따라 발행된 이 신문의 호외는 바로 전날 호외로 보도한 '헤이그 밀사 사건'이 말썽이 되어 고종 황제가 일제와 친일파들의 압력을 받고 자리에서 물러난 사실을 보도한 것이다. 이 신문의 호외와 관련해 한 가지 특기할 점은 한 면에 같은 내용의 기사를 국한문 혼용판과 순한글판 두 가지로 나란히 실었다는 것이다. 이는 한문에 익숙하지 않은 일반 대중을 위해 배려한 것으로 생각된다.

한편 이 무렵에 발행된 영자신문 「서울 프레스(The Seoul Press)」의 호외를 눈여겨볼 필요가 있다. 이 신문은 당시 조선에서 발행하던 민족 노선의 영자신문에 맞서기 위해 통감부가 정책적으로 창간한 통감부 기관지로, 1907년 2월 10일 창간되었다. 이 신문은

1909년 1월 3일과 이듬해 1월 1일 신년호에서 각각 본판 크기의 호외를 발행했는데, 이때 이 신문이 표기한 호외의 정식 명칭은 'The Seoul Press Extra'였다. 즉 호외의 영어식 표기인 'extra'라는 용어가 처음으로 등장한다. 반면 부록의 영어식 표기인 'supplement'는 이보다 훨씬 앞선다.

을사늑약 체결 사실을 호외로 보도한 1905년 11월 27일자 「대한매일신보」는 2면에 장지연의 명 논설 「시일야방성대곡(是日也放聲大哭)」(「황성신문(皇城新聞)」, 1905. 11. 20.)을 번역해 실으면서 'supplement to'라고 표기했다. 구한말부터 한일병탄 이전 기간에 호외를 발행한 신문은 이 밖에 「대한민보(大韓民報)」, 「대한일보(大韓日報)」, 그리고 재미교포 신문인 「신한민보(新韓民報)」가 있으며, 「대한매일신보」와 쌍벽을 이루었던 민족지 「황성신문」에서도 두 차례나 호외를 발행한 바 있다. 「황성신문」의 첫 호외는 게재 기사가 문제가 되어 본지가 정간당한 사실을 보도한 것이어서 다소 특이한 경우에 속한다. 일제의 언론 탄압은 드디어 신문에서 호외의 형태로 나타나기 시작했다.

한국 신문사를 통해 볼 때 호외에는 두 종류가 있다. 하나는 속보성 기사를 다룬 전형적인 호외다. 이는 대개 단일 기사를 다룬 전단식 호외에 해당한다. 따라서 크기가 본판보다 작은 경우가 대부분이며, 편집 역시 본판의 기본 형식을 따르지 않은 경우도 더러 있다. 이에 반해 크기가 본판과 같고 편집 형태 역시 제대로 갖추고 있으면서 호수 없이 발행된 호외도 상당수 있다. 바로 이것이 일제의 언론 탄압의 한 사례다.

일제 강점기에 총독부는 이미 호수가 매겨져 발행된 신문이라도 검열 과정에서 문제가 발견되면 압수하거나 배포를 금지했다. 이런 경우 신문사는 문제가 된 기사를 빼고 다시 신문을 발행했다. 이때 하루에 호수를 두 번 부여할 수는 없으므로 결국 호외의 형태로 발행할 수밖에 없었다. 따라서 이 같은 형태의 호외는 항일 민족지에서만 그 사례를 찾을 수 있는 것이 특징이다.

일제 강점기의 호외들

민간 상업지가 등장하기 이전인 1910년대에 가장 많은 호외를 남긴 신문은 단연 「매일신보(每日申報)」다. 이 신문은 영국인 어니스트 베델(Ernest Bethel)이 창간한 「대한매일신보」의 후신으로, 일제는 한일병탄 다음 날인 1910년 8월 30일부로 「대한매일신보」의 제호에서 '대한'이라는 용어를 떼어내고 총독부의 조선어판 기관지로 전락시켰다. 당시 일제는 '합병'과 함께 대한제국이라는 국호를 없애고, 대한이나 황성(皇城) 등 한국의 독립을 상징하는 용어를 일체 사용하지 못하도록 했다. 「황성신문」을 「한성신문(漢城新聞)」으로, 「대한신문(大韓新聞)」을 「한양신문(漢陽新聞)」으로, 그리고 「대한민보」를 「민보(民報)」로 바꾸게 한 것이 바로 그러한 예다.

한편 「매일신보」는 1914년 4월 11일 일본 대정(大正) 천황의 태후 사망 소식을 호외로 보도한 이후 본격적으로 호외를 발행했다. 특히 이해 8월 들어서는 제1차 세계대전의 전황을 호외로 보도해 이른바 '전쟁 속보 호외'를 처음으로 국내에 선보였다. 일본의 경우에도 초창기 청일전쟁과 러일전쟁 기간 호외 전쟁을 벌여 이를 계기로 일본 신문계에서 호외 발행이 본격화되었다. 한국의 경우에는 「매일신보」가 그 역할을 한 셈이다.

그러나 이 신문은 앞에서 언급한 대로 총독부의 기관지로서 친일 성향을 띠고 있어서 국내 사건보다는 다분히 외신에 치중하거나, 정치적 성향을 많이 띠지 않은 내용만을 취급했다. 고종 황제의 중태(1919. 1. 21.) 및 승하(昇遐, 1919. 1. 22.) 소식을 잇달아 호외로 보도하면서도 '3·1 만세 사건'은 침묵을 지켰다. 1930년대 들어 이 신문은 '공산당 사건'이나 중일전쟁, 그리고 일본의 정계 소식을 호외로 보도했을 뿐 국내 사건과 관련한 호외는 거의 발행하지 않았다. 국내 관련 호외로는 수재 사건이나 화재 사건 등 지극히 비정치적인 내용만을 취급함으로써 조선인을 자극할 만한 내용은 극히 자제했던 것으로 보인다. 이는 총독부의 일어판 기관지였던 「경성일보(京城日報)」의 호외 발행 사례와도 유사한 것으로, 친일 언론의 전형적인 행태라고 볼 수 있다. 「매일신보」는 1938년 4월 29일부로 제호를 「매일신보(每日新報)」로 바꾸었으며, 해방 후 다시 현재의 「서울신문」으로 제호를 바꾸어 명맥을 이어 오고 있다.

이 기간에 호외를 발행한 신문으로는 「신한민보」를 들 수 있다. 이 신문은 미국 샌프란시스코에서 활동하던 민족 노선의 단체 '국민회(國民會)'의 기관지로 1909년에 창간되었는데, 그해 6월 10일 첫 호외를 발행한 이후 1910년대에 총 다섯 건의 호외를 발행했다. 이 신문은 '징병 질문 대답 조목'(1918. 9. 26.), '중앙총회협의회 사건'(1918. 11. 28.) 등의 호외를 '질문서', '특별 포고문' 형식으로 제작해 배포했다. 특히 이 신문은 본문은 순한글을 사용했지만 재미교포 신문답게 'extra'라는 호외의 영어식 표기를 호외마다 병기한 점이 특이하다.

이 시기를 언급할 때 빼놓을 수 없는 것 중 하나는 3·1 운동을 전후해 국내외에서 활발한 활동을 보인 항일 지하신문의 호외다. 1920년 조선총독부가 민간 상업지를 허가하게 된 배경에는 이들의 공로가 적지 않았다고 볼 수 있다. 다시 말해 이들 항일 지하신문을 색출·압수하는 데 지친 일제가 결국 이들을 제도권 내로 끌어들이면서 조선 민중에게 언로를 열어주는 듯한 효과를 내기 위해 민간 상업지를 허용하게 되었다는 이야기다.

그 당시 발행된 항일 지하신문들은 격문, 경고문, 해외에 띄우는 진정서 등 전단 형식이 주류를 이루었으나, 몇몇 신문은 이를 호외로 발행하기도 했다. 발행 주체와 발행 일자가 불명인 「대한민국신보(大韓民國新報)」는 1919년 7월 재일동포들에게 보내는 경고문을 호외로 발행한 적이 있다. 이보다 앞서 같은 해 3월에 창간된 「독립신보(獨立新報)」(발행 단체와 발행인 모두 불명)는 같은 해 4월 10일자로 하루 전인 4월 9일에 서울에서 결성된 한성임시정부의 요인과 내각 명단을 호외로 보도했다.

이 두 신문이 발행한 호외의 공통점은 모두 손으로 써서 등사판으로 급히 제작한 필사본 호외라는 점이다. 이는 당시 신문 제작자들이 이 소식을 속보로 전하기 위해 고심한 흔적을 엿보게 하는 동시에, 독립운동가 사회의 열악한 사정을 간접적으로 보여주는 사례이기도 하다. 특히 「독립신보」의 경우, 급히 제작하는 과정에서 집정관 이승만과 총리 이동휘의 이름을 서로 바꿔 보도하는 등 오보를 내기도 했는데, 이는 1907년 「대한매일신보」의 '이준 열사 할복자살' 오보에 이어 호외로서는 두 번째 오보인 셈이다.

한국 신문계에서 호외 발행이 정착된 것은 1920년 민간 상업지가 등장한 이후로 보는 것이 적절할 것이다. 호외 경쟁으로 엄청난

양의 호외가 쏟아져 나왔을 뿐만 아니라, 이 무렵부터 호외가 당시의 시대상을 제대로 반영했기 때문이다.

1920년 4월 3일 창간된 「동아일보」는 창간 12일 뒤인 15일 첫 호외를 발행했다. 이 같은 사실을 다음 날인 16일자에 사고(社告)를 통해 밝히고 있다. 이 신문보다 한 달가량 앞서 3월 5일 창간된 「조선일보」는 그해 7월 8일자로 첫 호외를 발행했다.

여기서 한 가지 공통된 점은 두 신문 모두 당국의 기휘(忌諱)에 저촉된 기사가 있어서 발매·배포 금지를 당하자 해당 기사를 삭제하고, 이를 호외로 제작해 발행했다는 점이다. 창간 초창기부터 시작된 두 신문의 호외 전쟁은 그 후 일제 말에 가서 친일 경쟁을 벌일 때까지 계속되었다.

「동아일보」, 「조선일보」 말고도 1930년대 말까지 호외를 발행한 민간 신문은 더러 있었다. 우선 1922년 9월 최남선이 창간한 시사 잡지 「동명(東明)」의 후신인 「시대일보(時代日報)」가 있다. 이 신문은 경영난으로 제호를 「중외일보(中外日報)」에서 「중앙일보(中央日報)」로, 다시 「조선중앙일보(朝鮮中央日報)」로 바꾸었다. 「조선중앙일보」는 1936년 8월 '일장기 말소 사건'으로 발행을 중단한 후 이듬해 11월 폐간되었다.

상해임시정부가 기관지로 1919년 8월 21일 창간한 「독립신문」(창간 당시의 제호는 「독립」이었다)도 1925년 12월 종간될 때까지 두 건의 호외를 발행했다. 이 밖에 성격이 명확하지 않으나 좌익 계열의 신문인 「대중신문(大衆新聞)」, 「무산자신문(無産者新聞)」 등이 1927년 11월 2일자로 '조선공산당 피고 고문 고소 사건'을 호외로 보도했다.

지방지 중에서는 「부산일보」(1907년 창간)가 1910년 10월 25일자로 자사 마산 지국장이 출판 법규 위반으로 선고받은 사실을 호외로 발행한 적이 있는데, 이는 지방지 중에서는 유일한 사례다.

1920년 민간지 등장 이후 가장 많은 호외를 발행한 신문은 '3대 민간지'로 불린 「동아일보」, 「조선일보」, 「시대일보」(이후의 「중외일보」, 「중앙일보」, 「조선중앙일보」 포함)와 총독부 기관지 「매일신보」였다. 이들 중에서 가장 치열한 호외 전쟁을 벌인 곳은 「동아일보」와 「조선일보」였다. 특히 1933년 방응모가 「조선일보」를 인수한 이후부터 양 사의 호외전은 극에 달했다. 이들의 경쟁은 독자에 대한 서비스라는 측면에서 바람직한 면도 있었지만, 다소 소모적인 면도 없지 않았다.

「동아일보」와 「조선일보」의 호외 전쟁

「동아일보」와 「조선일보」의 치열한 호외전을 극명하게 보여준 사례는 1937년 7월에 발생한 중일전쟁과 관련한 전쟁 속보 호외였다. 두 신문 중에서 먼저 호외를 낸 쪽은 「동아일보」였다. 「동아일보」는 사건 다음 날인 7월 8일 '연습 중의 풍대(豊台) 주둔군에 중국병(中國兵)이 돌연 발포'라는 제하의 첫 호외를 발행했다. 이에 반해 「조선일보」는 사건 이틀 뒤인 7월 9일 첫 호외를 냈다. 이를 시작으로 「동아일보」와 「조선일보」 간의 중일전쟁 속보 호외전의 막이 올랐다.

중일전쟁 초기인 1937년 7월 초부터 8월 말까지 「조선일보」는 50회, 「동아일보」는 이보다 10회 정도 적은 호외를 냈다. 이 기간 하루 최다 발행 기록을 보면, 「동아일보」가 제4호외를 발행한 것이

2회(7. 28., 8. 15.)이며, 「조선일보」 역시 제4호외를 2회(8. 16., 8. 20.) 발행했다.

한 가지 짚고 넘어갈 점은 이때가 두 신문이 친일 대열에 들어선 시점이기도 하다는 것이다. 중일전쟁은 명백한 일본의 침략 행위인데도 두 신문은 비판은커녕 "동포여, 자중하라."고만 외쳤다. 그러나 7월 13일 미나미 지로(南次郎) 총독이 시국담화문을 발표해 조선인들의 협력을 요청한 후 양 사는 적극적으로 이를 기사에 반영했다. 「조선일보」는 7월 19일부터 아군(我軍), 황군(皇軍) 등의 용어를 사용하더니, 다음 날인 20일자 제2호외에서 '아(我) 포병 공격 개시'로 제목을 달았고, 「동아일보」 역시 같은 날 「조선일보」와 같은 제목의 호외를 발행했다. 두 신문은 8월 들어서부터는 노골적으로 일제에 협력하고 나섰다. 「조선일보」는 '총후(銃後)의 임무'(8. 2.), 「동아일보」는 '거국일치의 요(要)'(8. 20.) 등의 제목으로 사설을 실었으며, 이어서 국방헌금 모금 사고(社告)를 앞 다투어 게재했다.

사실 「동아일보」와 「조선일보」의 호외 전쟁의 시작은 그보다 한참 거슬러 올라간다. 두 신문은 창간한 지 5년째인 1925년에 일어난 '을축년 대홍수' 때부터 분초를 다투는 호외전을 벌여왔다. 언론인 김을한이 남긴 글을 보면, 라디오가 없던 당시 시급한 뉴스는 호외에 의존할 수밖에 없었는데, 라이벌이었던 양 사는 매시간 호외를 발행해 서로 10분이 빨랐느니 5분이 늦었느니 하며 수선을 떨었다고 한다.

당시 호외의 내용이라야 한강 수위가 몇 자 더 불었느니, 살곶이 다리가 어쨌느니, 익사자가 몇 명 났느니 하는 정도였다. 「조선일보」는 창간 초기 「동아일보」에 대한 열세를 극복하기 위해 호외전에서 승부를 걸다시피 한 입장이었다. 「동아일보」 역시 한 치도 양보할 수 없는 입장이어서 이들의 호외전은 사운을 건 한판 승부나 다름없었다. 「동아일보」와 「조선일보」의 '물난리' 호외전은 1934년 7월 삼남 지방 수재 사건 때 재현되었다. 7월 21일 수재 관련 첫 호외를 낸 「동아일보」는 근 열흘간에 걸쳐 15회 전후의 호외를 발행했고, 「조선일보」 역시 비슷한 양상을 보였다.

이 무렵에 새로 등장한 것이 '화보 호외'였다. 양 사는 약속이나 한 듯이 7월 23일자 제2호외에서 수재 상황을 대형 화보로 제작해 발행했는데, 「동아일보」 쪽이 횟수가 잦았다. 특히 「동아일보」는 특파원들이 현지에서 촬영한 수재 현장 활동사진을 수차례에 걸쳐 경향(京鄉) 각지에서 상영하면서 자사의 취재 활동을 홍보하기도 했다.

1992년 8월 10일 「중앙일보」는 황영조 선수가 바르셀로나 올림픽 마라톤 경기에서 우승한 소식을 호외로 보도한 적이 있다. 그런데 우연하게도 56년 전 같은 날짜에도 당시 3대 민간지에서 마라톤 호외를 발행한 적이 있다. 손기정 선수가 베를린 올림픽 마라톤 경기에서 우승한 소식을 속보로 전한 호외가 그것이다. 당시 손기정 선수의 쾌거를 알리는 호외를 받아 든 소설가 심훈은 호외 뒷면에 〈오오, 조선의 남아여!〉라는 항일 즉흥시를 써서 남겼는데, 이 내용은 「조선중앙일보」 8월 11일자에 게재되어 오늘날까지 전해 오고 있다.

그 무렵 「조선중앙일보」는 「동아일보」보다도 한때 구독자가 많았을 정도로 사세가 신장되었다. 그러나 8월 13일자에서 손기정 선수의 사진을 실으면서 일장기를 말소한 것이 화근이 되어 급기야 이듬해 11월 문을 닫고 말았다.(일반적으로 널리 알려진 「동아일보」의 일장기 말소는 8월 25일자로 「조선중앙일보」보다 12일이나 늦다.)

1940년 민간지가 폐간되면서 해방 때까지 민간지 호외는 한동안 볼 수 없었다. 그러나 총독부 기관지 「매일신보」는 이 기간에도 줄기차게 호외를 발행했다. 1939년 이후로 발행 횟수는 현저히 줄었다. 8·15 해방 당일에는 사전에 호외를 제작해 기다리고 있다가 정오에 히로히토(裕仁)의 항복 선언이 라디오로 흘러나오자 바로 거리에 뿌렸다.

「매일신보」는 1945년 11월 22일부로 현재의 「서울신문」으로 제호를 바꾸어 현재까지 이어져 오고 있다. 제호를 바꾸기 직전인 10월 17일 '이승만 박사의 귀국 소식'을, 이름을 바꾼 다음 날인 11월 23일 '김구 선생 일행의 환국 소식'을 호외로 보도한 바 있다.

해방 이후 현재까지의 호외들

해방과 함께 시작된 미군정, 좌우 대립 등 정치 격변기를 거치면서 크고 작은 정치 사건들이 많았지만, 이 기간에 발행된 호외는 그리 많지 않다. 「동아일보」의 경우 1945년에서 1955년 사이에 겨우 네 건의 호외를 발행했을 뿐이며, 1956년에서 1959년 사이에는 단 한 건의 호외도 발행하지 않았다.

오히려 해방 직후 창간된 좌익 신문들의 호외 발행이 두드러졌다. 「조선인민보(朝鮮人民報)」, 「해방일보(解放日報)」(조선공산당 기관지), 「전국노동자신문(全國勞動者新聞)」, 「혁명신문(革命新聞)」 등이 모두 한두 건의 호외를 발행했으며, 1947년 6월에 창간된 「노력인민(勞力人民)」(남조선노동당 중앙위원회 기관지)은 총 네 건의 호외를 발행했다.

6·25 전쟁 발발을 알리는 첫 호외를 낸 곳은 한국 신문이 아니라 도쿄에서 발행된 미군 기관지 「스타스 앤드 스트라이프스(Stars and Stripes)」였다. 이 신문은 UP통신의 기사를 인용해 'Korea at war(한국전 발발)'라는 제목으로 호외를 발행했고, 뒤이어 국내의 「경향신문」, 「조선일보」, 「동아일보」가 호외를 발행했다.

한국 신문계에서 호외가 제2의 전성기를 누리기 시작한 것은 1960년대 들어서부터다. 이는 한국신문협회가 자율적으로 호외 발행을 자제하고 나선 데서 알 수 있다. 한국신문협회는 1965년 6월 12일의 제123차 이사회 결의로 호외의 판형을 타블로이드판으로 한정했다. 이어 1968년 4월 20일의 제125차 이사회에서는 호외의 면수를 1회 2면 이내로 제한하기로 했으며, 각종 인사 발령 호외도 이에 준하도록 했다. 부록은 아예 이사회의 결의 없이는 발행할 수 없도록 했다. 신문업계 스스로 자제를 필요로 했을 만큼 당시 호외 발행이 과도한 경쟁을 벌이고 있었다. 당시 일간지들은 판매 전략의 일환으로 하루가 멀다 하고 호외를 남발했다. 그 내용은 입시 문제, 자사 PR판, 합격자 명단 등 호외 본연의 성격과는 거리가 먼 내용들이었다.

이러한 점은 당시 「중앙일보」가 1965년 10월 한 달 동안에 발행한 호외 내역을 보면 분명하게 알 수 있다. 「중앙일보」는 그해 10월에 총 25회의 호외를 발행했는데, 이 가운데 순수 속보성 호외는 10월 2일자 '인도네시아 쿠데타'에 관한 호외 등 일곱 건, 제46회 전국체전 관련 호외 여덟 건(거의 화보 호외임) 정도였고, 나머지는 모두 '본사가 마련한 중학 입시 모범 답안' 제하의 입시 답안지 호외였다. 이는 비단 「중앙일보」만이 아니라 당시 한국 신문계 전체

의 풍조였다. 선거철이 되면 거의 하루에 한 번씩 호외 아닌 호외
를 발행한 신문도 많았다. 1971년 제7대 대통령 선거 당시 「서울
신문」은 4월 중순부터 선거 직전인 5월 중순까지 한 달 동안 박정
희 후보의 지방 유세 소식을 매일 호외로 보도했다. 호외가 마치
조석간 체제하의 석간 격이 된 셈이니 신문업계 내에서 자탄의 소
리가 나온 것은 당연했다.

1960년대에 발행한 외신 관련 주요 호외로는 1963년 '케네디
암살 사건', 1969년 '아폴로 11호 달 착륙' 등이 대표적이며, 그 밖
에 '4·19 의거', '민정이양' 등 국내 정치와 관련한 다수의 호외가
남아 있다. 1968년 1월 10일자로 「조선일보」가 보도한 '『난중일
기』 되찾다' 제하의 호외는 다소 특이한 성격의 호외인 셈이다.

1970년대 들어서도 한국 신문계에서 호외는 줄기차게 맥을 이
어 왔다. 이 기간 국내의 정치 상황이 대형 사건들로 채워져 있었
으며, 이른바 '동아·조선 사태'도 있었기 때문이다. 그러나 이 같은
현상은 그만큼 당시의 언론 활동이 활발했다는 이야기도 된다.

1970년대 이후부터 시작된 호외 가운데 하나가 '올림픽 호외'다.
1972년 9월 뮌헨 올림픽에서 오승립 선수(유도)가 올림픽 역사상
첫 메달(은)을 목에 걸면서부터 올림픽 호외는 시작되었다. 이어 몬
트리올 올림픽에서 양정모 선수(레슬링)가 올림픽 역사상 첫 금메달
을 따내자 국내 신문들은 앞 다투어 이를 호외로 보도했다. 1984
년 로스앤젤레스 올림픽 때는 한국 선수단이 좋은 성적을 거두어
서인지 「조선일보」에서만 총 12회의 호외를 발행했다.

1988년 서울 올림픽은 한국에서 개최되었기 때문에 호외는 나
오지 않았다. 1992년 바르셀로나 올림픽에서는 마라톤에서 황영조

선수가 우승을 따내는 등 좀처럼 보기 드문 큰 경사가 있었지만, 「중앙일보」가 마라톤 우승 소식을 호외로 보도한 것이 유일하다. 앞에서도 언급했듯이 이 무렵부터 호외가 방송이나 뉴미디어와의 속보 경쟁에서 뒤처지기 시작했기 때문이다. 이런 현상은 1980년 대 후반 이후 가속화되었다.

1970년대 이후 발행된 주요 사건 호외를 개략적으로 살펴보면, 1972년 '7·4 남북 공동성명', 1973년 '6·23 선언'이 호외로 보도 되었고, 1979년에는 '박정희 대통령 시해 사건', '12·12 쿠데타' 등이 역시 호외로 뿌려졌다.

1980년대에 들어서는 1982년 '의령 경찰관 총기 난동 사건'이 호외로 보도되었고, 1983년에는 2월 '북괴기 귀순', 5월 '중공 여 객기 불시착', 8월 '중공 미그기 귀순', 9월 'KAL기 피격', 10월 '미 얀마 아웅산 사건' 등 다수의 대형 사건들이 호외로 보도되었다. 1986년에는 '김일성 사망'이 확인되지 않은 채 호외로 보도되어 (「중앙일보」만 '사망설'로 보도함) 호외 사상 세 번째의 오보를 기록하기 도 했다.

제5공화국 말기인 1987년에도 서너 건의 호외가 나왔다. 그해 2 월에 '김만철 씨 일가 귀순 사건'이 첫 호외를 장식한 뒤로 '4·3 호헌 조치', '6·29 선언' 등 주요 정치 사건이 모두 호외로 보도되 었다. 제6공화국 첫해인 1988년에는 4월 '민정당이 참패한 제13대 총선', 10월 '탈주범 인질극 사건', 그리고 12월 '2기 내각인 강영 훈 내각의 개각 소식'이 모두 호외로 보도되었다.

1990년 이후 호외는 급격히 줄어들었다. 1990년에는 '3당 합당' 소식이, 1991년에는 1월 '걸프전', 8월 '고르바초프 실각', 9월 '미국 전술핵 일방 폐기 선언' 등이 호외로 보도되었다. 그리고 1992년에는 제14대 총선 결과와 황영조 선수가 이룬 바르셀로나 올림픽 마라톤 쾌거 소식 등이 호외로 전해졌다.

한편 선거나 올림픽 등 규칙적으로 발생하는 행사 관련 호외 이외에 단일 사건으로서 가장 많은 호외 발행 기록을 가진 분야는 '화재' 관련 쪽이다. 1930년대 당시 「조선일보」, 「동아일보」, 「조선중앙일보」 등 3대 민간지가 발행한 화재 사건 호외는 무려 12건이나 된다. 이는 일단 화재 자체도 많았지만, 당시 민간지들의 지나친 호외 경쟁에서 비롯된 측면도 있다.

한때 우리 사회에서 물의를 빚은 바 있는 '종말론 사건'은 호외를 통해서도 그 뿌리를 찾을 수 있다. 1925년에 있었던 '흠치교(吽哆教) 사건', 1937년의 '백백교(白白教) 사건', 그리고 1938년에 경북 지방에서 발생한 '청림(青林) 미륵도 사건' 등이 그 예다.

독립투사들의 의거와 관련해서도 여러 건의 호외가 발행되었다. 안중근 의사(1909년 10월), 김상옥 의사(1923년 1월), 나석주 의사(1927년 1월), 이봉창 의사(1932년 1월), 윤봉길 의사(1932년 4월) 등의 의거 때마다 국내 신문은 물론 일본 신문들도 호외로 대서특필했다. 안중근 의사의 경우 사형 소식까지, 나석주 의사 사건 때는 「동아일보」가 제4호외까지 발행했다. 일본 현지에서 발생한 이봉창 의사 사건의 경우, 「오사카마이니치신문」이 제3호외를 발행하기도 했다.

호외는 사라질 것인가?

지금까지 언급한 호외는 호외의 전형이라 할 수 있는 일간지의 호외였다. 그러나 호외는 일간지만 발행한 것은 아니었다. 일간지 호외보다 오랜 역사를 가지고 있는 것 중에 관보가 발행한 호외가 있다. 관보는 구한말 '조보(朝報)'에 이어 등장한 것으로, 초창기에는 호수 없이 발행되었다. 관보에 호수가 매겨진 것은 1895년 4월 1일자부터인데, 이해 4월 15일에 첫 호외가 발행되었다.

당시 관보 발행을 담당하던 관보과에서는 매일 오후 1시까지 각 관청에서 보내온 기사를 마감·정리해 다음 날 관보에 게재했는데, 공휴일에는 발행하지 않았다. 그러나 특히 긴급을 요하는 기사는 마감 시간이 지났거나 공휴일이라도 호외를 발행해 게재했다. 기사가 폭주해 일시에 게재하지 못할 경우에는 완급을 가려 싣기도 하고, 장편 기사는 부록을 발행하거나 여러 호수에 나누어 싣기도 했다. 관보는 또 호외라는 용어를 국내에서 처음으로 사용한 점에서도 특기할 만하다. 구한말부터 시작된 관보는 지금도 계속 발행되고 있지만, 현재는 호외 발행은 하지 않고 있다. 이 역시 매스미디어의 발달로 호외의 속보성이 현저히 떨어졌기 때문으로 보인다.

행정자치부에서 구축한 '대한민국 전자관보'에 따르면, 관보 호외는 1950년대 이후부터 자주 발행되었으며, 특히 1961년에서 1964년 사이에 가장 많았다고 한다. 그런데 1970년대 이후로는 호외 발행이 점차 줄어들어 1979년 이후로는 없었다고 한다.

잡지가 호외를 발행한 드문 경우도 있었다. 1920년 6월에 창간된 잡지 「개벽(開闢)」은 1926년 8월 발행 금지를 당할 때까지 통권 72호 발행에 판매 금지 34회, 정간 1회, 벌금형 1회라는 엄청난 탄압을 받았다. 우선 이 잡지는 6월 25일 발행한 창간호부터 발매 금지를 당해 30일자로 '임시호'를 냈다. 이런 경우가 이후로도 무려 네 번이나 더 있었다. 제70호의 경우 호외조차 압수당해 '호외의 호외'를 발행했는데, 이 역시 압수당하고 말았다. 이 경우 호외는 문제가 된 기사를 빼고(부분 삭제도 포함) 제작한 것인 반면, 임시호는 호외마저 압수당한 상황에서 독자들을 위해 새로 제작한 것으로, 양자 간에는 내용상에 다소 차이가 있는 경우도 있었다.

이 밖에 호외를 발행하는 곳으로 정당의 당보, 대학신문, 사회단체의 기관지 등이 있다. 현재 발행되고 있는 당보 중에서는 더불어민주당의 당보가 가장 오랜 역사를 가지고 있다. 이는 구(舊)신민당의 「민주전선」, 이민우 총재 시절의 「신민주전선」, 그리고 평화민주당 시절의 「평화민주당보」, 민주당의 「민주당보」의 뒤를 이은 것이다. 「민주당보」는 1986년 '부천서 성고문 사건' 당시 이를 공개 규탄했다가 해직된 공무원의 양심선언 내용을 호외로 보도한 적이 있다.

민자당의 당보인 「민주자유보」는 민정당 초창기의 「민정당보」, 6공 시절의 「민정신문」, 그리고 1990년 3당 합당 당시 통일민주당의 「통일민주당보」 등이 모두 전신인 셈인데, 이 역시 '3당 통합', '노태우 대통령 민자당 탈당' 등 주요 정치 격변기마다 호외를 발행했다.

1996년 6월 새정치국민회의는 신한국당 강삼재 사무총장을 불기소 처분한 검찰을 집중 규탄하는 내용의 호외를 발행했으며, 이듬해 10월 신한국당은 '검은 돈의 부패정치 이번에는 끝장내자'라는 제목의 당보 호외를 30만 부 발행해 지구당을 통해 전국에 배포했다. 또 한나라당은 2001년 1월 안기부 예산의 선거자금 지원 파문과 관련해 두 차례 당보 호외를 발행했다. 이 밖에도 민주당은 2013년 6월 '국정원 대선 개입 사건'을 비판하며 당보 호외를 발행한 바 있다.

간헐적이긴 하나 대학신문 호외도 명맥을 유지하고 있다. 첫 호외로 알려진 것은 「고대신문」이 1980년 5월 13일자로 발행한 호외다. 이날 이 신문은 '마침내 투쟁의 깃발은 올랐다'라는 제하의 호외에서 당시 고려대 내 학생들의 시위 현황을 속보로 전했는데, 이 무렵 일부 대학신문이 호외를 발행했던 것으로 알려져 있다. 대학신문의 경우 일반인들이 접하기 어려운 것이 단점이나, 제도권 언론에 비해 비교적 자유분방한 논조 등이 장점이라고 할 수 있다.

「연세춘추」는 학교 측의 편집권 탄압에 맞서 2007년 5월 29일 제호도 없앤 채 호외를 발행했다. 또 「건대신문」은 '등록금 10퍼센트 인하' 건을 둘러싸고 학교 측이 신문 발행을 금지하자 2011년 11월 11일자로 호외를 발행했다. 상지대 역시 학내 사태를 계기로 2016년 5월 16일, 23일, 30일 등 여러 차례에 걸쳐 호외를 발행한 바 있다.

각종 노조 단체의 노보, 한국기자협회의 「기자협회보」, 전국언론노동조합연맹(언노련)의 「언론노보」 등도 호외를 발행했다. 'MBC 사태'나 '노동법 사태' 당시 언노련은 수차례에 걸쳐 호외를 발행했다. 1992년 11월 30일 「서울신문」 공정보도위원회는 '하늘이 무섭지 않은가'라는 제하의 '공보위 소식' 호외에서 이 날짜 5판 1면에 실린 자사 송정숙 논설위원의 글이 특정 후보를 지나치게 편들었다며 호되게 비난했다. 언론사 노동조합이나 공정보도위원회 등이 발행하는 노보, 공보위 소식지 등의 호외는 나름대로 사회 현상을 반영하고 있을 뿐 아니라 매체로서의 고유한 역할마저 하고 있는 셈이다.

이 밖에 각종 시민사회단체의 기관지 역시 사안이 있을 때마다 호외를 발행하고 있다. 박근혜 대통령 탄핵 촉구 촛불집회 때 몇몇 진보 성향의 단체에서 호외를 제작해 광화문 광장에 뿌렸다. 대표적으로 송경동 시인이 주도한 「광장신문」 발행위원회에서는 2016년 11월 19일, 11월 26일, 12월 10일, 총 세 차례에 걸쳐 박 대통령의 사퇴를 촉구하는 호외를 발행한 바 있다. 반면 보수 매체인 「미디어워치」, 「뉴스타운」, 「미래한국」 등은 탄핵 반대를 주장하는 내용의 호외를 발행했다.

지난 역사 속에서 호외는 사건과 함께 성장해왔다. 그러나 이제 우리 사회에서 호외는 서서히 그 존재 가치를 상실해가면서 발행 자체도 현저히 줄었다. 하지만 호외가 사라진다고 해서 사건마저 사라지는 것은 아니다. 호외보다 속보 기능이 우수한 새로운 매체들이 이를 대신할 뿐이다.

2000년대 들어서도 호외는 명맥을 유지했다. 물론 속보 매체로서의 기능은 거의 상실한 상태다. 대표적인 사례를 보면, 남북 정상회담(2000), 제2연평해전(2002), 월드컵 4강 진출(2002), 노무현 대통령 당선(2002), 노무현 대통령 탄핵안 국회 가결(2004), 행정수도 특별법 위헌 결정(2004), 노무현 전 대통령 서거(2009), 김정일 위원장 사망(2011), 프란치스코 교황 취임(2013), 메르스 사태(2015), 사드 배치 논란(2016), 박근혜 대통령 탄핵안 국회 가결(2016), 박근혜 대통령 탄핵안 헌재 결정(2017), 문재인-김정은 제3차 남북 정상회담(2018), 사상 첫 북미 정상회담(2018) 등이 그것이다.

한 가지 특기할 것은 일간지 호외가 사라지고 있는 반면, 인터넷이나 팟캐스트 등에서 호외를 발행하는 경우는 늘고 있다는 사실이다. 제18대 대선을 앞둔 2011~2012년 당시 큰 인기를 누렸던 '나꼼수'는 팟캐스트에서 수차례 호외 방송을 했으며, 그 밖의 몇

몇 팟캐스트에서도 '호외편'을 제작해 방송했다. 또 일부 매체에서는 종이 호외 대신 '디지털 호외'를 제작해 배포하기도 했다.

종이 매체가 존재하는 한 호외는 한동안은 사라지지 않을 것이다. 속보 매체로서의 기능은 이미 현저하게 떨어졌지만 '기록'으로서의 가치는 여전히 남아 있기 때문이다. 머지않아 호외는 미디어 업계의 천연기념물과 같은 존재로 남게 될 것이다.

호외로 읽는 한국 현대사

1

강화도 조약

1876년 2월 27일

1876년(고종 13년, 메이지 9년) 2월 27일 조선과 일본 간에 이른바 '강화도 조약(일명 병자수호조약)'이 맺어졌다. 이는 양국이 국제법적인 토대 위에서 맺은 최초의 외교 행위였다. 이 조약은 1년 전인 1875년 9월에 발생한 '운요호(雲揚號) 사건'이 발단이 되어 체결된 것으로, 일본의 강압 아래 체결된 최초의 불평등 조약이기도 하다.

이 조약의 발단이 된 운요호 사건은 일본이 한반도 진출을 위해 의도적으로 일으킨 사건이었다. 당시 일본은 해안 측량을 빙자해 군함 운요호를 조선 근해에 파견해 함포 시위를 벌였다. 그러던 중 식수를 구한다는 구실로 강화도 앞바다에 나타나 정탐을 하자 초지진 주둔 조선 수군이 위협 포격을 가했고, 이를 기다렸다는 듯이 일본 측이 응수함으로써 사건이 터졌다.

이 전투에서 피해를 본 쪽은 오히려 조선이었다. 조선군은 전사자 35명, 포로 16명에 각종 화기마저 약탈당했다. 당시 조선 측의 화기가 일본 측보다 열세였기 때문이다. 사태가 이러한데도 일본은 운요호 사건의 책임을 조선에 뒤집어씌웠다. 일본은 전권대사를 파견해 힐문하는 한편, 이 사건을 트집 잡아 무력으로 조선에 개항을 강요했다.

강화도 조약은 일본이 정치적·경제적 세력을 조선에 침투시키려는 목적에서 강요한 것으로 총 12개 조로 이루어져 있다. 제1조에서는 조선이 자주국임을 인정하면서도 실은 청나라의 종주권을 배격했으며, 제2조에서는 조약 체결 후 20개월 이내에 조선에서 부산과 그 밖의 2개 항을 개항할 것을 규정하고 있다. 또 제4조와 제5조에서는 개항장 내에 조계(租界)를 설정, 일본 상인들의 자유로운 무역 활동을 보장했다. 그리고 제8조와 제10조에서는 개항장 내 일본인의 치외법권도 명시했다.

이상에서 보듯이 강화도 조약은 일본이 일방적인 우위에서 맺은 명백한 불평등 조약이다. 그들은 이 조약으로 조선 내에 조차지를 확보해 조선 진출과 나아가 대륙 진출의 전초 기지를 마련하고자 했다. 이 조약을 계기로 조선은 서양의 여러 나라와 통상을 시작했고, 서양의 신문물을 본격적으로 접하게 되었다. 그러나 그와 동시에 조선은 서서히 열강 제국의 침략 대상으로 떠올랐다.

이 사건과 관련된 호외는 일본에서 찾아야 한다. 국내 최초의 신문인 「한성순보」가 창간된 것은 7년 뒤인 1883년 10월의 일인 데다 국내 신문이 호외를 발행한 것은 이보다도 다시 한참 후의 일이기 때문이다.

강화도 조약이 체결된 지 3일 후인 1876년 3월 2일 일본의 「도

日鮮修好条規＝江華島条約＝締結（明治9年2月27日）

東京日々新聞千二百六十八號附録

○今早朝ゟ下ノ關ゟゟ朝鮮一件の大吉報ゟ電信ニて達しまーたゟ最とや配達人ゟ出切りの跡なれとも皆様ゟ持ゎねの事件なれバ慇

小紙ニ摺りなーて今日再び配達いたします

○朝鮮の談判ゟ懸約みどゝ調のひ去ル二十八日ゟ特命全權辨理大臣黒田淸隆公同副辨理大臣井上馨公を始め隨員一同江華府を出立せられ昨一日午後三時ごろ下ノ關港へ着船ニ相成り今二日午前四時ゟ同港を出帆せられたれバ來ル五日の下午でゟ相違なく御暗京ニ相成るべしと下ノ關の探訪者小杉某よりの確報なれバ最まで相違ゟ娠ーいとでい五座りぬゝ惷ゟ種ゝ様ふ（米屋さんハ猫以て）五座配なされまーたゟ先ゟゟ五座ります定めて皆様ゟ大喜びゟ誠ゟ億ゟあどで三千万の兄弟桀ナントゟ互ひゟ有ゝ難いゟ一昨年の幕ゟ大久保辨理大臣ゟ支那ゟゟ御歸りの時の如く家ゟn國旗を立て賑ゝしく迎ひゟゟ出掛け成さるとで五座りませう

明治九年三月二日

日報社

社長　福地源一郎
假編輯長　池上三郎
印刷人　岸田吟香

일본의 「도쿄니치니치신문」은 1876년 3월 2일자로 강화도 조약 체결 소식을 호외로 발행했다. 이 신문은 호외라는 용어 대신 부록이라는 용어를 쓰고 있는데, 당시에는 이 둘이 혼용되었다.

쿄니치니치신문(東京日日新聞)」은 이 사실을 호외로 보도했다. 현재 일본에서 발행되고 있는 「마이니치신문(每日新聞)」의 전신인 이 신문은 이 날짜 호외에서 다음과 같이 보도했다.

오늘 시모노세키에서 조선일건(朝鮮一件)의 대길보(大吉報)가 전신(電信)으로 도착했으나, 배달인들이 모두 퇴근한 뒤여서 특별히 소지(小紙)에 찍어 다시 배달한다. 집집마다 국기를 내걸고 그들[구로다 기요타카(黒田淸隆) 특명전권대사 일행_저자 주]을 환영하자.

이로부터 4일 뒤인 3월 6일 「요미우리신문(讀賣新聞)」도 강화도 조약 체결 사실을 호외로 보도했다. 이 신문은 구로다 특명전권대사 일행의 귀경 사실을 집중 보도했다. 특히 이 신문은 3월 5일이 일요일이어서 3월 6일자가 휴간이 되자 이날 본지의 2분의 1쪽 분량으로 '별지'를 발행했다.

앞에서 말한 대로 강화도 조약이 조선 측에는 대단히 불리한 내용이었지만, 일본 측으로서는 아주 경사스러운 일이었다. 「요미우리신문」의 호외 내용을 보면, 구로다 특명전권대사 일행이 조약을 체결하고 도쿄 시내 신바시 정거장에 도착하자 당시 내각의 최고 위직인 태정(太政)대신을 비롯해 칙임관, 주임관 등 수많은 고급 관료들이 마중을 나왔으며, 육군 기병대의 호위 속에 왕궁에 도착하자 주상(主上)이 정원(正院) 계단 위에서 신하들을 거느리고 구로다 일행을 맞았을 정도였다고 한다. 또 이날 신바시 정거장은 물론 시내 전체가 남녀노소 환영객들로 인산인해를 이루었으니 실로 '나라의 영광'이라고 이 신문의 호외는 적고 있다.

강화도 조약을 전후해 조선에서는 개화파와 수구파 간의 세력 다툼이 한창이었다. 반면 일본은 이 조약 체결을 계기로 대륙 침략의 야심을 키워가고 있었다.

2

임오군란

1882년 7월 23일

임오군란은 일본식 군사제도 도입과 명성황후 정권에 반항해 일어난 구식 군대의 군사 변란으로, 근대 한일 관계사에서 최초의 항일운동으로 일컬어진다. 이 무렵 조선에서는 명성황후의 척족(戚族)을 중심으로 한 개화파들이 득세하고 있었다. 이들은 일본의 후원을 받아 각종 개화 정책을 추진해 나갔는데, 그 가운데 하나가 신식 군대인 '별기군' 창설이었다. 이들은 구식 군대 군인들보다 월등히 좋은 대우를 받아 구식 군대 군인들로부터 시기를 받았다. 그러던 차에 사건의 발단이 된 '도봉소(都捧所) 사건'이 6월 9일에 일어났다.

당시 구식 군대 군사들은 13개월이나 급료를 받지 못해 불만이 극도에 달해 있었다. 그런 상황에서 그해 6월 5일 선혜청 도봉소에서는 무위영 소속의 구식 군대 군사들에게 우선 한 달분의 급료를 지불했다. 그런데 선혜청 고직(庫直, 창고 관리자)의 농간으로 급료로 지급된 쌀에 겨와 모래가 섞여 있었던 데다 양도 절반밖에 되지 않았다. 이에 군사들은 군료(軍料) 수령을 거부하면서 강화유수 민태호를 비롯한 척신파·개화파 관료들의 집을 습격하고 파괴하는 등 평소에 쌓였던 불만을 한꺼번에 터뜨렸다.

이들은 7월 23일 당시 별기군 창설의 후원 세력이었던 일본 공사관을 포위·습격했다. 또 별기군 병영 하도감을 습격해 일본인 교관 호리모토 레이지(堀本禮造) 공병 소위와 일본 순사 등 13명을 살해했다. 이어서 다음 날 이최응과 민창식을 살해하고, 급기야 명성황후를 제거하고자 창덕궁으로 들이닥쳤다. 그러나 명성황후가 이미 충주로 피신하고 없자 군인들은 선혜청 당상 민겸호와 경기도 관찰사 김보현을 살해했다. 사태는 점점 확대되었다.

이 사건을 계기로 대원군이 정권을 잡았다. 그러자 명성황후는 청나라 톈진에 주재하던 영선사 김윤식을 통해 청에 긴급 구원병을 요청했다. 청나라 정부는 조선 내에 있는 일본 세력을 제거할 수 있는 좋은 기회라고 판단하고 4,500명의 군대를 조선에 급파했다.

한편 구식 군대의 공사관 습격으로 인천을 거쳐 일본으로 달아난 일본 공사 하나부사 요시모토(花房義質)는 사건 발생 일주일 뒤인 7월 30일 나가사키에 도착하자마자 일본 외무성에 이 사실을 전보로 보고했다. 통신 기관이 없던 그때 일본의 신문들은 이 전보 내용을 호외로 보도했다. 이 소식이 일본에 전해지자 내각은 긴급 회의를 소집했고, 신문사에서는 조선에 특파원을 파견하기로 계획을 세웠다. 그런가 하면 일본 내 정한론(征韓論)자들은 때가 왔다며 의용병을 조직해 조선을 정벌할 것을 주장했다. 일본으로서는 조선

일본 「요미우리신문」은 이 사건을 1882년 7월 23일자 호외로 보도했다.
당시 일본 신문들은 이 사건을 대대적으로 보도하면서 호외까지 발행했다.

응징의 또 다른 명분이 주어진 셈이다.

결국 이 사건을 수습하는 과정에서 조선과 일본 양국은 제물포 조약을 체결했다. 당시 일본 측은 "조선 측이 무성의하면 무력으로 인천을 점령할 것"을 주장하는 등 강경 자세로 나왔으나, 때마침 임오군란 수습차 조선에 와 있던 마건충(馬建忠)의 중재로 본 조약 6개 조와 수호조규 속약 2개 조로 조인을 마쳤다. 골자는 조선 측의 50만 원 배상, 일본 경비병의 일본 공사관 주둔, 조선 측의 공식 사과를 위한 수신사 파견, 군란 주모자 처벌 등이었다.

강화도 조약으로 일본의 민간인들이 이 땅에 들어오기 시작했다면, 제물포 조약은 일본군의 조선 진주를 공식적으로 허락한 셈이 되었다. 일본의 조선 침략 음모는 이 조약으로 더욱더 노골화되었다.

3

갑신정변

1884년 12월 4일

갑신정변은 김옥균, 박영효, 홍영식 등 개화파 세력들이 주동이 되어 당시 청나라에 의존하려는 척족 중심의 세력을 물리치고 자주적이고 혁신적인 독립 정부를 수립하고자 일으킨 정변이다. 이들은 일본을 왕래하면서 일본의 발전상을 보고 이를 조선에서 실현하려 했다. 그러나 청나라의 세력을 등에 업은 수구 세력들이 방해가 되자 이들을 제거하기 위해 거사를 꾀했던 것이다.

이 무렵 조선에는 청나라의 지나친 내정간섭으로 반청(反淸) 분위기가 고조되어 있었다. 특히 이때는 안남(安南, 베트남) 문제로 청나라와 프랑스 사이에 전쟁이 일어나 청나라의 간섭을 배제할 절호의 기회가 되기도 했다. 당시 청나라의 입김으로 조선에서 열세에 몰려 있던 일본은 이를 만회할 기회를 노리고 있던 차였다. 이에 일본은 개화파들과 밀약을 맺고 이들의 거사 계획을 뒤에서 지원했다.

일본군의 지원을 믿고 거사를 강행한 개화파들은 고종을 순조의 생모 박 씨의 사당인 경우궁으로 모시고, 이튿날 각국 공사와 영사들에게 신정권 성립을 통보했다. 아울러 이들은 14개 항목으로 된 혁신정강을 마련했다. 그러나 이 혁신정강을 발표하기도 전에 청나라 군대가 출동했고, 청나라 군대를 얕잡아보던 일본군이 패해 인천을 통해 물러가자 정변은 결국 실패로 끝나고 말았다. 청국군은 일본 공사관을 습격해 일본인 40명을 살해했는데, 이는 나중에 양국 간의 외교 문제로 비화해 이른바 '톈진조약'(1885. 4. 18.)을 맺게 된다.

한편 일본은 이 사태가 전적으로 조선 측에 책임이 있다며 외무경 이노우에 카오루(井上馨)를 전권대사로 임명하고, 사태 수습 명목으로 2개 대대 병력과 경찰, 그리고 군함을 파견하기로 결정했다. 12월 18일 일본 측 전권대사 일행이 고종을 알현하고 협상을 재촉했다. 그러자 조선 측은 좌의정 김홍집을 전권대사에 임명해 협상에 응하도록 했다.

교섭은 22일부터 시작되었는데, 일본 측의 위세에 눌린 조선은 다음 날인 23일 그들의 요구 조건을 대부분 수락하고 말았다. 조선 측은 김옥균 송환 요구조차 묵살당한 채 이듬해 1월 9일 '한성(漢城)조약'을 체결함으로써 이 사태를 마무리 지었다. 총 5개 조항으로 된 한성조약은 조선 측이 사죄단을 파견하고 피해 보상액으로 일본 은화 11만 원 및 일본 공사관 수리비 2만 원을 지불한다는 것이 골자다.

갑신정변과 관련해 일본의 「아사히신문(朝日新聞)」은 12월 30일

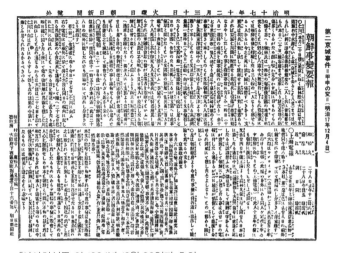

「아사히신문」의 1884년 12월 30일자 호외.

자 호외에서 '조선사변요보(朝鮮事變要報)'라는 제목으로 인천과 상해 주재 특파원들의 기사를 실었다. 그 내용은 주로 사태 수습 무렵 청·일 양국 군대의 이동 상황을 소개하는 것이었는데, 마지막에 조선 정부가 각 도에 하달한 지시 내용을 실었다. 그 내용을 요약하면 다음과 같다.

> 이번 사태는 적신(賊臣) 김옥균 일당이 도모한 악사(惡事)로 ······ 만약 일본인을 다치게 하거나 일본 공관을 파괴하는 자는 엄벌에 처한다. 그리고 수상한 자는 신고할 것이며, 이들을 잡아 오는 자에 대해서는 큰 상을 내릴 것이다.

앞서 언급한 것처럼 이 사건을 계기로 일본과 청나라는 수습책으로서 톈진조약을 체결했다. 일본은 청나라 군사가 일본 공사관을 습격하고 일본인을 살해했다는 이유로 이토 히로부미(伊藤博文)를 전권대사로 파견해 청나라 측에 피해 보상을 요구하는 동시에 이홍장 등 관계자의 문책, 청·일 양국 군의 조선 철수 등 3개 항의 조약을 체결한 것이다.

텐진조약 체결 다음 날인 1885년 4월 19일자 호외에서 「도쿄니치니치신문」은 이를 '최대 길보'라고 보도했다. 이날 이 신문은 휴간일임에도 이 같은 길보(?)를 전하기 위해 호외를 발행한다고 서두에 적고 있는데, 호외에 실린 내용은 조약 체결 당일인 18일 오후 8시 텐진발 특파원의 송고 기사로 되어 있었다.

갑신정변으로 청·일 양국 군이 철수하면서 적어도 겉으로는 외세가 물러간 듯이 보였다. 하지만 이는 청·일 양국의 나름대로의 복안에 따른 것이었다. 때마침 이러한 기회를 틈타 제정 러시아라는 제3의 외세가 등장했고, 러시아의 등장에 맞서 청·일 양국은 조선을 공동으로 보호하자며 이른바 '중립화론'까지 거론했다. 러시아까지 등장하면서 조선을 둘러싼 열강의 경쟁은 날로 치열해졌다.

4

일본군의 경복궁 급습 사건

1894년 7월 23일

청일전쟁은 청나라와 일본이 조선의 지배권을 놓고 다툰 것이 원인이 되어 일어난 전쟁이다. 운요호 사건을 빌미로 강화도 조약을 성사시킨 뒤 조선 침략의 야망을 키워오던 일본과 기득권을 내세워 조선 지배를 노리던 청나라의 대결은 불가피한 것이었다.

한일 관계에서 최초의 불평등 조약으로 기록되는 강화도 조약으로 조선 내에 거류지를 확보하는 등 초창기 조선 진출에서 우위에 섰던 일본은 1882년 최초의 항일운동인 임오군란이 일어나자 다시 조선 정부와 제물포 조약을 맺어 주병권(駐兵權)을 얻어냈다. 그러나 1884년 일본의 후원 아래 일어난 갑신정변이 실패로 끝나고 청나라의 종주권이 강화되면서 조선 내에서 양국의 대립은 서서히 표면화되었다.

한편 1894년 1월 전라도 고부에서 전봉준의 영도로 '갑오농민전쟁'이 일어났다. 이들은 5월에는 전주를 함락하는 등 초반에 기세를 올렸다. 그러자 조선 정부는 청나라에 원병을 요청했다. 이것이 계기가 되어 조선 땅에 다시 일본 세력이 들어오게 되었다. 갑신정변을 계기로 맺은 톈진조약에서 청·일 양국은 어느 한쪽이 조선에 군대를 파병할 경우 다른 쪽의 동의를 얻기로 했다. 그런데 청나라가 일본의 동의 없이 조선에 파병하자 일본도 조선에 파병을 결정하면서 전쟁이 시작된 것이다.

일본은 군대를 보내는 데 그치지 않고 조선에 내정 개혁까지 요구했다. 조선 정부가 거절하자 일본은 1894년 7월 23일 경복궁을 급습해 반일 정권이던 민씨 정권을 타도하고 대원군 정권을 세웠다. 이 일로 일본은 청나라와 본격적으로 마찰을 빚기 시작했다. 6월 23일 풍도(豊島, 현재 경기도 안산시 관내) 앞바다에서 청나라와 치른 해전은 청일전쟁의 전주곡이었다.

청나라와의 첫 전투에서 이긴 일본은 6월 27일 성환역 전투에서도 승리했고, 뒤이어 8월 평양 전투와 황해 해전에서도 승리를 거둔 후 급기야 청나라 본토 섬멸에 나섰다. 결국 이듬해 3월 청나라가 일본에 항복을 선언하면서 이 전쟁은 끝났다. 청나라는 이홍장을 전권대사로 파견해 '조선에서 청나라의 종주권 파기' 등을 내용으로 한 '시모노세키 조약'에 조인했다. 이로써 일본은 조선에서 독점적인 지배권을 확보하게 되었고, 이해 10월에 낭인들을 시켜 명성황후를 시해하는 등 조선 침략의 마수를 노골적으로 드러냈다.

강화도 조약 이후로 조선 내 조계에 일본인들이 거주하기 시작하면서 이들을 대상으로 한 일본 신문들이 생겨났다. 1892년 인천에서 창간된 「조선신보」도 그중 하나다. 이 신문은 1894년 7월 23

朝鮮開國五百三十年甲午六月廿一日

朝鮮新報

外號　朝鮮新報　明治廿七年七月廿三日　日曜日　〔明治廿五年七月三日通信省認可〕

◎京城飛信

廿三日午前九時

事の端緒は開けたり京城支局の特便急報せ
る左の一報を載す

兩三日來飛脚の向ふ所を觀察するに切に危々
切、迫は益々迫る。戰爭氣運の決するは最早且
夕たるの感和乎。戰乎氣脚の果せる哉々々昨來
の天候と共に雲脚益々疾走し急吩を聽きつゝ寸
間の眠を偷みたる時正に五時、儼然たる砲聲密
かに王城の邊より耳を
破る
裂

其原因は未だ判知することを得ざれども
内の開きたる今曉王城の周圍より閣を取りより表
に突き入りて城の裏門より閣入し直に城内に
三十分に至りては砲聲交閣の光化門より一手は
刀之を用ひむとしたれども散々に敗れ朝鮮の兵一
捕り劒之如くにして其儘王城を占領せしめ大砲拾五門
小銃千挺を分散せり

八時二十分日本兵數名に跟衛されて我公使館
に來る

趙外務督弁、閔應植
いづれか氷裂、逃遁す

は御無事にて城内に在らせらる
國王陛下

我兵通行危險
大抵の要所を悉く扼したり
王城近傍朝鮮兵が逃遁しつゝ日本人を見れば
恐れて發砲す只今發砲三發に出遇ひて本局に
來れる者あり

朝鮮人民
同舍地方へ逃遁する者引きも切らず
悉く開店朝鮮商戶

活氣勃々
大鳥公使
は岡王の御召に依り變後直に參内したり
仁川京城より發する各電線は總べて不通なり
今後の形況は得るに從つて急報すべし

朝鮮國仁川港各國居留地
發行所　朝鮮新報社

청일전쟁 와중에 일본군이 경복궁을 급습해 민씨 정권을 몰아
내고 대원군을 옹립한 사건이 발생하자 「조선신보」가 이 사건을
호외로 보도했다. 이는 '국내 최초의 호외'로 기록되고 있다.

일 일요일, 즉 일본군이 경복궁을 급습해 명성황후 정권을 타도하
고 대원군을 옹립하던 날 호외를 발행했다. 이 호외는 국내에서 최
초로 발행된 호외로 기록된다. 당시 인천에서 발행되던 일본 신문
들은 인천이나 경성(京城, 서울)의 상업 소식이나 무역 등 경제 관련
기사를 주로 보도하는 경제지 성격을 띠고 있었는데, 이 신문은 사

안의 중요성을 감안해 이례적으로 호외를 발행했다. 「조선신보」의 호외는 일본군의 경복궁 급습 사건의 전말을 상세히 묘사하고 있는데, 그 내용을 간추리면 다음과 같다.

23일 오전 9시, 양(兩) 3일 래(來) 운각이 향해서 가는 곳을 관찰해보건대 사태는 날로 절박해지고, 오호, 전운(戰雲)이 결정되는 것은 아침저녁 시간문제로다. 요즘 날씨처럼 전운도 점차 질주하기만 해 새벽닭 울음소리를 들어가면서 얼핏 눈을 감으니 때는 바야흐로 5시인데 외쳐대는 함성 소리, 울려오는 포성은 멀리 왕성 주변으로부터 울리누나. …… 아병(我兵, 일본군을 지칭한다_저자 주)들은 오늘 새벽 5시 이미 왕성의 주변을 에워싼 채 일부가 성의 뒷문으로 들어가 곧바로 안으로부터 광화문을 열고, 문 앞에서 기다리던 병사들이 이에 합세해 성내로 돌입하니 함성 소리에 성곽도 무너졌다. 5시 30분에 이르러 포성이 오가는 소리에 조선 병사들이 일시에 항복하고 누구도 아병들을 밟거나 차는 등 총검을 사용치 않고 산산이 토징(討徵), 마치 거미가 흩어지듯이 (조선 병사들을) 산란(散亂)시켰는데 대포 15문, 소총 1천 정을 빼앗고 그대로 왕성을 점령했다. …… 인천·경성으로부터 발(發)하는 각 전선(電線)은 모두 불통되어 앞으로의 형황(形況)은 입수하는 대로 급보하겠음.

5

영일동맹

1902년 1월 30일

일본은 강화도 조약을 계기로 조선에서 독점적 지위를 확보했으나, 열강들이 이를 인정치 않자 당시 아시아 진출을 노리던 영국을 끌어들여 영일동맹을 체결했다. 영일동맹은 1902년(메이지 35년) 1월 30일 일본 측 특명전권공사 하야시 다다스(林董)와 영국 측 외무대신 랜스다운(Lansdowne) 사이에 맺어진 동맹 조약이다. 전문과 함께 총 6조로 이루어진 이 조약은 한마디로 요약하면 '영국은 조선에서 일본의 특별한 이해를 인정한다'는 것이다.

1875년에 발생한 운요호 사건을 빌미로 이듬해 2월 27일 강화도 조약을 강제로 체결해 한반도에 침투한 일본은 조선에 대해 다른 어느 나라보다 우선권을 가지게 되었다. 그러나 당시 열강들은 일본의 조선에 대한 독점적인 지위를 그대로 인정하려 들지 않았다. 그뿐 아니라 조선 정부 안에서도 일본 세력을 배척하자는 여론이 만만치 않았다. 그러자 제2, 제3의 외세가 한반도를 넘보기 시작했다. 특히 청나라는 조선시대 이래로 한반도에서 누려온 자신들의 기득권이 러시아나 일본에 의해 침해되는 것을 우려했다. 결국 청나라는 조선으로 하여금 구미 열강과 수교를 맺도록 적극 주선하고 나섰다. 조선 정부는 미국(1882. 5. 22.), 독일(1882. 6. 28.), 영국(1883. 11. 26.) 등 세 열강과 수호통상조약을 맺었다.

그러나 이 나라들 역시 러시아나 일본의 위협을 막아줄 것이라는 청나라의 기대와는 달리 모두 제각기 한반도에서의 이권을 다투는 데만 혈안이 되었다. 그러자 청나라는 태도를 바꾸어 조선에 대한 종주권을 강화하려 들었다. 이렇게 되자 조선의 입장에서는 러시아와 일본의 위협에서 벗어나는 것보다 청나라로부터의 탈피가 오히려 시급한 일이 되었다. 이 과정에서 영국과 일본의 반대 세력인 러시아가 자연스럽게 등장했다. 이제 한반도에서는 청나라와 일본의 대립 외에 열강 대립의 주축을 이루던 영국과 러시아 간의 대립마저 조성되었다.

이 무렵 한반도를 둘러싼 열강의 대립 중에서는 청·일과 러·일 간의 대립이 가장 치열했다. 청나라와 러시아 양국과 맞서야 하는 일본은 부담이 클 수밖에 없었다. 일본은 서구 열강 중 누군가로부터의 도움이 절실했다. 일본은 그 적임자로 영국을 지목했다. 1858년 6월부터 인도를 직할 통치하면서 아시아에 교두보를 마련한 영국 역시 다시 동아시아로 눈을 돌리기 위해 일본과 동맹 관계를 맺을 필요가 있었다. 이 같은 영국의 속셈은 1902년에 체결한 제1차 영일동맹에 잘 나타나 있다. 당시 일본 측은 동맹의 범주를 극동 지역으로 제안했으나, 영국 측은 인도를 포함한 극동 지역으로

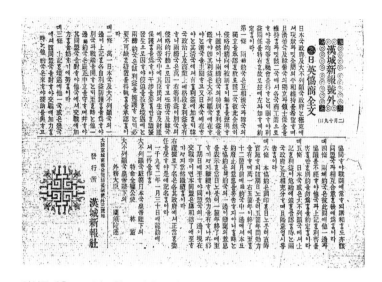

영일동맹을 1902년 2월 19일자 호외로 보도한 「한성신보」는 조선에서 발행되던 친일 신문이었다. 이 신문의 관계자들 중 일부는 '명성황후 시해 사건'에 가담하기도 했다.

하자고 주장했다.

영·일 양국은 제1차에 이어 1905년에 제2차, 1911년에 제3차 영일동맹을 체결해 유대를 더욱 강화했다. 이 과정에서 영국은 일본이 조선 정부의 주권을 유린하는 것을 계속해서 방임했다. 한일병탄 후에 체결된 제3차 영일동맹에서는 아예 우리나라와 관련된 조항을 삭제해버렸다.

일본이 영국을 끌어들여 동맹 관계를 맺게 된 배경에는 극동 지역에서 주변국들보다 우위에 서려는 의도가 깔려 있었지만, 보다 근본적인 목적은 한반도를 차지하려는 것이었다. 따라서 영일동맹 조약에서 정한 바와 같은 러시아의 고립도 어디까지나 이 목적을 달성하기 위한 수단에 불과한 것이었다. 영일동맹의 성립으로 한반도를 중심으로 한 극동아시아 지역에서는 영·일 세력과 러·불 세력이라는 양대 세력 집단이 날카로운 대립 관계를 형성했다. 이로 인해 세계열강의 시선은 유럽에서 동아시아로 옮겨 오기 시작했다. 미국의 루스벨트가 대(對)동아시아 정책을 강화한 것도 바로 이 무렵부터였다.

영일동맹과 관련해 국내에서는 친일 신문 「한성신보」가 호외를 발행했다. 영일동맹 체결(1. 30.)보다 20일이 늦은 2월 19일자로 발행된 이 호외는 속보용 호외라기보다는 부록에 가깝다. 특별한 설명이나 해석 없이 단지 조약의 전문만 싣고 있을 뿐이다. 그 당시 발행되던 「독립신문」이나 「황성신문」 등 민족지들과 달리 이 신문은 호외로 보도했는데, 이는 「한성신보」가 일본 외무성의 보조비를 받아 발행되던 친일 신문이었기 때문으로 보인다. 이 신문은 1906년 역시 같은 친일 성향의 「대동신보(大東新報)」와 합병, 통감부 기관지인 「경성일보」로 재창간되었다.

6

한일의정서 체결
1904년 2월 23일

1904년[광무(光武) 8년] 연초부터 한반도에는 전운이 감돌았다. 러시아와 일본 양국이 대한제국을 사이에 두고 일촉즉발의 위기 상황을 연출하고 있었기 때문이다. 대한제국(1897년 국호가 조선에서 대한제국으로 바뀜) 정부는 이 같은 상황을 간파하고 1월 23일 러·일 간 개전 시 '엄정 중립'을 취하겠다는 입장을 표명했다. 대한제국 정부의 이러한 입장 표명이 있은 지 불과 18일 뒤인 2월 10일 일본이 러시아에 선전포고함으로써 러일전쟁이 시작되었다.

대(對)러시아 선전포고 4일 전인 2월 6일 일본은 군함 60여 척에 대한제국 파견군과 러시아 정벌군을 싣고 사세보항을 출발한 후 인천항에서 러시아 함정 두 척을 격파하고 조선 땅에 상륙했다. 9일 서울에 들어온 일본군은 전국 각지에 군대를 배치하고 10일 드디어 러시아와 일전불사를 선포했다. 이로써 한반도는 다시 한

번 전쟁의 소용돌이에 휩쓸리게 되었다.

한·일 양국 간에 '한일의정서'가 조인된 것은 바로 이 무렵의 일이다. 러시아와 전쟁을 치르던 일본이 대한제국을 그들의 세력권 안에 확보해두고자 공수(攻守) 동맹을 전제로 체결한 것이 바로 이 한일의정서다. 당시 대한제국에 군대를 주둔시키고 있던 일본은 무력을 앞세워 대한제국 측에 대일 협력을 강요했다. 이 의정서는 대한제국 측의 외무대신 서리 이지용과 일본 측의 주한 일본 공사 하야시 곤스케(林權助) 명의로 체결되었다. 총 6개 항으로 구성된 조약 내용을 살펴보면 다음과 같다.

1. 대한제국 정부는 일본을 신임해 '시설 개선'에 관한 충고를 받아들인다.
2. 일본 정부는 대한제국 황실의 안전을 도모한다.
3. 일본은 대한제국의 독립과 영토 보전을 보장한다.
4. 제3국의 침략으로 대한제국에 위험 사태가 발생할 경우 일본은 이에 신속히 대처하며, 대한제국 정부는 이와 같은 일본의 행동을 용이하게 하기 위해 충분한 편의를 제공하고, 일본 정부는 이와 같은 목적을 달성하기 위해 전략상 필요한 지역을 언제나 사용할 수 있도록 한다.
5. 대한제국과 일본은 상호 간의 승인을 거치지 않고서는 이 협정의 취지에 위배되는 협약을 제3국과 맺지 못한다.
6. 본 조약과 관련해 자세한 내용은 양국의 대표자가 결정한다.

이 조약은 전적으로 대한제국 측에 불리한 것들뿐이다. 따라서

러일전쟁을 치르던 일본은 조선을 군사 거점으로 활용하기 위해 조선 내 친일 세력을 등에 업고 한일의정서를 강제로 체결했다. 일본의 「니로쿠신보」는 이 사실을 당일로 '일대 쾌보, 외교상의 대성공'이라는 제목의 호외로 속보하면서 쾌재를 불렀다.

이 조약은 대한제국 조야에서 큰 반발을 샀다. 조약에 서명한 이지용과 참서관 구완희의 집에는 성난 민중들이 폭탄을 투척하는 사태가 벌어지기도 했다.

한편 일본의 「니로쿠신보(二六新報)」는 조약 체결 당일인 2월 23일 이 사실을 호외로 발행해 사건의 중요성을 강조했다. 이 조약이 우리 측으로서는 뼈아픈 내용이었지만 그들로서는 '낭보'임이 분명했다. 그래서인지 그들은 이 호외의 표제를 '일대 쾌보, 외교상의 대성공'이라고 달았다.

일본의 고문(顧問)정치를 열어준 '제1차 한일협약(일명 한일협정서)'이 조인된 것은 이로부터 6개월 뒤인 8월 22일이다. 일본은 조선에 대한 내정간섭을 목적으로 그들의 입장을 대변하는 '고문'을 대한제국 정부에 파견했다. 그러나 말이 고문이지 그들은 대한제국 정부의 실질적인 의사 결정자나 마찬가지였다. 외교 고문으로 온 미국인 더럼 스티븐스(Durham W. Stevens)가 전명운 의사에게 저격당한 것은 바로 이 같은 이유에서였다.

초기의 재정·외교 고문에 이어 이듬해에는 대한제국 정부가 자진 초청하는 형식으로 군사·경찰·문교 고문까지 취임했다. 대한제국 정부의 주요 정책은 모두 그들의 손에서 결정되었다. 이로써 대한제국은 서서히 일본의 식민지 국가로 전락하기 시작했다. 결국 그다음 해인 1905년 11월 17일 '제2차 한일협약'을 체결함으로써 우리나라는 일본의 속국이 되고 말았다.

7

을사늑약
1905년 11월 17일

1905년(광무 9년) 11월 17일 덕수궁 중명전에서 장차 대한제국의 운명을 가름하게 될 역사적인 조약이 체결되었다. 일명 '을사늑약'으로 불리는 '제2차 한일협약'이 그것이다. 이 조약은 일본이 대한제국을 병탄하기 위한 예비적 음모로서 대한제국의 외교권 박탈을 골자로 했다.

러일전쟁이 일어난 1904년 한일의정서를 강제로 체결한 일본은 그해 5월 각의(閣議)에서 '대한방침', '대한시설강령' 등 식민지 정책을 입안해 훨씬 구체적으로 대한제국 침략을 준비했다. 같은 해 8월 22일 제1차 한일협약을 체결해 대한민국 정부의 재정·외교권을 박탈한 일본은 러일전쟁에서 승리함에 따라 열강을 끌어들여 대한제국을 보호국으로 만드는 데 박차를 가했다.

1905년 7월 27일 일본은 가장 먼저 미국과 '가쓰라-태프트 밀약'을 체결하고 영국과는 8월 12일 '제2차 영일동맹'을 체결해 이들로부터 대한제국 침략에 대한 묵시적인 양해를 받아냈다. 다시 러일전쟁에서 승리한 뒤에는 러시아와 '포츠머스 조약'을 체결해 대외적인 명분을 조성했다.

1905년 11월 9일 서울에 도착한 이토 히로부미는 고종을 알현한 후 "짐이 동양 평화를 유지하기 위해 대사를 특파하오니 대사의 지휘를 따라 조처하소서."라는 내용으로 된 일왕의 친서를 전달하면서 조약 체결을 강요했다. 이날 이토 일행은 덕수궁 주위에 무장한 일본군을 배치하고 본회의장인 중명전 주위까지 착검한 헌병과 경찰을 출입시켜 공포 분위기를 조성했다. 그러나 이 같은 분위기 속에서도 이날 열린 어전회의에서는 일본 측의 제안에 반대하기로 의견을 모았다.

그러자 이토 일행은 주한 일본군 사령관 하세가와 요시미치(長谷川好道)를 대동하고 고종을 세 차례 방문해 다시 한 번 숙의해줄 것을 강요했다. 이후 고종이 불참한 채 다시 소집된 어전회의에서도 의견의 일치를 보지 못했다. 결국 이토는 각 대신에게 직접 의견을 물었다. 이날 회의에 참석한 대신 가운데 참정대신 한규설과 탁지부대신 민영기는 조약에 적극 반대했고, 법부대신 이하영과 농상공부대신 권중현은 대체로 반대 의견을 표시했다. 반면 학부대신 이완용, 군부대신 이근택, 내부대신 이지용, 외부대신 박제순, 그리고 처음에는 반대 의견을 개진했던 농상공부대신 권중현 등 다섯 명의 대신이 가세해 이 조약에 찬성했다. 이들이 이른바 '을사오적'이다.

"대한제국 정부와 일본 정부는 양 제국을 결합하는 이해 공통의

「대한매일신보」는 11월 27일자 호외를 통해 이 사건의 전말을 보도했는데, 뒷면에 이 내용을 다시 영어로 번역해 'supplement(부록)'로 실었다. 이 신문은 한문에 익숙하지 않은 일반 민중을 위해 호외 기사를 국한문 혼용판과 순한글판으로 동시에 게재한 것으로 유명하다.

주의를 공고히 하고자 대한제국의 부강의 실(實)을 인정할 수 있을 때에 이르기까지 이 목적으로써 이의 조관(條款)을 약정한다.”는 전문과 함께 총 5조로 구성된 을사늑약은 외부대신 박제순과 일본 측 특명전권공사 하야시 곤스케 사이에 체결되었다.

이 조약의 체결로 대한제국 정부는 외교권을 박탈당했고, 이에 따라 주한 외국 공관은 모두 철수했다. 이듬해인 1906년 2월, 일본은 주한 일본 공사관을 폐쇄하고 대신 통감부를 신설했다. 또 각지에 있던 영사관은 이사청(理事廳)으로 개편했다. 이러한 조치는 조약 체결 3일 뒤인 11월 20일 일본이 ‘통감부 및 이사청 관제’를 공포함으로써 취해진 것들이다. 서울에는 통감부가 설치되고, 개항장과 주요 도시 13개소에는 이사청이, 그리고 기타 도시 11개소에는 지청이 설치되었다. 이로써 일제의 통감정치의 막이 올랐다.

을사늑약이 강제로 체결되자 전국에서는 반대 운동이 이는 한편, 매국노를 규탄하는 투쟁이 일어났다. 「황성신문」에 장지연이 「시일야방성대곡」을 실으면서 불이 붙은 이 운동은 전국에서 유생과 전직 관리들의 상소 투쟁으로 이어졌다. 그러나 반대 투쟁이 실효를 거두지 못하자 민영환, 조병세, 이한응 등이 죽음으로써 구국을 호소했다. 또 한편으로는 전국 각지에서 의병(을사의병)이 궐기해 적극적인 투쟁을 벌였다. 이 밖에도 조약 체결의 주범인 친일 매국노를 처단하고자 의거를 일으키기도 하고, 종교 단체를 중심으로 한 비밀결사 등 항일 투쟁 단체도 생겨났다.

8

헤이그 밀사 사건

1907년 7월

1905년 을사늑약 체결로 조선의 국운은 날로 기울어갔다. 조약 체결 후 일제는 공사관 대신 통감부를 설치해 외교권을 먼저 박탈하더니 차츰 국정 전반에 걸쳐 침략의 마수를 뻗쳤다. 이즈음 네덜란드 헤이그에서 제2회 만국평화회의가 열려 26개국 대표가 참석한다는 정보가 조정에 입수되었다. 고종은 전 의정부 참찬 이상설과 전 평리원 검사 이준에게 러시아 황제에게 보내는 친서를 가지고 이 회의에 참석해 우리의 실상을 만천하에 알리라는 밀명을 내렸다.

고종의 밀명을 받은 이들은 러시아로 가 러시아 황제를 만났다. 이들은 현지에서 전 러시아 공사관 서기 이위종과 합류한 뒤 6월 25일 헤이그에 도착했다. 이들은 평화회의의 의장인 러시아 대표 알렉산드르 넬리도프(Aleksandr Nelidov)를 만나 우리의 입장을 설명하고 회의에 참석할 수 있도록 조처해달라고 요청했다. 그러나 이 밀명을 알아챈 일본 측의 반대로 우리 대표단은 끝내 회의에 참석하지 못했다. 상황이 이렇게 되자 외국어에 능통한 이위종이 세계 언론인들에게 우리의 상황을 소개하는 연설을 했다. 그의 연설문은 세계 각국 언론에 보도되어 주목을 끌었으나 별다른 성과는 얻지 못했다. 이때 국내에서는 밀사 가운데 한 사람인 이준이 현지에서 분기를 이기지 못해 자결했다고 크게 보도되었다. 그러나 이준 열사는 분사(憤死)가 아니라 병사한 것으로 나중에 밝혀졌다.

　이 사건으로 인해 직접적인 고통을 당한 사람은 고종 황제였다. 밀사 파견 사실이 밝혀지자 일제는 곧바로 고종을 감금하다시피 했다. 이토 통감은 고종에게 책임을 추궁하며 퇴위를 강요했다. 이토는 7월 18일 일본 외무대신 하야시 다다스를 서울로 불러들여 고종에게 협박을 가했다. 결국 고종은 "대사(大事)를 황태자에게 대리시킨다."는 황태자 섭정의 조칙을 발표하고 퇴위했다.

　당시 「경향신문」의 호외(1907. 7. 19.)에도 이 사실이 '섭정(攝政)'으로 표현되어 있다. 즉 내각대신 여덟 명이 모여 고종에게 "이번 사건을 당하여 곤란을 면하옵실 방책"이라며 언급한 것 중 두 번째 사항이 "황제 폐하의 '섭정'할 이를 추천할 일"로 나와 있다. 그러나 일제와 친일 각료들은 이 조칙을 '양위(讓位)'로 왜곡해 발표한 뒤 20일 양위식을 거행했다. 이들의 농간으로 고종 황제는 강제로 폐위되고 만 것이다. 이에 흥분한 군중들은 일진회 기관지인 국민신보사(國民新報社)와 경찰관서를 습격하고, 친일 괴수 이완용의 집에 불을 지르기도 했다. 이어 8월 2일 순종 황제가 즉위했고, 연호도 광무에서 융희(隆熙)로 바뀌었다.

경향신문 호외

七月
十九日

「경향신문」은 헤이그 밀사 사건에 이어 고종의 폐위 사실까지
1907년 7월 19일자 호외로 보도했다.

이러한 사실을 호외로 보도한 「경향신문」은 1906년 10월 16일 프랑스 신부 안세화(安世華)가 사장 겸 편집·발행인이 되어 창간한 순한글 타블로이드판 주간신문이다. 애당초 이 신문은 종교지로 출발했으나, 종교 기사 이외에 일반 기사도 많이 실렸다. 한일병탄 이듬해인 1911년 1월 15일부터는 「경향잡지(京鄕雜誌)」로 이름을 바꾸고 월간이 되었으며, 해방 후인 1946년 10월 6일 경성 천주교 재단의 신문으로 다시 창간되어 오늘에 이르고 있다.

헤이그 밀사 사건 및 고종 강제 퇴위 등과 관련해 「경향신문」 외

에도 몇몇 신문이 호외를 발행했다. 우선 「대한매일신보」는 7월 18일 '헤이그 밀사 사건', 7월 19일 '고종 강제 퇴위', 8월 1일 '군대 해산' 등 세 차례나 호외를 발행했다. 「조선 타임스」는 7월 19일 '밀사 해결 문제', 7월 24일 '내각 회의' 등 2회, 「조선신보」는 7월 20일 '고종 황제의 양위식'을 2차에 걸쳐 호외로 보도했다. 또 통감부 기관지인 「경성일보」가 7월 25일자로 '한일신협약안'을 호외로 보도했고, 「서울 프레스」도 8월 1일자로 호외를 발행한 것으로 알려져 있다.

9
안중근 의사 의거

1909년 10월 26일

을사늑약을 강제로 체결해 일제의 조선 침략에 발판을 마련한 주역은 이토 히로부미였다. 그는 1909년 10월 26일 하얼빈 역에서 안중근 의사가 쏜 총에 맞고 숨을 거두었다. 이는 '10·26 사건'으로 불리는 박정희 전 대통령 시해 사건과 같은 날짜이나, 시기적으로는 이보다 70년이 앞선다.

안중근 의사는 1879년 황해도 해주에서 태어났다. 그는 1905년 을사늑약 체결로 국운이 기울자 합법적인 방법으로는 나라를 찾을 수 없다고 판단했고, 1907년 연해주로 망명해 의병운동에 참가했다. 이듬해 대한의군 참모중장 겸 특파독립대장 자격으로 백여 명의 부하를 이끌고 국내 진공 작전에 참여했으나, 중과부적으로 패하고 말았다.

이후 그는 연해주 지역에서 교민들을 규합해 애국사상을 고취하

안중근 의사 의거 69

고 군사 훈련을 시켰다. 1909년 3월 2일에는 김기룡, 엄인섭, 황병길 등 12명의 동지와 함께 '단지회(斷指會, 일명 단지동맹)'라는 비밀 결사를 조직했다. 그러던 중 그는 그해 9월 블라디보스토크에서 「대동공보(大同公報)」에 실린 기사를 통해 이토가 러시아 대장대신 코코프체프와 회담하기 위해 하얼빈에 온다는 정보를 접했다. 그는 우덕순 등과 함께 전략을 논의한 끝에 거사를 하기로 결정했다.

1909년 10월 26일, 이토는 코코프체프와 약 25분간 자신이 타고 온 열차 안에서 회담을 했다. 회담을 마치고 이토가 열차에서 내려 사열을 받는 순간, 안 의사는 권총을 쏴 이토를 그 자리에서 절명시켰다. 안 의사는 현장에서 러시아 경관에게 체포되어 검찰로 넘겨졌다. 예비 심문에서 그는 자신이 대한의군 참모중장임을 밝히고, 이토가 대한의 주권을 침탈한 원흉이며 동양 평화의 교란자이므로 처단했다고 거사 동기를 밝혔다. 뒤이어 그는 일본 관헌에 넘겨져 뤼순 감옥에 수감되었다.

관동도독부 지방법원에서 재판을 받는 과정에서 그는 자신이 일반 살인 피고가 아니라 전쟁 포로로 취급받아야 한다고 주장했다. 이 소식이 전해지자 나라 안팎에서 변호 모금 운동이 벌어졌고, 변호를 지원하는 인사들이 뤼순으로 모여들었다. 그러나 이들의 변호는 허가되지 않았다. 재판 과정에서 안 의사는 공판 투쟁을 벌이며 자신이 거사를 결행한 이유에 대해 명쾌하게 밝혔다. 즉 개인의 영달이나 사사로운 개인감정에서가 아니라 동양 평화와 조선의 독립전쟁 차원에서 행한 것이라고 주장했다.

거사 다음 해인 1910년 2월 일본 법정에서 사형을 선고받은 안 의사는 3월 26일 오전 10시 뤼순 감옥 형장에서 처형되었다. 그는

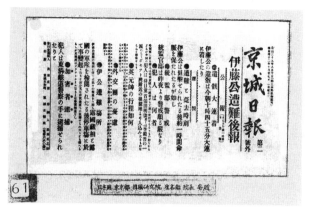

안중근 의사 의거 당시 「경성일보」는 이 사건을 당일로 호외로 보도하면서 제목을 '이토공 조난'이라고 뽑았는데, 이 신문은 통감부 기관지였다.

옥중에서 『동양평화론』을 저술했고, 그 밖에 기개와 충정을 담은 여러 점의 글씨도 남겼다. 그가 남긴 200여 점의 글씨 가운데 20점은 보물로 지정되어 있다. 광복 후 1962년 대한민국 정부는 안중근 의사에게 건국훈장 대한민국장(1등급)을 추서했다.

안중근 의사 의거 사건과 관련해 당시 통감부 기관지였던 「경성일보」와 일본 신문들의 호외가 더러 남아 있다. 남산 중턱에 있는 안중근의사기념관에 전시된 「경성일보」를 보면, 호외 제목이 '이토공 조난(伊藤公 遭難)'으로 뽑혀 있다. 이 밖에 안중근 의사 의거 사건과 관련해 민족지 「대한매일신보」에서 안 의사 순국 소식을 유일하게 보도했다는 기록이 있으나, 실물은 남아 있지 않다.

10

한일병탄조약

1910년 8월 22일

1875년 운요호 사건을 계기로 조선 침략을 개시한 일제는 이듬해 강화도 조약 체결로 조선을 강제로 개항시킨 뒤 다시 1894년 청일전쟁 승리를 계기로 조선에서 우월적 지위를 갖게 되었다. 뒤이어 1904년 일어난 러일전쟁에서도 승리하면서 이 같은 추세는 급속히 가속화되었다. 일제는 마치 예정된 수순을 밟기라도 하듯 이듬해인 1905년 을사늑약을 체결해 조선의 외교권을 박탈했다. 또 한일신협약(일명 '정미7조약')과 군대 해산을 통해 군권과 내정까지 장악했다. 남은 것은 오직 하나, 조선을 일제의 속국으로 만드는 일뿐이었다.

을사늑약 이후 대한제국 정부는 실권은 없고 껍데기만 남은 상태였다. 1910년 6월 대한제국의 경찰권을 마지막으로 빼앗아가면서 일제는 드디어 병탄의 마각을 드러내기 시작했다. 이해 7월 12

일 '합방 이후 대한(對韓) 통치 방침'을 마련한 일제는 제3대 통감으로 데라우치 마사타케(寺內正毅)를 한국에 파견하면서 한일병탄 공작을 개시했다. 8월 16일 데라우치 통감은 총리대신 이완용, 농상공부대신 조중응을 통감 관저로 불러 병탄조약을 비밀리에 논의한 뒤 18일 각의에서 이를 합의토록 종용했다. 뒤이어 22일 순종 황제가 참석한 어전회의에서 형식적인 절차를 거쳐 이 날짜로 총리대신 이완용과 데라우치 통감 사이에 병탄조약이 조인되었다.

그러나 병탄조약이 체결되었음에도 조선인들의 반발이 두려워 일제는 한동안 체결 사실을 발표하지 않았다. 그로부터 일주일 후인 8월 29일, 이완용이 윤덕영을 시켜 황제의 어새(御璽) 날인과 함께 두 나라를 합친다는 칙유(勅諭)를 내리도록 하는 과정에서 비로소 조약 체결 사실이 공개되었다.

전문과 함께 8개 조로 이루어진 병탄조약은 제1조에서 "대한제국 황제 폐하는 대한제국 정부에 관한 일체의 통치권을 완전하고도 영구히 일본국 황제 폐하에게 양도함"이라고 규정하고 있다. 조약 제1조의 문구대로 대한제국은 이로써 완전하고도 영구히 일본의 지배하에 들어가게 되었다. 조선 왕조는 개국한 지 519년, 제27대로 막을 내렸다. 공포 당일인 8월 29일 일제는 칙령 제319호로 '조선총독부 설치에 관한 건'을 발표하고, 남산 통감부 청사에 조선총독부 간판을 내걸었다. 일제 35년간의 '총독정치'가 시작된 것이다.

한일병탄과 관련한 호외로는 8월 29일자 「황성신문」의 호외가 전해 오고 있다. 본판 크기의 대형 호외로 발행된 이 호외는 순종이 내린 조칙과 조약 내용, 일본 천황의 조서(詔書), 일본 천황이 대

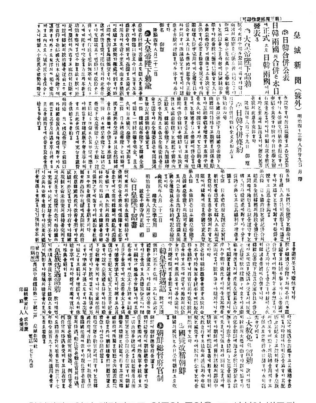

한일병탄조약이 체결되고도 일주일 동안은 그 사실이 발표되지 않았다. 조선인들의 반발이 두려웠기 때문이다. 이 사실은 「황성신문」 등의 1910년 8월 29일자 호외를 통해 처음 국민에게 알려졌다.

한제국 황실에 대해 내린 대우 문제 등을 싣고 있다. 아울러 이 호외에는 '합방' 기념으로 실시된 대사면과 대한제국이 다시 조선으로 국호가 개칭되었다는 사실, 조선총독부 관제 등도 언급했다. 당시 광주에서 발행되던 일어판 「광주신보(光州新報)」 역시 8월 28일과 30일 두 차례에 걸쳐 호외를 발행한 사실이 뒤늦게 확인된 바 있다.(「동아일보」, 2007. 10. 30.)

「황성신문」은 '합병'이 공포된 다음 날 「한성신문」으로 제호가 바뀌었다. 이 신문과 같은 날 호외를 발행한 「대한민보」 역시 「민보」로 이름이 바뀌었으며, 「대한매일신보」는 「매일신보」로, 「대한신문」은 「한양신문」으로 제호가 바뀌었다. 이는 일제가 대한제국을 상징하는 '대한'이나 '황성' 등의 용어를 쓰지 못하도록 했기 때문이다. 구한말 애국적 논설로 일제의 침략 정책을 통렬히 비판했던 「황성신문」은 9월 14일 제3470호로 대단원의 막을 내렸다.

11

고종 황제 승하
1919년 1월 22일

고종(1852~1919, 재위 기간 1863~1907)은 조선 왕조의 제26대 임금으로 재위 중 나라의 실권을 일본에 넘겨주고(1905년 을사늑약) 끝내 나라를 송두리째 일본에 빼앗기는(1910년 한일병탄) 것을 목격해야만 했다. 12세의 어린 나이에 왕위에 올라 재위 기간 중 숱한 폐위음모와 복잡한 집안 내 권력 다툼, 그리고 열강들이 치열한 각축전을 벌이던 국제 정세 속에서 약소국의 군주로서 힘겹게 살다 간 인물이다.

고종은 1852년 음력 7월 25일 흥선대원군 이하응의 둘째 아들로 태어났다. 그는 1863년 선왕인 철종이 후사 없이 승하하자 조대비와 흥선대원군의 묵계하에 12세의 나이로 왕위에 올랐다. 이로부터 10년간은 부친 흥선대원군이 섭정했고, 그 기간 대원군은 세도와 붕당정치의 배제, 당파를 초월한 인재 등용, 양반 유생들의 발호 엄단, 한양 양화진의 포대(砲臺) 구축 등 나름대로의 치적을 쌓았다. 그러나 경복궁 중수와 당백전 발행으로 인한 재정 파탄, 과중한 노역, 천주교 탄압, 완고한 쇄국 정책 등으로 민심을 잃은 대원군은 친정(親政) 의사를 밝힌 고종과 대립을 빚은 끝에 섭정 10년 만인 1873년 11월 자리에서 물러났다.

고종의 친정이 시작되면서 정권은 명성황후의 척족인 민씨 일파가 장악하게 되었다. 이들은 대원군과 달리 과감한 개방 정책을 단행했다. 1876년 일본과 강화도 조약을 맺어 새로운 국교 관계를 수립했으며, 이후 구미 열강과도 차례로 조약을 맺었다. 고종과 민씨 정권은 개항 후 개화·개방 정책의 일환으로 부산, 원산, 인천을 개방하고, 일본에 신사유람단과 수신사를 파견해 신문물을 받아들였다.

이 같은 개방 정책으로 국내에서는 개화파와 수구파 간의 대립이 날로 치열해졌다. 수구 세력은 고종과 민씨 척족을 비방하는 한편, 고종의 폐위 음모까지 꾀했다. 이러한 정파 간의 알력은 급기야 1882년의 임오군란, 1884년의 갑신정변으로 발전했으며, 마침내 일본군과 청국군이 조선에 진주하는 사태를 초래했다.

1894년 청일전쟁에서 승리한 일본은 조선에서 입지를 다지면서 침략의 마수를 뻗치기 시작했다. 이에 고종은 제3국인 러시아를 끌어들이는 친러 정책을 폈다. 그러자 주한 일본 공사 미우라 고로(三浦梧樓)는 친일 정객들과 짜고 을미사변, 이른바 '명성황후 시해 사건'을 자행했다. 신변에 위협을 느낀 고종은 1896년 러시아 공사관으로 피신하는 '아관파천'을 단행했다.

그러나 친러 정부가 집권하면서 국가의 권위와 위신이 추락하고 국권 침해가 더욱 심해졌다. 국민들은 국왕의 환궁을 요구하는 목소리를 높였고, 결국 고종은 이듬해 2월 환궁했다. 그해 10월 고종은 국호를 대한제국으로 바꾸고, 건양(建陽) 대신 광무라는 연호를 새로 사용하면서 국권 확립을 도모했다. 이는 고종의 자주독립 의지가 담긴 일련의 자구책이었다.

고종의 이 같은 자주독립 정책은 1904년 러일전쟁이 발발하면서 다시 난관에 봉착했다. 1904년 일본은 강제로 한일의정서를 체결하더니, 러일전쟁에서 이긴 뒤인 1905년에는 여세를 몰아 을사늑약을 체결했다. 을사늑약의 결과로 생겨난 통감부는 대한제국 국정 전반을 간섭하려 들었다. 고종은 이 같은 사정을 국제 사회에 호소하기 위해 1907년 만국평화회의가 열리는 헤이그에 밀사를 파견했으나, 이 역시 일제의 방해로 뜻을 이루지 못했다. 도리어 고종은 이 사건을 계기로 일제와 친일파들의 압력에 밀려 결국 왕위를 내주고 말았다.

황제 자리에서 쫓겨나 이른바 '이태왕(李太王)'으로 불리면서 덕수궁(당시는 경운궁)에서 실의의 나날을 보내던 고종은 1919년 1월 22일 망국의 한을 품은 채로 이 세상을 하직했다. 고종의 사인(死因)을 두고 일제에 의해 독살당했다는 주장이 제기되었다. 그런 소문을 들은 민중들은 덕수궁 대한문 앞에 엎드려 망국의 울분을 토하기도 했다. 고종의 국장에 참여하기 위해 전국에서 수많은 인파가 서울로 올라왔다. 이들의 움직임은 급기야 3·1 만세운동으로 발전했다. 이 운동은 일제하 최대의 독립운동으로 승화되었다.

고종의 승하와 관련한 호외로 「매일신보」의 호외가 유일하게 남아 있다. 이 호외는 "환후침중(患候沈重)하시옵던 이태왕 전하(殿下)

고종의 승하와 관련한 호외로는 총독부
기관지로 전락한 「매일신보」의 호외가
유일하게 남아 있다.

께오서난 22일 오전 6시에 홍거하옵셨더라.”고 지극히 간단하게
승하 소식을 전했다. 이 호외는 '승하'라는 표현을 쓰지 않고 '홍거
(薨去)'라고 표기해 의도적으로 격을 낮추었다. 「대한매일신보」에서
「매일신보」로 제호를 바꾼 후 총독부의 기관지로 전락한 이 신문
은 제호의 바탕 그림마저 벚꽃을 사용했다.

12

한성임시정부 수립

1919년 4월 23일

일제하 민족진영의 상징적인 국가 조직이었던 대한민국 임시정부는 1919년 4월 23일 서울에서 선포된 한성임시정부가 모태가 되었다. 국내외에서 조직된 여섯 개의 임시정부는 결국 상해임시정부로 통합되어 광복 때까지 민족의 구심체 역할을 했다.

3·1 만세운동 직후 나라 안팎에서는 무려 여섯 개나 되는 임시정부가 거의 동시에 수립되었다. 2년 전 '대동단결선언'을 통해 임시정부 수립 문제가 공론화되면서 발생한 결과물이었다. 당시 국내외의 독립운동가들은 상호 단결할 수 있는 계기를 마련하는 동시에 국민의 대표로서 국가 간의 교섭을 담당할 기구의 필요성을 느껴오던 차였다.

이 무렵 등장한 임시정부는 국외에는 상해의 '대한민국임시정부'와 노령(露領)의 '대한국민의회정부' 등 두 곳이 있었고, 국내에는 천도교가 중심이 되어 만든 '대한민간정부'와 '조선민국임시정부', 평안도의 '신한민국임시정부', 그리고 '한성임시정부' 등이 있었다. 이들 중 상해의 대한민국임시정부, 노령의 대한국민의회정부, 그리고 서울의 한성임시정부 등 세 곳은 실제적으로 헌법, 강령, 정부 조직과 함께 청사도 있어서 나름대로 임시정부의 골격을 갖추고 있었다. 그러나 나머지 세 곳은 민간 정부의 수준을 넘지 못한 실정이었다.

이 가운데 1919년 4월 서울에서 세워진 한성임시정부는 상해의 대한민국임시정부와 함께 일제하 임시정부의 대표적인 존재였다. 한성임시정부는 이해 3월 이교헌, 윤이병, 윤용주, 최전구, 이용규, 김규 등이 이규갑에게 임시정부 수립을 제의한 뒤 이들의 권유로 각 방면 대표들이 4월 2일 인천 만국공원에 모여 임시정부를 수립·선포할 것을 결정하면서 태동했다. 여기에 참석한 사람은 천도교 대표 안상덕, 예수교 대표 박용희·장붕·이규갑, 유교 대표 김규, 불교 대표 이종욱 등 20명이었다.

4월 23일 서울 서린동 소재 봉춘관에서 열린 국민대회에서 임시정부 선포문과 결의 사항, 각원(閣員, 각료) 명단, 파리강화회의 대표, 6개 조의 약법(約法), 그리고 임시정부령 1·2호를 발표함으로써 한성임시정부가 발족했다. 이날 선포된 '임시정부 선포문'은 "…… 아(我) 민족은 세계만방에 대하여 조선의 독립이 오(吳) 조선 민족의 자유민임을 선언하고, 아울러 전 민족 의사에 기하여 임시정부의 성립되었음을 자(玆)에 포고하노라. ……"라고 밝혔다. 또 결의 사항으로 ① 임시정부 조직, ② 일본의 조선 통치권 철거와 군대의 철퇴 요구, ③ 파리강화회의 대표 선정, ④ 일본 관청의 관공리 퇴직, ⑤

납세 거절, ⑥ 일본 관청에 청원 및 소송 금지 등을 결의했다.

각원(閣員)으로는 집정관 총재 이승만, 국무총리 이동휘, 외무부 총장 박용만, 내무부 총장 이동녕, 군무부 총장 노백린, 재무부 총장 이시영, 재무부 차장 한남수, 법무부 총장 신규식, 학무부 총장 김규식, 교통부 총장 문창범, 노동국 총판(總辦) 안창호, 참모부 총장 유동열, 참모부 차장 이세영, 그리고 파리강화회의 대표로 이승만, 민찬호, 안창호, 박용만, 이동휘, 김규식, 노백린 등을 선임했다.

한편 이 같은 다수의 임시정부가 오히려 국민들의 역량을 분산시킨다는 비판이 나오면서 자연스레 임시정부 통합 운동이 일어났다. 그러나 임시정부마다 상호 이해관계가 얽혀 통합이 쉽지만은 않았다. 우선 노령의 대한국민의회정부는 지리적으로도 유리하고 한국 교포의 수도 우세하다는 점, 그리고 만주와 노령이 독립운동에 적합하다는 점을 들고 나왔다. 이에 대해 상해임시정부는 우방과의 교류 문제 등에서 상해 지역이 적절하다는 점을 강조했고, 한성임시정부는 3·1 운동의 본거지가 서울일뿐더러 13도 대표가 전체 의사를 집약한 민간 정부라는 점을 강력히 내세웠다.

이러한 논란 속에 노령과 상해의 임시정부가 우선 통합에 동의하면서 "정부의 위치는 상해에 두되 13도 대표가 창설한 한성정부를 계승하고 국내의 13도 대표가 민족 전체의 대표임을 인정한다."는 합의점에 도달했다. 결국 상해임시정부는 노령의 대한국민의회정부를 흡수하고 내부를 개혁해 한성임시정부와 일체화함으로써 한국 유일의 임시정부로서 면모를 갖추었다. 이렇게 해서 상해임시정부는 해방 때까지 국내외 독립운동 최고 기관으로서, 외교의 주체로서, 그리고 민족의 주체로서 위상을 굳혔다.

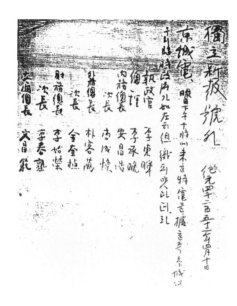

당시 지하신문이었던 「독립신보」는 한성임시정부 구성 다음 날인 1919년 4월 10일 임시정부의 초대 내각 명단을 호외로 보도했다. 등사판으로 급히 제작하느라 '집정관 이승만'과 '총리 이동휘'의 이름이 잘못 기재되어 있다.

1919년 4월 10일자 「독립신보」는 하루 전인 4월 9일 구성된 한성임시정부의 초대 내각 명단을 호외로 보도했다. 그런데 일제의 단속을 피해 등사판으로 급히 제작한 탓인지 '집정관 이승만'과 '총리 이동휘'의 이름이 뒤바뀌어 있다. 1919년 3월에 창간된 이 신문은 총독부의 정식 발행 허가를 받은 신문이 아니라 항일 지하신문이었다. 창간호에서는 태극기의 태극 마크에 관한 해설을 통해 민족 정통성을 강조하는 논설을 실었고, 제4호에서는 독립문 삽화를, 그리고 제6호에서는 일제의 한국 동포 학살 만행을 고발하는 등 줄곧 항일 논조로 일관해왔다.

13

김상옥 의사 투탄 의거

1923년 1월 17일

일제 때 가장 악독하기로 소문난 종로경찰서에 폭탄을 투척한 김상옥 의사의 의거는 조선 민중의 기개가 살아 있음을 만천하에 보여준 쾌거였다. 김상옥 의사의 의거는 김익상 의사의 남산 조선 총독부 투탄 의거(1921. 9. 12.)와 함께 초창기 국내 의열 투쟁의 상징으로 꼽힌다.

김상옥 의사는 1890년(고종 27년) 서울 효제동에서 출생했다. 그는 일찍부터 서양 문물과 국제 정세에 관심이 많았으며, 3·1 운동을 계기로 독립운동에 투신했다. 그해 4월 동대문교회 안의 영국인 피어선 여사 집에서 '혁신단'이라는 비밀결사를 조직해 「혁신공보(革新公報)」를 발행, 민중에게 독립사상을 고취한 김상옥 의사는 12월에는 암살단을 조직해 일본 고관과 민족 반역자들에 대한 응징을 기도했다. 이듬해 4월 그는 한훈, 유장열 등과 함께 전라도 지방으로 내려가 친일파 서 아무개 등 수 명을 총살하고 일본 헌병대를 습격했다.

그는 1920년 8월 24일 미국 의원단이 동양 각국을 시찰하면서 조선에도 들른다는 정보를 입수한 후 그해 5월부터 동지들과 함께 이들을 환영하기 위해 나오는 사이토 마코토(齋藤實) 총독과 고관들을 암살하기로 계획을 세웠다. 그러나 사전에 발각되어 동지들은 체포되고 그는 10월 말 상해로 망명했다. 이곳에서 의열단에 가입한 그는 1922년 11월 임정 요인들과 논의해 귀국 후 조선 총독을 처단하고 주요 관공서를 파괴하기로 계획을 세웠다. 국내로 잠입한 그는 김한, 서대순 등 동지들을 만나 동경 제국회의 참석차 떠나는 조선 총독을 제거하기로 했으나 일경의 경계 강화로 거사를 실행하지 못했다.

그러나 김상옥 의사는 1923년 1월 17일 상해에서 가지고 온 폭탄을 독립운동가 탄압의 본거지인 종로경찰서에 투척했다. 폭탄 투척 후 매부 고봉근의 집에서 은신하던 그는 행랑방에 살던 여자가 종로경찰서에 근무하는 친정 오빠에게 밀고하는 바람에 출동한 일경에게 포위되었다. 그는 은신처가 탄로 나자 단신으로 총격전을 벌이며 남산을 거쳐 금호동 안장사로 도주했다. 여기서 그는 승복과 짚신을 빌려 변장한 채 포위망을 뚫고 효제동 이혜수(당시 28세)의 집으로 피신했다. 그러나 이곳도 일경에게 탐지되어 1월 22일 새벽 기마대를 앞세운 일경 수백 명에게 포위되었다. 김상옥 의사는 다시 단신으로 세 시간 반 동안 총격전을 벌였으나, 중과부적에다 탄환마저 떨어져 마침내 마지막 남은 한 발로 자결, 순국했다. 김 의사의 의거 현장이었던 종로경찰서는 현 종로 2가 제일은행

「동아일보」는 일제 당국의 보도 금지로 사건 발생 후 두 달여
만에 이를 호외로 보도했다. 호외에는 같이 의거를 도모한 7명
의 동지들의 사진도 실려 있다.

본점 자리다.

사건 발생 두 달이 지난 3월 15일 「동아일보」는 김상옥 의사의
의거를 호외로 보도했다. 좌측 상단에는 김상옥 의사가 상해에서
찍은 말쑥한 모습의 사진이 실려 있고, 중앙에는 함께 의거를 도모
한 7명의 동지 사진도 실려 있는데, 그중 홍일점인 이혜수가 제일
우측에 자리 잡고 있다.

1962년 정부는 김상옥 의사에게 건국훈장 대통령장(2등급)을 추
서하고, 유해를 국립묘지에 안장했다.

14

관동 대지진과 조선인 학살

1923년 9월 1일

1923년 9월 1일 오전 11시 58분, 일본 도쿄를 중심으로 한 관동 지방에 진도 7.9의 초강진이 발생했다. 14만여 명이 인명 피해를 입고, 56만 채 이상의 가옥이 파괴되었다. 동경 139.2도, 북위 35.4도의 가나가와현 서부 지역을 진앙지로 발생한 이 대지진은 가나가와현 중부에서 사가미나다 동부와 보소 반도 남단에 이르는 광범위한 지역에 영향을 미쳤다.

관동 대지진이 얼마나 큰 파괴력을 지녔는지는 당시 인근 지역의 피해 상황을 보면 쉽게 알 수 있다. 이 지진에 따른 화재로 도쿄에서만 4만 4천여 명이 숨졌고, 요코하마에서도 가옥 6만 채가 불에 탔다. 또 사가미만 연안과 보소 반도 남부 지역에서는 목조 가옥의 50퍼센트 정도가 무너지거나 불에 탔다.

관동 대지진 발생으로 엄청난 인명 및 재산 피해가 나자 일본

경시청은 차제에 조선의 혁명가와 독립운동가들을 탄압하고자 정부에 출병을 요청하고 계엄령 공포를 준비하는 동시에 '조선인 폭동설'을 유포했다. 조선인에 대한 엄중 단속을 실시하며 조선인을 '보호' 수용한다는 방침을 결정해 이를 각 경찰서에 하달했는데, 이로 인해 유언비어로 나돌던 '조선인 폭동설'이 전국적으로 확산되었다.

계엄사령부는 5일 '조선 문제에 관한 협정'을 통해 "조선인이 폭행 또는 폭동을 자행하려 한 사실을 극력 수사해 긍정시키려 노력할 것", "해외 선전으로는 특히 일본인 공산주의자와 조선인 공산주의자들이 배후에서 폭동을 선동한 사실이 있음을 선전하는 데 노력할 것" 등을 지령했다. 이처럼 일제는 '조선인 폭동설' 조작에 광분했다.

계엄령 아래에서 군대와 경찰, 그리고 조선인 폭동을 단속하라는 지령에 따라 결성된 자경단은 6천여 명이나 되는 조선인과 사회주의자들을 학살했다. 일제는 이 학살 사건의 전모에 관한 보도를 금지하다가 10월 20일에 가서야 해제했다. 군대와 관헌에 의해 자행된 학살은 철저히 은폐된 채 일부 자경단원들만 재판에 회부되었다. 그러나 재판 과정에서 피고와 증인들의 발언을 통해 이 사건의 전모가 드러나기 시작했다. 그러자 일제는 재판을 흐지부지 끝내버리고 말았다. 재판에 회부되었던 자경단원들은 '증거 불충분'이라는 이유로 모두 풀려났다. 6천여 명이나 되는 무고한 인명을 학살한 원흉은 단 한 명도 처벌받지 않았다.

관동 대지진 당시 조선인 폭동설을 유포한 장본인은 당시 내무상이었던 미즈노 렌타로(水野鍊太郎)였다. 그는 사이토 마코토 총독

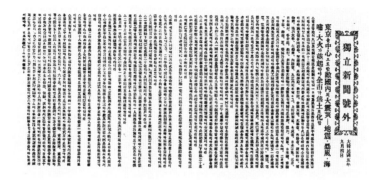

관동 대지진을 보도한 상해임시정부의 기관지 「독립신문」의 1923년 9월 4일자 호외.

이 서울에 부임할 당시 정무총감으로 같이 부임해 와 강우규 의사로부터 폭탄 세례를 받았다. 사이토 총독과 그 모두 무사했지만, 그는 그때 받은 충격과 원한을 가슴속 깊이 간직하고 있었다. 일본으로 돌아가 내무대신이 된 그는 관동 대지진이 터지자 조선인에 대한 원한을 풀기 위해 얼토당토않은 조선인 폭동설을 유포했다. 한 일본인의 원한으로 말미암아 관동 대지진 때 희생된 조선인 사망자는 일본 당국의 공식 집계만으로도 6,433명에 이른다.

　관동 대지진과 관련해 상해임시정부의 기관지 「독립신문」은 사고 발생 3일 후인 1923년 9월 4일 그간 발생한 지진 피해 상황을 종합해 호외를 발행했다. 이후 「독립신문」은 특파원을 일본에 파견해 피해 상황을 직접 조사하기도 했다.

15

순종 황제 승하
1926년 4월 25일

1907년 헤이그 밀사 사건으로 고종이 강제 퇴위당하자 그 뒤를 이어 순종(純宗, 1874~1926, 재위 기간 1907~1910)이 조선조 제27대 임금이자 대한제국의 황제로 즉위했다. 1874년 2월 창덕궁 관물헌에서 고종과 명성황후의 둘째 아들로 태어난 순종은 이름은 척(坧), 자는 군방(君邦), 호는 정헌(正軒)이었다. 즉위 후 순종은 거소를 덕수궁에서 창덕궁으로 옮겼다.

순종 황제의 즉위는 순리대로 이루어진 것이 아니었다. 선왕인 고종 황제가 일제에 의해 퇴위당한 후 일제의 정략에 의해 즉위한데다, 이미 나라가 기울대로 기울고 주위에는 친일 매국분자들과 일제와 내통하는 자들밖에 없어서 순종은 실권이라고는 아무것도 없는 무력한 존재였다. 부왕인 고종과 떨어져 지내던 순종은 창덕궁에서 누구 하나 의지할 사람 없이 쓸쓸한 나날을 보내고 있었다.

일제는 이러한 순종을 위로한다는 명목 아래 인근 창경궁을 훼손해 이곳에 동물원과 식물원을 만들고는 '창경원'으로 개칭했다.

순종 즉위 직후 일제는 한일신협약을 강제로 체결해 각 부의 차관을 일본인으로 임명토록 하는 이른바 차관정치를 시작, 국정 전반에서 실권을 행사했다. 뒤이어 일제는 재정 부족을 이유로 한국 군대를 해산했으며, 1909년 7월에는 기유각서에 의거해 사법권마저 박탈했다. 이제 마지막으로 두 나라를 합쳐 조선을 일본의 속국으로 만드는 일만 남겨두고 있었다.

일제의 한일병탄 계획은 3대 통감 데라우치 마사타케가 부임하면서 본격으로 추진되었다. 일제는 매국노 이완용, 송병준, 이용구 등이 중심이 되어 친일 활동을 해오던 일진회를 사주해 '한일합병 탄원서'를 내게 하고는, 이를 구실로 조선인들이 '합병'을 원한다고 주장하며 위협과 매수로 1910년 8월 22일 한일병탄조약을 성사시켰다. 이로써 대한제국은 영원히 막을 내리고, 순종은 황제에서 강등해 '창덕궁 이왕(李王) 전하'로 예우하는 조처가 내려졌다. 이와 동시에 '합병'에 협조한 친일파들에게는 일황으로부터 작위와 은사금이 하사되었다.

폐위된 순종은 창덕궁에서 거처하면서 망국의 한을 달래다가 1926년 4월 25일 승하했다. 다음 날인 4월 26일자 「조선일보」 호외는 '창덕궁 전하 승하'라는 제목을 뽑고 있는데, 고종 승하 당시 「매일신보」의 호외와 마찬가지로 겨우 손바닥만 한 크기로 관련 기사 없이 부음 소식만을 전하고 있다. 이는 일제의 탄압에서 비롯된 것으로 추정된다. 순종의 장례는 국장으로 치러졌는데, 순종의 인산례(因山禮)를 기해 전국에서 만세운동이 전개되었다. 이것이 바

大正十五年四月二十六日

總督奉遷所二人 金惠武
京城府大門町一丁目三
印刷人 嚴在德
朝鮮日報社

昌德宮殿下 昇遐

只今 正式으로 發表

외호

昌德宮殿下(昌德宮殿下)께옵서는 皇后의 독중에
게시든바 작 이십오 일오전 六시 십분에 필
경승하(昇遐)하셧더라

「조선일보」의 1926년 4월 26일자 호외. 총독부 기관지 「매
일신보」가 고종의 사망을 '훙거'라고 표기했던 반면, 순종
의 사망을 '승하'로 표기하고 있는 점이 특이하다.

로 '6·10 만세 의거'다.

역사학계 일각에서는 고종과 순종에 대해 나라를 지키지 못한
군주로서의 책임을 물어 '망국 책임론'을 제기한 바 있다. 그러나
이 문제는 단순히 군주 두 사람에게만 책임을 물을 사안은 아닐
것이다. 구한말 당시의 국제 정세가 이미 우리로서는 손을 쓸 수
없을 정도로 악화되어 있었기 때문이다. 게다가 근대 외교에 무능
한 상층부 인사들과 일본 세력에 편승한 친일파들의 준동으로 나
라의 기틀도 이미 다 무너진 상태였다.

16

나석주 의사 의거

조선식산은행과 동양척식주식회사에 폭탄을 던진 나석주 의사는 1892년 황해도 재령에서 태어났다. 나라가 망하자 주권 회복에 신명(身名)을 바칠 것을 맹세한 그는 23세에 만주로 건너가 북간도 나자구에 있던 독립군 양성학교인 무관학교에 입학해 군사 훈련을 받았다. 귀국해 1919년 3·1 운동에 참여했다가 일경에 체포된 그는 석방 후 황해도 사리원으로 거처를 옮겨 표면적으로는 정미소를 경영하면서 몰래 동지를 규합해 비밀 항일 결사를 조직, 군자금을 모금하는 한편, 친일파를 숙청하는 작업을 추진했다. 이후 대한독립단 단원들과 함께 악질 친일파인 은율군수를 처단하고, 이어 황해도 전역으로 활동 무대를 넓혔다. 일경의 감시가 강화되어 활동이 더 이상 곤란해지자 그는 상해로 망명했다.

임시정부에 들어간 나석주 의사는 경무국 경호원으로 임정 요인들의 경호 업무를 맡다가 1923년 중국 허난성 소재 육군군관단강습소에 입교해 정식으로 군사 교육을 받았다. 이듬해 중국군 장교로 임관되어 복무하다가 1925년 임정으로 돌아온 그는 그 이듬해 의열단에 가입했다. 그해 6월 텐진에 체류하고 있던 심산 김창숙 선생으로부터 일제 경제 침탈의 총본산인 동양척식주식회사와 조선은행, 조선식산은행을 폭파하는 일이 시급하다는 이야기를 듣고 거사를 계획했다.

1926년 12월 중국인 노동자로 변장해 입국한 나석주 의사는 12월 28일 마침내 조선식산은행에 폭탄을 던졌다. 그러나 아깝게도 불발로 실패하고 말았다. 뒤이어 동양척식주식회사에도 폭탄을 던졌으나, 이 역시 불발로 실패했다. 그는 권총으로 수 명의 일본인을 사살하고 도주하다가 자살을 기도했으나 중상을 입고 쓰러졌다. 일경이 급히 병원으로 이송했지만, 그는 자신의 성명과 함께 자신이 의열단원임을 밝히고는 바로 순국했다.

나석주 의사는 정식으로 군사 교육을 받은 군인으로서 의열단의 일원이 되어 국내에서 의열 활동을 한 사람이다. 나석주 의사 의거 사건은 일제 당국에 의해 한동안 보도가 금지되었다가 이듬해 1월 23일 해제되어 세상에 알려졌다. 이날 「동아일보」와 「조선일보」 등 국내 신문들은 일제히 본판 크기의 대형 호외로 이 사건을 보도하면서 나석주 의사의 사진과 사건 현장을 화보로 게재했다. 특히 「동아일보」의 경우 사건 현장의 약도와 나석주 의사의 총격을 받고 사상당한 7명의 일경 명단도 실었다. 「조선일보」의 경우에는 본문의 상당 부분이 삭제되기도 했다.

강우규 · 김상옥 의사에 이은 나석주 의사의 의거로 일제는 조선

1927년 1월 23일, 나석주 의사가 일제하 경제 수탈의 본거지인 조선
식산은행과 동양척식주식회사에 폭탄을 투척한 사건을 호외로 보도
한 「동아일보」.

인의 국내 의열 투쟁에 깊은 우려를 하게 되었다. 1962년 정부는
나석주 의사에게 건국훈장 대통령장(2등급)을 추서했다.

17

광주 학생 항일 의거

1929년 11월 3일

    1929년 광주에서 발생한 광주 지역 학생들의 항일 독립운동은 3·1 운동 이후 최대의 항일 의거로 불린다. 3·1 운동 이후 부임한 사이토 총독은 조선인들의 항일 의식을 약화할 목적으로 문화 정치를 표방했다. 그러나 이는 겉으로 드러난 정치 슬로건이었을 뿐 사실은 전보다 한 단계 높은 고도의 통치 술책이었다.

    근대 이후 호남 지역은 항일 투쟁의 본거지였다. 1894년 동학혁명이 이곳에서 일어난 뒤로 1928년 '광주 송정리 항일 격문 사건', '전북기자대회 사건', '이리 동양척식주식회사 습격 미수 사건' 등이 있었다. 또 이보다 앞서 1926년에는 광주고보·광주농업학교·전남사범학교 재학생을 중심으로 성진회라는 학생 단체가 결성되어 항일운동의 맥을 이어 오고 있었다. 이들은 일제의 통치에 정면으로 반발하면서 여러 차례 동맹 휴학을 주도했다.

광주 학생 의거의 발단은 다분히 개인적인 감정 차원에서 출발했다. 1929년 10월 30일 오후 5시 반, 광주-나주 간을 운행하는 통학열차가 나주역에 도착했을 때 광주중학 3학년에 재학 중인 일본인 학생이 광주여고보 3학년 박기옥 등을 희롱하는 사건이 벌어졌다. 당시 이 광경을 목격한 조선인 학생과 일본인 학생 간에 편싸움이 벌어졌고, 이 싸움은 이튿날인 11월 1일까지 계속되었다. 그리고 11월 3일에는 다시 광주중학의 일본인 학생과 광주고보의 한국인 학생들 사이에 싸움이 붙었는데, 이 싸움은 결국 학교와 학교 간의 싸움으로 확대되었다.

　이는 급기야 광주· 전남 지역 일대의 한국인 학생과 일본인 학생 간의 싸움으로 비화되었다. 학교와 일경 측은 처음에 강온 양면으로 수습을 꾀했지만, 수습에 실패하자 탄압 정책으로 돌변해 광주고보와 광주농업학교 학생들을 집단 구속했다. 사태가 이렇게 되자 광주 지역 신간회 지부, 청년 단체, 사회단체는 이 지역의 학생들을 중심으로 한 항일 투쟁을 전국적으로 확대해나가기로 했다.

　사건이 터지자 장석천, 장재성, 강석원 등 이 지역 학생운동의 중심인물들은 학생투쟁지도본부를 결성하고, 업무를 분장해 더욱 조직적인 활동에 나섰다. 11월 12일 장날을 기해 이들은 격문을 뿌리며 광주 지역 전 학교에서 시위운동을 주도했다. 이들은 격문에서 '구속 학생 탈환', '경찰의 교내 침입 반대', '교우회 자치권 획득', '한국인 본위의 교육제도 시행', 그리고 '언론· 출판· 집회· 결사· 시위의 자유'를 주장했다. 이것이 이른바 제2차 광주 학생 항일 의거다.

　광주 지역 학생들의 항일 시위는 12월 2일 서울의 경성제대를

광주 학생 항일 의거를 보도한 「중외일보」의 1930년 1월 15일자 호외. 이 신문은 「시대일보」의 후신으로 이 무렵 다수의 호외를 발행했는데, 이후 「중앙일보」, 「조선중앙일보」 등으로 제호를 바꾸었다가 '일장기 말소 사건'에 연루되어 결국 자진 폐간했다.

비롯한 서울 지역 학교의 시위에 불을 지폈다. 경성 제1·2고보, 경신학교, 보성고보에 이어 이화여고, 동덕여고, 진명여고 등의 여학교, 그리고 각종 실업학교까지 가두시위 또는 동맹 휴학으로 이 대열에 동참했다. 서울로 번진 학생운동은 마침내 개성, 부산, 진주, 청주, 공주, 평양, 신의주, 대구, 춘천, 해주, 사리원 등 전국으로 확대되었다.

이 같은 전국적인 학생운동은 3·1 운동 이후 최대의 항일운동이었다. 이 운동에 참가한 학교는 194개 교, 참가 학생 수는 5만 4천여 명에 달했다. 그중 580여 명이 퇴학 처분을 받고 투옥되어 최고 5년형의 체형을 받았으며, 2,330여 명이 무기정학 처분을 받았다. 특히 학생 시위를 계기로 12월 13일 대규모 민중대회를 계획했던 신간회 회원 44명과 근우회, 청총(靑總), 노총 등 애국 단체 간부 47명 등 총 91명이 대거 검거되었다.

처음 광주 지역에서 발생한 이 사건은 당시 일제에 항거한 조선인 학생 전체의 의거로 승화되어 우리 학생운동사는 물론 항일 의

거사의 금자탑으로 기록되고 있다. 1940년대를 전후해 전국적으로 조직된 학생 비밀결사 단체는 그 뿌리를 광주 학생 의거에 두고 있다고 할 수 있다.

18

윤봉길 의사 의거

1932년 4월 29일

 지식인이자 행동하는 열혈 투사 윤봉길 의사는 국운이 기울어가던 1908년 충남 예산에서 태어났다. 열 살 되던 해 인근 덕산보통학교에 입학했는데, 이듬해에 3·1 운동이 일어나자 자퇴하고 최병대의 문하에 들어가 한학을 공부했다. 1926년 성주록의 오치서숙을 졸업한 그는 농촌 계몽 활동과 독서회 운동으로 농촌 부흥에 힘을 기울였다. 이를 위해 『농민독본』을 저술하고, 야학을 조직해 향리의 청소년을 지도했다. 1929년에는 부흥원을 설립해 농촌 부흥운동을 본격적으로 추진했다. 또 월진회라는 계몽 단체를 조직해 회장에 추대되었다.

 1930년 3월 6일, 그는 '장부출가생불환(丈夫出家生不還, 장부가 집을 나가서는 살아서 돌아오지 않는다)'이라는 내용의 편지를 남기고 만주로 망명했다. 도중에 미행하던 일경에 붙잡혀 45일간 옥고를 치르기도 했으나 결국 만주로 탈출했다. 그곳에서 그는 김태식, 한일진 등 동지들과 함께 독립운동을 꾀했다. 1931년 상해로 건너간 그는 프랑스 조계 안에 있던 안공근의 집에 숙소를 정하고는 생계를 위해 동포 실업가 박진이 경영하던 공장에 직공으로 취직했다. 이해 겨울 그는 임시정부의 김구를 찾아가 독립운동에 신명을 바칠 것을 맹세했다.

1932년 초 도쿄에서 한인애국단 소속 이봉창 의사의 의거 사건 (1932. 1. 8.)이 있은 뒤 일제는 '상해 사변'을 도발, 시라카와 요시노리(白川義則) 대장을 사령관으로 해 중국과 전쟁을 벌이고 있었다. 이 무렵 윤봉길 의사는 야채상으로 가장해 일본군의 동태를 살피면서 거사를 도모했다. 그 과정에서 4월 29일 이른바 천장절(天長節, 일황 생일) 겸 상해 사변 전승 축하 기념식이 홍커우 공원에서 열릴 예정임을 알고 이날을 거사일로 잡았다.

거사 3일 전인 4월 26일 한인애국단에 가입한 그는 김구 등 임정 요인들과 거사 문제를 협의했고, 김홍일이 만들어 시험까지 거친 수류탄을 도시락에 숨겨 거사 당일 행사장에 몰래 가지고 들어가 단상에 투척했다. 식장은 순식간에 아수라장이 되었다. 상해 일본 거류민 단장 가와바타 테이지(河端貞次)와 상해 파견군 사령관 시라카와 대장이 그 자리에서 즉사하고, 제3함대 사령관 노무라 기치사부로(野村吉三郎), 제9사단장 우에다 켄키치(植田謙吉) 중장, 주중 공사 시게미쓰 마모루(重光葵) 등이 중상을 입었다. 거사 직후 그는 현장에서 체포되어 군법회의에서 사형 선고를 받았다. 그는 그해 11월 18일 일본으로 호송되어 오사카 위수형무소에 수감되었다가 12월 19일 총살형으로 순국했다.

일본 「아사히신문」은 1932년 5월 1일자 호외에서 의거 현장 사진으로 전면(우)을 편집했으며, 뒷면(좌)에는 간략한 기사와 함께 관련 사진을 다수 실었다. 의거 후 장제스(蔣介石)는 그동안 냉소적이던 임시정부에 대폭적인 지원을 시작했다.

　　윤봉길 의사의 쾌거는 단순히 적국의 장수 몇 사람을 처단했다는 의열 활동 이상으로 큰 파장을 불러일으켰다. 우선 이 의거는 당시 침체 일로에 있던 우리 독립운동 진영에 활기를 불어넣어주었다. 이와 동시에 중국 정부의 임시정부에 대한 인식이 전환되는 계기를 마련해주었다. 윤봉길 의사 의거 이후 중국 국민당 정부는 임정과 소원했던 관계를 일신하고, 이듬해에 낙양군관학교에 '한국청년간부훈련반[한청반(韓靑班)]'을 설치해주었으며, 1940년에는 임시정부에서 광복군을 창설하는 데 적극적인 후원을 하기도 했다. 아울러 '만보산(萬寶山) 사건' 이후 만주 일대에서 자행되던 일제의 노골적인 탄압 역시 윤봉길 의사 의거 이후 한풀 꺾였다.

　　윤봉길 의사의 쾌거는 당일로 일본 신문에 대서특필되었다. 「아사히신문」의 경우 본판 크기의 호외 앞뒷면에 의거 당시의 사진을 화보로 실었다. 이 사진들은 의거 순간의 현장을 기록한 거의 유일한 자료다. 사진 가운데 일경에 끌려가는 인물이 윤 의사가 아니라는 주장이 제기되면서 진위 논쟁이 일기도 했다.

1962년 정부는 윤봉길 의사에게 건국훈장 대한민국장(1등급)을 추서했다. 서울 서초동에는 윤봉길기념관이, 고향인 예산군에는 충의사가 건립되었다.

19

손기정 마라톤 우승과 일장기 말소 사건

1936년 8월 9일(마라톤 우승), 8월 25일(일장기 말소)

1936년 제11회 베를린 올림픽에서 일본팀의 일원으로 참가한 손기정 선수는 대회 마지막 날인 8월 9일 열린 마라톤 경기에서 우승을 거머쥐었다. 이는 일제하에서 핍박받던 조선 민족에게 한없는 용기와 희망을 불어넣어주었다. 당시 양정고보에 재학 중이던 손기정 선수는 모교의 교색(校色)인 주홍색 팬츠를 입고 참가번호 382번을 등에 단 채 경기에 참가했다. 함께 참가한 남승룡 선수는 3위로 입상했다.

그러나 베를린 하늘에는 태극기 대신 망국의 한을 안은 채 일장기가 휘날렸다. 1935년 3월에 있었던 베를린 올림픽 파견 예선 경기에서 손기정은 2시간 26분 14초라는, 당시 세계 기록 2시간 31분 37초보다 무려 5분이나 앞서는 놀라운 기록을 세웠고, 이로 인해 그는 경기 전부터 우승 후보로 지목되었다. 8월 9일 열린 경기

손기정 선수가 제11회 베를린 올림픽 마라톤에서 우승한 다음
날인 1936년 8월 10일자 「조선일보」 호외.

에서 손기정은 2시간 29분 19초 2로 골인, 세계 인류의 꿈인 2시
간 30분 벽을 깨고 우승했다.

　이 소식은 수만 리를 넘어 조국에 급전으로 타전되었고, 다음 날
아침 국내 신문들은 급히 호외를 발행했다. 당시 국내에는 「조선일
보」, 「동아일보」, 「조선중앙일보」 등의 민간지가 있었는데, 모두 8
월 10일 아침에 호외를 발행했다. 이날 아침 「조선중앙일보」의 호
외를 길거리에서 주워 든 심훈은 호외 뒷면에 〈오오, 조선의 남아

여!)라는 제목으로 즉흥시를 지었다. 이 시는 심훈의 친구이자 당시 「조선중앙일보」의 학예부 기자로 있던 윤석중을 통해 며칠 뒤 이 신문에 전문이 게재되었다.

손기정 선수의 마라톤 우승 관련 보도로 당시 총독부 당국은 몇몇 신문사에 정간 조치를 내렸다. 「조선중앙일보」와 「동아일보」가 손기정 선수의 시상 장면을 실으면서 가슴의 일장기를 말소했다는 이유에서였다. 이 사건이 우리가 잘 아는 '일장기 말소 사건'이다. 흔히 이 사건은 「동아일보」만 해당되는 것으로 알려져 있는데, 사실 원조는 「동아일보」가 아니라 「조선중앙일보」였다.

「조선중앙일보」는 8월 15일자에서 손기정 선수의 가슴에 있는 일장기를 지운 사진을 실었다. 그런데 이 사진은 총독부의 검열에 걸리지 않고 무사히 통과되었다. 그러자 「동아일보」가 이를 따라 10일 뒤인 8월 25일 역시 일장기를 지운 손기정 선수의 사진을 게재했다. 당일 「동아일보」는 검열용 1판에서는 일장기를 그대로 두었지만, 검열을 통과한 2판부터는 일장기를 지우고 발행했다. 「동아일보」는 이후로도 수차례나 더 일장기를 말소한 채 신문을 발행했다. 그러나 이것이 결국 조선군 참모부 측에 발각되어 문제가 터지고 말았다. 이 사건으로 「동아일보」는 무기 정간을 당했고, 「조선중앙일보」는 자진 휴간에 들어갔다. 양 신문의 사장, 주필, 편집국장, 사진기자, 체육부 기자 등이 엄중한 조사를 받았으며, 특히 「조선중앙일보」의 체육부 기자 유해붕과 사진부원 세 명이 구속되기까지 했다.

그런데 이 사건과 관련해 두 신문사의 사후 조치는 판이하게 달랐다. 「동아일보」는 체육부 기자 이길용과 사회부장 현진건 등 다섯 명이 "이 사건과 관련해 책임을 지고 언론계를 떠날 것, 시말서를 제출할 것, 만일 다른 문제가 생기면 이번 사건의 책임을 덧붙여 가중 처벌을 받을 것" 등을 내용으로 한 서약서를 제출하고 9개월 만인 1937년 6월 3일 속간되었다. 「동아일보」는 속간 사고에서 "대일본제국의 언론 기관으로서 조선 통치의 익찬(翼贊)을 기한다."는 내용을 밝혀 이미 이 무렵부터 친일의 길로 들어섰음을 표방하고 나섰다.

반면 「조선중앙일보」는 1937년 자진 폐간 조치를 단행했다. 이 사건을 빌미로 총독부 당국은 당시 사장 여운형 대신 친일파 성원경(「동아일보」취체역), 이범익(도지사, 중추원 참의, 간도성장), 고원훈(도지사, 중추원 참의) 세 사람 중 한 사람을 골라 새 사장으로 앉히면 속간시켜 주겠다고 제안했다. 그러나 「조선중앙일보」측은 이 제안을 거부했다. 그 후 「조선중앙일보」는 재정난과 여운형 사장의 사임 등으로 곤경에 빠진 채 1937년 11월 5일 발행 허가 효력 상실로 문을 닫고 말았다.

20

조선교육령 개정
1938년 4월 1일

　일제의 식민지 통치를 상징적으로 보여주는 정책 가운데 하나가 교육 정책이다. 조선 지배 35년간을 통틀어 일제는 무려 네 차례에 걸쳐 '조선교육령'을 개정·공포했다.

　한일병탄 후 초대 총독 데라우치는 충량한 제국 신민과 그들의 하수인으로 부릴 실용적인 근로자나 하급 관리를 양성한다는 내용의 교육 방침을 세워 놓고 있었다. 이 같은 방침에 따라 1911년 8월 총독부 당국은 전문 30조의 제1차 조선교육령을 공포했다. 주요 내용은 일본어의 보급, 실업 교육 장려, 충량한 황국신민 양성 등이었다. 이로써 보통학교, 고등보통학교, 여자고등보통학교, 실업학교, 사립학교 등의 학교 관제가 재편되었다.

　한편 1919년 3·1 운동이 일어나면서 사이토 총독의 부임과 함께 문화정치를 표방한 일제는 조선의 학제를 일본과 똑같이 편성

「매일신보」는 1938년 2월 23일자에서 제3차 조선교육령 개정을 호외로 보도했다.

하는 등 겉으로는 융화 정책을 표방했다. 그러나 이 무렵부터 일제는 일본어와 일본 역사 교육을 통해 조선 민족 말살 정책을 시도하고 있었다. 그들은 1938년에 단행된 제3차 조선교육령 공포를 계기로 황국신민화 정책을 본격 추진했다. 이해 2월 23일 추밀원을 통과하고 25일 각의를 통과해 4월 1일부터 시행된 이 개정안은 우선 교명을 일본인 학교와 동일하게 바꾸고, 교과 내용도 일본어,

일본사, 수신, 체육 등을 강화해 조선인의 일본인화 정책을 한층 분명히 했다.

1941년 전시를 맞아 전문학교의 수업 연한을 단축한 일본은 1943년 3월 제4차 조선교육령을 공포, 모든 교육 기관에 대해 수업 연한을 단축했다. 또 중등학교에 새 교과서를 보급하는 것과 때를 같이해 전시에 임하는 '황국의 도에 따른 국민 연성(練成)'을 방침으로 내세우며 학생들을 근로 동원에 내모는가 하면, 이들에게 군사 교육을 실시하기까지 했다. 결국 일제시기를 통틀어 일제의 교육 정책은 조선인의 자질을 향상하거나 지도자를 양성하는 것보다는 일제의 통치 목적에 맞는 수족을 길러내는 데 목표를 두었다고 해도 과언이 아니다.

일제 교육 정책의 대표적인 잔재 중 하나인 국민학교라는 명칭은 해방 후 반세기나 지속되다 1996년에야 비로소 초등학교로 바뀌었다. 이는 우리 교육계가 일제 잔재를 청산한 상징적인 사건이라고 할 수 있다. 그러나 아직도 교육계에는 일제 당시 식민지 교육 정책의 잔재가 더러 남아 있다. 애국조회, 주번제도, 체벌 등이 그것이다.

21

반민특위와 친일파 처단

1948년 9월 22일

해방 후 우리 민족에게 주어진 최대의 과제는 자주·민족 국가를 수립하는 것과 친일파 처단을 통해 민족정기를 확립하는 것이었다. 그러나 결론적으로 말해 우리는 해방 직후 둘 가운데 어느 것도 성취하지 못했다. 가장 큰 걸림돌은 미군정 3년이었다. 일제의 패망과 함께 승전국의 일원으로, 동시에 또 다른 외세로 진주한 미군정은 3년간 남한 땅을 통치하면서 한국인들의 여망을 외면했다. 대한민국 정부는 미군정 3년이 끝난 1948년 8월에야 수립되었으며, 친일파 처단 역시 새 정부에서나 가능하게 되었다.

해방 직후부터 줄기차게 제기된 친일파 처단 문제는 1948년 8월 5일 제헌국회 제40차 본회의에서 김웅진 의원의 발의로 본격 논의되기 시작했다. 이후 수차례 논란을 거듭한 끝에 1948년 9월 22일 '반민족행위처벌법(반민법)'이 제정·공포되었다. 이 법에 근거해 국회 내에 '반민족행위특별조사위원회(약칭 '반민특위')'가 구성되었다. 반민특위는 그해 10월 23일 각 시도 출신 국회의원들이 추천한 임기 2년의 위원 10명을 선출하고, 위원장에 경상북도 대표인 김상덕 의원을, 부위원장에 서울 대표인 김상돈 의원을 선출했다. 이어 국회는 특위의 조사 업무를 수행하기 위해 그해 11월 24일 보조기구 설치를 위한 '반민족행위특별조사기관설치법'을 제정, 중앙과 지방에 중앙사무국과 지방사무분국을 설치했다. 1949년 1월 12일 중앙사무국에는 책임자 및 조사 1·2·3부를 두고, 국장 겸 총무과장에 이원용 씨를 임명하는 한편, 지방에도 9명의 지방 조사 책임자를 임명했다.

또 반민족 행위자에 대한 기소와 재판 업무를 담당하기 위해 특별재판부와 특별검찰부를 별도로 구성했다. 특별재판부의 총책임자는 김병로 대법원장이, 특별검찰부의 총책임자는 권승렬 대검찰청장이 맡았다. 관계법과 조직을 정비한 특위는 7,400만 환의 예산을 받아 1949년 1월 5일 중앙청 205호실에 사무실을 차리고 반민족 행위자들의 친일 행적 조사와 이들에 대한 검거 작업에 착수했다. 1949년 1월 8일부터 검거에 나선 특위는 제1호로 화신 재벌 박흥식을 검거한 데 이어 일본 헌병 앞잡이로 250여 명의 독립투사를 밀고한 악질 친일파 이종형을 검거했다. 뒤이어 특위는 33인 중의 한 사람인 최린을 명륜동 자택에서 검거했으며, 친일 변호사 이승우, 남작 이풍한, 「매일신보」 사장 이성근, 친일 경찰 노덕술 등을 잇달아 검거했다.

특위의 활동이 가속화되자 신변에 위협을 느낀 친일 세력은 경찰 집단을 중심으로 특위 와해 공작을 폈다. 이들은 특위에서 주도적으로 활동하는 소장파 의원들을 포함한 '국회 프락치 사건'을 조작하기에 이르렀다. 경찰은 소장파 의원들을 남로당 프락치로 몰아 구속했는데, 서울시경 사찰과장 최운하는 관제 시위를 주동하면서 반민특위를 '빨갱이 집단'이라고 악선전했다.

이 일로 최운하가 특위 특경대에 구속되자 친일 경찰들은 6월 6일 서울 중부서장 윤기병의 지휘로 특경대를 습격, 이들을 무장 해제한 후 대원 등 35명을 연행했다. 이 사건은 급기야 국회로 비화되어 국회는 내각 총사퇴를 요구, 찬성 89표, 반대 59표로 통과시켰다. 그러나 이는 해결책이 되지 못했다. 결국 특위와 친일 경찰 측은 구속한 사람들을 서로 교환 석방하는 선에서 마무리한다는 정치적 협상을 하고 말았다. 결국 친일 경찰들은 석방되었고, 반민특위는 기세가 땅에 떨어졌다.

친일 경찰들이 이처럼 기세를 날릴 수 있었던 것은 이승만의 비호가 있었기 때문이다. 이승만은 특위 구성 초창기부터 "지금 국회의 친일파 처리 문제로 많은 사람이 선동되고 있는데, 이런 문제로 민심을 이산시킬 때가 아니다. 이렇게 하는 것으로는 문제 처리가 안 되고 나라에 손해가 될 뿐이다."라며 반대 입장을 폈다.

이승만 정부와 친일 세력은 1950년 6월 20일로 규정한 공소시효를 1949년 8월 31일로 단축하는 반민법 개정안을 통과시킴으로써 특위의 활동을 사실상 봉쇄했다. 이에 김상덕 위원장을 비롯한 특위 요원 전원과 특별재판관, 특별검찰관이 사임하면서 특위의 실질적인 활동은 막을 내렸다. 반민특위는 공소시효가 만료될 때까지 총 682건을 조사했는데, 이 가운데 체포 305건, 미체포 173건, 자수 61건, 영장 취소 30건, 검찰 송치가 559건이었다. 이 중 특별검찰부가 기소한 것은 221건이고, 특별재판부가 재판을 종결한 것은 불과 38건이었다. 해방 후 '민족정기 회복'이라는 민족적 과업을 수행하기 위해 구성된 반민특위는 결국 친일파들의 방해 책동으로 중도에 막을 내렸다. 그 결과 우리 현대사에서는 친일파들이 다시 권력의 상층부를 독차지하게 되었다.

반민특위의 활동에 대해 내내 미온적인 반응을 보이던 「동아일보」는 1949년 8월 6일 사주 김성수의 동생이자 경방 사장 김연수가 무죄 석방되자 이 사실을 판결문과 함께 호외로 보도했다. 김연수는 일제하에서 만주국 명예 총영사, 중추원 참의, 국민정신총동원조선연맹 이사 등을 지낸 친일파였다. 그러나 이 당시 반민특위는 초창기 분위기와는 달리 크게 변질된 상태였다. 피의자가 조사관이나 재판관에게 위압을 가하는가 하면 심지어 재판에 영향을 끼치기도 했다. 1급 친일파에게 무죄 판결을 내리는 상황이 되었으니 반민특위는 더 이상의 존재 의미를 잃고 만 것이다.

22

여순 사건
1948년 10월 19일

해방 후 한국전쟁을 전후해 남한 내에서는 좌우 간의 이념 대립이 끊이지 않았다. 그 가운데서도 '대구 10·1 사건'이나 '제주 4·3 사건', '여순 사건' 등은 이념 때문에 동족 간에 피를 본 대표적인 사건이라고 할 수 있다. 이 사건들 가운데는 남로당의 지령으로 발생한 것도 있으나, 여순 사건의 경우 14연대 내의 남로당 조직들이 자체적으로 일으킨 반란 사건이었다.

1948년 4월 3일 제주에서 폭동 사건이 발생했다. 군과 경찰은 합동 진압 작전을 전개했으나 역부족이어서 상부에 병력 증원을 요청했다. 국방부는 여수에 주둔하고 있던 14연대 병력 중 3천여 명을 파견하기로 계획을 세웠다. 이 무렵 14연대에서는 광복군 출신의 오동기 연대장(소령)이 이른바 '혁명의용군 사건'에 연루되어 체포된 사건이 발생했다. 연대 내의 좌익 세포(비밀 조직원)들은 당국의 수사가 확대될 조짐을 보이자 제주도 출동 준비로 부대가 혼란한 틈을 타 무장 폭동을 일으켰다. 처음에는 지창수 상사가 주동이었는데, 이후 육사 3기생 출신인 김지회·홍순석 중위 등이 가세했다.

제주도 작전 투입 부대가 승선을 한 시간 정도 앞둔 1948년 10월 19일 오후 8시경, 연대 인사계 지창수 상사는 핵심 세포 40여 명을 동원해 무기고와 탄약고를 점령하면서 폭동을 일으켰다. 이어 비상나팔로 연대 병력을 소집한 후 "경찰을 타도하자. 우리는 동족상잔의 제주도 출동을 반대한다."며 병사들을 선동했다. 평소 경찰에 반감을 갖고 있던 대다수 병사들은 지 상사의 선동에 동조하고 나섰다.

20일 새벽 1시경, 무장한 반란군은 여수 시내로 진출해 경찰서를 습격하고 수많은 인명을 살상했다. 좌익 민간인들까지 가세해 여수를 점령한 반란군은 김지회 중위의 지휘로 통근열차를 이용해 인근 순천으로 향했다. 당시 순천에는 14연대 예하 2개 중대가 주둔하고 있었는데, 이들은 홍순석 중위가 지휘하고 있었다. 이날로 여수와 순천은 완전히 좌익 세력의 수중에 들어갔다. 반란군은 여기서 그치지 않고 인근 남원, 광양, 벌교 등 세 갈래로 진격을 계속해 사태는 전라도 일원으로 확대되었다. 22일까지 반란군은 전남 동부 지역의 6개 군을 장악했다.

육군 총사령부는 21일 광주에 반군토벌사령부를 설치하고 총 15개 연대 병력을 투입했다. 22일에는 대통령 명의로 여수·순천 지구에 계엄령을 선포했다. 이날 오전 진압 부대는 장갑차를 앞세우고 순천으로 진격해 저녁 무렵에 전 지역을 탈환했다. 24일에는 토벌사령부를 순천으로 옮겼다. 이날 여수로 진격한 토벌군은 27일 저녁 무렵에 가서야 여수 전역을 탈환했다. 작전 기간 군은 해군에서 경비정을 동원해 여수항을 봉쇄했고, 육군은 외곽을 포위해 도주로를 차단했다. 포위망을 벗어난 반란군은 김지회의 지휘 아래 덕유산으로 숨어들어 게릴라전을 전개했다. 그러나 이듬해 4월 김지회, 홍순석 등 주도급 인물들이 모두 사살되었다.

1950년 2월 잔당들이 마지막으로 소탕되면서 호남 지구에 내려졌던 계엄령이 해제되었다. 이후 군부 내에서는 세 차례에 걸친 대대적인 숙군 작업이 진행되었다. 이 와중에 육사 내 좌익 세력을 관리하던 박정희 전 대통령도 체포되었다. 그는 고등군법회의에서 무기징역을 선고받았으나, 수사 과정에서 조직 계통을 전부 털어놓는 등 수사에 협조한 공로로 징역 15년으로 감형을 받았다가, 구속 1개월 만에 형 집행정지로 풀려났다. 이러한 전력 때문에 그는 1963년 제5대 대통령 선거에서 사상 논쟁에 휘말려 한때 곤욕을 치렀다.

이 사건은 그동안 '여순 사건', '여순 반란 사건' 등으로 불렸는데, 1995년 교육부는 1997년 교과서부터 '여수·순천 10·19 사건'으로 표기하기로 확정했다. 교육부 관계자는 "여수·순천 사건과 대구 폭동의 경우 마치 해당 지역 주민들이 반란의 주체인 양 오해할 소지가 있다는 민원이 제기되어 성격 규정과 함께 사건이 일어난 날짜를 명기하게 된 것"이라며 "특히 여수·순천 10·19 사건에 대해서는 반란을 일으킨 주체가 지역 주민과 무관하다는 점을 명시하기로 했다."고 밝혔다. 사건 발생 반세기 만에 이 지역 주민들의 명예가 회복된 셈이다.

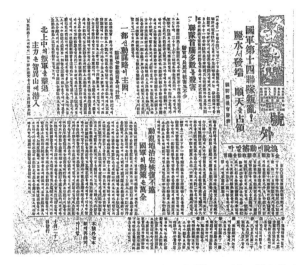

여순 사건과 관련해 유일하게 호외를 발행한 1948년 10월 21일자
「동광신문」 호외.

　여수 14연대의 반란 사건이 처음 외부로 전해진 것은 10월 20
일 새벽 1시경 여수 철도경찰 여자 전화교환수가 순천 철도경찰서
에 통지하면서부터였다. 여수 14연대에 통신 중대가 있었음에도
상부에 보고되지 않았고, 상급 부대인 광주 제5여단(4연대)에 보고
된 시간은 10월 20일 새벽 1시를 넘어서였다. '반란' 첩보를 입수
한 4연대 부연대장 박기병 소령은 서울 육군 총사령부와 미 군사
고문단에 이를 보고했다.

　그 무렵 서울 중앙청 출입 기자들도 여순 사건에 대한 소식을
접했다. 당시 「조선일보」의 유건호 기자는 "'여수에서 국군 부대가
반란을 일으켜 순천 쪽으로 올라오고 있다'는 소문이 중앙청 기자
실에 흘러들어 왔다. 몇몇 기자가 내무장관실로 뛰어 올라갔다. 좀
더 자세한 내용을 알아보려고 무진 애를 썼으나 도무지 쉬쉬하고

있어 다른 정보는 그 이상도 이하도 얻어내지 못했다."고 당시 상황을 기록한 바 있다. 당시 정부는 14연대의 반란 사건을 보고받고 언론 보도 일체를 금지했다.

이 사건과 관련한 호외로는 당시 순천에서 발행된 「동광신문(東光新聞)」의 호외가 전해 오고 있다. 이 신문은 사건 발생 이틀 뒤인 10월 21일 이범석 국방장관의 발표문을 토대로 사건의 발생과 경과, 폭도의 성질, 군 당국의 조치 등을 싣고, 하단에 김상겸 대령과의 인터뷰 기사도 곁들였다. 「동광신문」은 3년 정도 발행되다가 폐간되었는데, 여순 사건과 관련한 호외는 이 호외가 유일하다.

23

김구 선생 서거

1949년 6월 26일

백범 김구 선생은 일생을 항일 투쟁에 몸 바쳤다. 그는 1919년 3·1 만세운동 후 중국 상해로 망명해 대한민국 임시정부에 참여한 뒤 일제 패망 때까지 독립운동의 정신적 지주 역할을 했다. 그런 위치에 있었음에도 그는 미군정의 비협조로 해방 후 다른 임정 요인들과 함께 개인 자격으로 환국해야만 했다.

오랜 독립운동을 끝내고 27년 만에 백범이 귀국했을 때 국내 정세는 좌우 간의 대립과 신탁통치를 둘러싸고 지극히 혼란한 형국이었다. 그런데다 그가 이끄는 임시정부 세력은 오랜 해외 생활로 국내에 별다른 기반이 없었다. 특히 미군정마저 이들을 정통성 있는 정치 세력으로 인정하지 않아 정치적 입지가 아주 미약했다. 김구 선생은 이 같은 상황에서 우리가 살 길은 오직 전 민족이 힘을 모아 반외세·반제국주의 투쟁을 벌이고 통일 정부를 수립하는 일이라고 주장하면서 대대적인 반탁 운동을 전개했다.

1948년 남한만의 단독 선거를 통한 단독 정부(단정) 수립이 표면화되자 그는 「삼천만 동포에게 읍고(泣告)함」이라는 성명을 통해 미군정과 분단 세력을 비판하면서 "통일된 조국을 건설하려다 38도선을 베고 쓰러질지언정 일신의 구차한 안일을 취해 단독 정부를 세우는 데 협력하지 않겠다."고 선언했다. 그러고는 북행을 단행해 김일성, 김두봉 등을 만나 통일 정부 수립 문제를 논의했다. 그러나 이는 결국 무위로 끝나고, 남과 북에서 각각 미국과 소련(현 러시아)의 지원을 받는 독자적인 반쪽 정부가 들어섰다.

김구 암살 사건은 바로 이러한 상황에서 일어났다. 당시 김구와 이승만은 일제 때는 독립운동의 동지였으나 해방 정국에서는 정적의 입장이 되어 있었다. 미국의 한반도 정책이 단독 정부 수립 쪽으로 확정되자 이승만은 남한만이라도 단독 반공 정부를 세워야 한다는 입장을 취했다. 그에 반해 김구는 단독 정부 수립은 필연적으로 동족상잔을 초래할 것이라는 이유로 반대했다. 김구가 피살된 지 불과 1년 만에 한국전쟁이 발발해 그의 예견은 사실로 입증되었다.

1949년 6월 26일, 경교장 2층에서 책을 읽고 있던 김구는 현역 포병 소위 안두희가 쏜 총에 맞고 74세를 일기로 서거했다. 범행 후 안두희는 김구가 이끄는 한독당이 대한민국 정부 전복을 꾀하고 소련의 주장에 따라 미군 철수를 추진하고 있어 그 위험성이 절박하다고 느껴 살해하게 되었노라고 밝히고 끝까지 단독 범행임을 주장했다. 안두희는 군사재판에 회부되어 1949년 8월 3일 무기징역을 언도받았으나, 그해 가을 15년형으로 감형되었다. 그는

1950년 6·25가 발발하자 특사 조치로 석방되어 국방부에 근무하다가 다시 복권되어 육군 중령까지 승진했다. 예편 뒤에는 군납업자로 변신해 상당한 재산까지 모았다. 4·19 후 체포되어 검찰에 넘겨졌으나 끝까지 배후를 밝히지 않았다.

안두희는 수차례의 응징에도 입을 꾹 다물고 있다가 1992년 「동아일보」와 MBC 회견을 통해 일말의 배후를 밝힌 바 있다. 그러나 진술할 때마다 내용을 번복해 아직까지도 정확한 배후는 밝혀지지 않고 있다. 제14대 국회에서 '김구 선생 암살 진상조사 특별위원회(위원장 강신옥 의원)'를 구성해 해외에까지 가서 조사 작업을 벌였으나 별다른 성과를 거두지 못했다. 이는 문민정부가 들어선 뒤에도 마찬가지였다.

그런 가운데 1996년 10월 24일 안두희가 인천 자택에서 박기서(당시 46세, 버스 기사) 씨에 의해 피살되었다. 살인죄로 검찰에 구속되어 재판에 넘겨진 박 씨는 9년을 구형받았지만, 1심에서 살인죄 최소 형량인 5년이 선고되었고, 2년이 감형되어 3심에서 3년형이 확정되었다. 대법원은 "박 씨의 범행 동기나 목적은 주관적으로 정당성을 가진다."면서도 "법질서 전체의 관점에서는 용인될 수 있는 정당성을 갖는다고 볼 수 없다."고 판결했다. 박 씨는 각계의 구명운동으로 1998년 3월 특별사면을 받아 풀려났다. 박 씨는 현재도 택시 운전을 하고 있다.

김구 선생의 장례는 국민장으로 치러졌다. 그런데 이는 보통의 국민장과는 의미가 달랐다. 백범기념사업회 관계자에 따르면, 당시 정부 측이 국장을 제의하자 장례위원회 측이 "너희가 죽여 놓고선 무슨 국장이냐?"고 반발하며 민족장을 추진했다고 한다. 결국 김규

백범장례위원회에서 발행한 「장의특보」로, 김구 선생 서
거와 관련한 유일한 특별 보도물이다.

식 박사가 양자의 의견을 조율해 국장과 민족장을 합친 국민장으
로 하기로 결정했다고 한다.

김구 선생이 안두희의 흉탄에 서거하자 「경향신문」은 이를 긴급
히 호외로 속보했다. 이 신문은 다음 날에도 호외를 발행했다는 기
록이 있으나 실물은 남아 있지 않다. 백범장례위원회에서 발행한
「장의특보(葬儀特報)」가 김구 선생 서거와 관련한 유일한 특별 보도
물이다.

24

한국전쟁 발발
1950년 6월 25일

흔히 '6·25 사변'으로도 불리는 한국전쟁은 백범 김구 선생이 지적했듯이 남북이 분단되면서 이미 예견된 것이었다. 다만 그 시점이 김구 선생의 서거 1년 정도 만에 발생한 것이 빨랐다면 빠른 셈이다. 한국전쟁은 궁극적으로는 북한 공산주의자들의 적화야욕에서 비롯한 것이다. 그러나 또 다른 측면에서 보면 남북한 정치 집단이 한반도 전체의 이익보다는 자신들의 눈앞의 이익만 추구한 결과 벌어진 일이라고 할 수도 있다.

1947년 제2차 총회에서 유엔은 한반도 통일 정부 수립을 위해 1948년 5월 31일 이전에 한반도 전역에서 총선거를 실시하기로 결의했다. 그러나 1948년 1월 소련 군정 당국의 반대로 이의 실현이 불가능해지자 유엔은 소총회에서 '유엔의 감시가 가능한 지역에서의 선거 실시'를 결의했다. 그에 따라 1948년 5월 10일 남한에서 총선거가 실시되어 제헌 국회가 구성되었고, 8월 15일에는 대한민국 정부가 수립되었다. 반면에 이북 지역에서는 9월 9일 독자적인 공산 정권이 수립되었다. 이렇게 해서 남북에는 두 개의 정부가 양립하게 되었다.

북한에서 수립된 공산 정권은 소련과 중공의 대폭적인 지원하에 군사력을 증강하고, 이를 배경으로 남침 전략을 수립했다. 1950년 들어서부터는 서울을 중심으로 남한 전역의 지형을 연구하는 등 훨씬 구체적인 남침 계획을 세웠다. 특히 연초에 딘 애치슨(Dean G. Acheson) 미 국무장관이 미국의 태평양 안전 보장선을 '알래스카-일본-오키나와-대만-필리핀'으로 한다고 밝히며 한국을 안전 보장선에서 제외했는데, 이는 북한이 오판하게 하는 실마리를 제공했다.

1950년 6월 25일 새벽 4시, 북한군은 38도선 전역에 걸쳐서 기습 공격을 개시했다. 7개 보병 사단, 1개 기갑 사단 등 총병력 11만여 명과 1,610문의 포, 그리고 280여 대의 전차와 자주포로 중무장한 북한군은 남침 3일 만인 6월 28일 오후 3시경 서울을 점령했다. 이후 유엔군의 참전이 있기까지 북한군은 파죽지세로 남진을 계속했다. 북한군의 남침은 당일로 유엔에서 문제가 되었다. 미국은 즉시 유엔 안전보장이사회를 소집해 북한의 남침 행위를 '평화를 파괴하고 침략한 행위'로 규정하고 적대 행위를 중지할 것과 38도선 이북으로 철수할 것을 요구했다. 그러나 북한은 유엔의 이같은 결의를 무시했다. 그러자 27일 유엔은 대한민국에 필요한 원조를 제공하기로 결의하고, 이어 7월 7일 안보리는 유엔군을 파견하기로 결의했다.

미국을 중심으로 병력과 장비를 파견한 유엔 산하 16개국은 맥아더 장군의 지휘 아래 9월 16일 인천 상륙 작전을 감행해 전세를 반전시켰다. 9월 28일 수도 서울을 수복했으며, 10월에는 평양을 수복한 뒤 압록강과 두만강까지 진격하는 일대 공세를 폈다. 그러나 11월 들어 중공군의 개입으로 유엔군은 다시 38도선 이남으로 후퇴했고, 전세는 다시 현재의 휴전선 일대로 고착되었다. 쌍방 간에 공수가 치열한 가운데 1951년 7월부터 휴전 회담이 논의되었다. 2년의 논의 끝에 1953년 7월 27일 유엔군 대표 윌리엄 해리슨(William K. Harrison Jr.) 소장과 북한군 대표 남일 중장이 5조 63항으로 된 휴전협정에 서명했다. 이로써 3년간에 걸친 한국전쟁은 일단 막을 내렸다.

그러나 3년에 걸친 동족상잔의 전쟁은 남북한 모두를 초토화했다. 이 기간 한국군을 포함한 유엔군 측이 18만 명, 공산군 측이 52만 명, 그리고 중공군이 90만 명에 달하는 인명 피해를 입었다. 남북한 모두 총 400만 명의 민간인이 목숨을 잃거나 부상을 입었다. 남북한 정치 지도자들의 정치적 아집과 독선에서 비롯한 국토 분단은 동족상잔이라는 비극을 낳았고, 그로 인한 전쟁은 인적 희생과 물적 피해만을 남긴 채 다시 원점으로 환원되었다. 결과적으로 한국전쟁은 우리 민족에게는 아무런 보탬도 되지 못한 채 남북 분단만 고착시키고 말았다.

6·25 전쟁 발발을 알리는 첫 호외는 도쿄에 진주해 있던 미군 기관지 「스타스 앤드 스트라이프스」에서 나왔다. 이 신문은 'Korea at war'라는 제하의 호외를 통해 당일로 이 소식을 보도했다. 뒤이어 국내 신문들도 호외를 쏟아냈다. 「서울신문」의 경우 전쟁 기간

한국 전쟁 발발 제1보는 국내 신문이 아니라 일본 주둔
미군의 기관지인 「스타스 앤드 스트라이프스」였다.

중 하루에 여섯 번이나 호외를 발행해 이 분야 최다 발행 기록을
수립했다. 북한군에 밀려 서울 본사에서 신문 발행이 불가능해지자
피난지에서 '진중(陣中) 신문'을 호외 형식으로 발행하기도 했다.

25

포로 교환 협정

1953년 6월 8일

한국전쟁이 한창이던 1951년 7월부터 유엔군 측과 공산군 측 사이에는 휴전 협상론이 은밀히 제기되었다. 마무리까지 2년을 끈 휴전 회담 과정에서 양측이 가장 첨예하게 대립한 문제는 전쟁 포로 송환 문제였다. 유엔군 측은 포로들의 의사를 존중한 '자유 송환론'을 편 반면, 공산군 측은 '강제 송환론'을 들고 나와 협상이 막바지에 이르도록 합의를 보지 못했다. 아울러 이 문제는 전쟁을 조기에 종결지으려는 미국 측과 '휴전 반대, 북진 통일'을 주장한 한국 정부 사이에 마찰을 빚기도 했다.

1951년 12월 유엔군 측과 공산군 측은 포로 교환을 위한 첫 단계로 자신들이 억류하고 있는 포로들의 명부를 교환했다. 이때 유엔군 측은 북한군 9만 6천 명과 중공군 2만 명 등 12만 3천 명의 명단을 건넸다. 그러나 공산군 측에서는 국군 7,412명, 미군 3,198

명 등 1만 1,559명의 명단만을 제시했다. 이 숫자는 공산군 측이 그때까지 주장해온 6만 5천 명에 비하면 5만 3천여 명이나 부족한 인원이었다.

그런데 유엔군 측이 억류하던 공산군 측 포로 중 63퍼센트에 해당하는 약 8만 3천 명만이 귀환을 희망했고, 나머지 포로들은 송환을 거부했다. 이러한 사실은 제네바에서 파견한 국제적십자 조사단에 의해서도 확인되었다. 유엔군 측은 휴전 성립과 더불어 송환을 거부하는 포로들을 즉시 석방하되 귀환을 희망하는 포로들은 1 대 1로 교환할 방침이라고 발표했다. 이에 대해 공산군 측은 모든 포로를 일괄 교환하자는 입장이었다. 결국 양측은 의견 차를 좁히지 못한 채 해를 넘기게 되었다.

1953년 들어 북한 측은 병상 포로를 우선적으로 교환하자는 유엔군 측의 제의에 동의하면서 본회담 재개에도 열의를 보여 마침내 6월 8일 '포로 문제에 관한 가협정'을 타결했다. 주요 내용은 휴전이 성립되면 귀환을 희망하는 포로를 서로 교환하고, 송환을 거부하는 포로들은 인도 등 5개국으로 구성된 중립국송환위원회에 넘겨 처리한다는 것이었다.

이러한 전쟁 포로 처리 문제는 한국 정부의 의견이 배제된 채 미국 측이 공산군 측과 협의해 처리한 것으로 애초부터 한국 측의 반발이 예고된 것이었다. 한국 정부는 휴전 회담이 논의될 당시부터 이를 적극적으로 반대해왔다. 이승만 대통령은 공산군 측이 남침한 이상 이를 계기로 통일을 이룩해야 한다며 국군에 북진 통일을 명령한 바 있다. 그러나 이승만 대통령의 이 같은 주장은 소련·중공과 마찰을 원치 않는 미국 정부에 의해 묵살되었고, 이로 인해

外號

馬山日報

十日內交換協定調印
板門店會談急速進展

[다니엘] 少將樂觀見解表明

開相發行兼印的人 全字洞
發行所
馬山日報社
馬山市中央洞一街

西紀1947年2月5日
出版許可第31號

檀記4286年4月9日附
(金曜日)

1953년 4월 9일자 「마산일보」 호외.

한미 간에는 갈등이 빚어졌다. 한국 정부와 한국인들이 반발하게 된 직접적인 이유는 휴전협정에 포함된 포로 관련 사항 때문이었는데, 송환을 거부하는 3만 5천 명의 반공 포로들이 친공 성격의 중립국 감시 아래에서 6개월 동안이나 설득을 강요받게 되어 있었다. 특히 미국 측은 이러한 내용을 공산군 측과 협상하면서 한국 정부와 사전 협의를 거치지 않았다. 이 때문에 한국 정부는 더욱 분노감을 표출했다.

당시 미국 측과 의견 차로 감정이 뒤틀려 있던 이승만 대통령은 6월 18일 새벽 0시를 기해 반공 포로 석방을 단행했다. 이로써 전국의 수용소에 수감되어 있던 3만 5,451명의 반공 포로 중 2만 6,424명이 국군과 주민의 도움으로 탈출에 성공했다. 그러나 약 8

천 명에 이르는 나머지 포로들은 탈출에 실패했고, 미군 측에 붙들려 재수감되었다. 이 사건을 계기로 미국 정부는 한국 정부를 다시 보게 되었다. 급기야 미국은 한국 정부를 달래 휴전을 성사시키기 위해 한국 측과 한미상호방위조약을 체결했고, 국군 증강과 경제 원조 등을 제안했다.

휴전이 임박할 무렵 유엔군 측 대표인 존 대니얼(John C. Daniel) 소장이 포로 교환 문제에 대해 낙관론을 펴자 지방지 「마산일보(馬山日報)」가 이 소식을 1953년 4월 9일자 호외로 보도했다. 그러나 미국은 이 문제로 한국 정부와 마찰을 빚게 되는 등 처리 과정이 순탄하지는 못했다.

26

한미상호방위조약 체결
1953년 8월 8일

1953년 8월 8일 변영태 외무장관과 존 덜레스(John Foster Dulles) 미 국무장관의 서명으로 시작해 양국의 국회 동의를 거친 뒤 이승만 대통령과 아이젠하워 미 대통령이 비준한 한미상호방위조약은 한국전쟁에서 얻은 부산물인 셈이다. 한국전쟁 당시 한국 정부는 미국의 휴전 제의에 반대했고, 도리어 한국전쟁을 계기로 국토 통일을 주장했다. 반면 미국은 휴전 회담을 통해 빠른 시일 내에 한국전쟁을 종결시킬 방침이었다. 당시 한국 정부는 비록 미국의 원조를 받고 있긴 하지만 반공 포로 석방 등 독자적인 정책을 결행하고 있어서 미국으로서는 한국을 설득하고 안심시키기 위해 몇 가지 공약 사항을 내걸었다. 그중 하나가 바로 한미상호방위조약이었다.

그러나 한미 양국 간에 맺은 상호방위조약은 미국이 한국의 이익만을 위해서 맺은 것은 아니었다. 미국은 제2차 세계대전 후 43개 국가와 집단 안보 체제를 구축하기 위해 상호방위조약을 맺었다. 한국과의 조약 역시 이들 중 하나에 불과한 것이었다. 이 조약은 미일안보조약과 더불어 동북아 방위에 양대 지주가 되었다. 기본적으로는 한미 양국 간의 우호 증진과 동맹 체제 구축이 주목적이었으나, 미국은 이를 통해 극동 지역에서 소련 세력의 팽창을 견제하려는 목적도 있었다.

전문과 6개 항으로 구성된 이 조약은 공산주의자들의 재침을 방지하고 한국에 외침이 있을 때 미국의 개입을 확약한다는 것을 주요 내용으로 했다. 이 내용은 제3조에 구체적으로 명시되어 있는데, "양 당사국은 타 당사국의 행정 관리하에 있는 영토에서의 무력 공격을 자국의 평화와 안전을 위태롭게 하는 것으로 인정하고, 공동의 위험에 대처하기 위해 각자의 헌법상 절차에 따라서 행동할 것"을 규정하고 있다. 양 당사국이 어떠한 상황에서든 '자동 개입'한다고 규정한 것은 아니지만, 한국 입장에서 보면 대단히 든든한 조약임에는 틀림없었다. 이 조약을 바탕으로 미국 측이 한국에 방위력 증강을 지원해주었기 때문이다.

한미상호방위조약 체결로 한국에는 주한미군이 공식적으로 주둔하게 되었다. 한국전쟁 당시 최대 30만 명에 달하던 주한미군은 상호방위조약 체결 이후 1960년대에는 6만여 명 수준을 유지했고, 1971년 1개 사단이 철수한 데 이어 점차 그 수가 줄어들었다.

그러나 엄밀히 말해 주한미군은 조약상의 의무 조항은 아니다. 다만 미국으로서는 한반도에서 전쟁을 억지하는 등 한국의 안보에 대한 미국의 강력한 의지를 실천하고 있는 셈이다. 현재 한국에 있

한미상호방위조약 체결을 알리는 1953년 8월 9일자 「서울신문」 호외.

는 주한미군은 한국군의 전력 증강에 큰 몫은 하지 못하더라도 심리적인 면에서만큼은 중요한 역할을 하고 있다. 이는 특히 유사시 미군의 자동 개입을 유발하리라는 점에서 효과를 발휘하고 있다.

상호방위조약 체결로 양국은 혈맹 관계를 맺게 되었다. 한국은 미국으로부터 미군 주둔과 함께 군사 원조를 받아왔다. 또 1968년 한국의 방위 문제를 협의하기 위해 한미연례안보협의회의를 구성했고, 이어 1978년에는 한미연합군사령부를 설치해 지금까지 운용해오고 있다. 「서울신문」은 1953년 8월 9일자 호외에서 한미상호방위조약 체결 사실을 속보로 전한 바 있다.

27

국가보안법 개정안 날치기 통과

1958년 12월 24일

　흔히 '2·4 파동'으로 불리는 국가보안법 개정 파문은 법 개정의 당위성보다도 형식 절차에서 물의를 빚어 비롯된 사건이다. 자유당 정권은 공권력을 이용해 야당 의원 전원을 지하실과 휴게실에 감금한 채 당 소속 의원들만 참석한 가운데 국가보안법 개정안을 통과시켰다. 이는 자유당 정권이 시작된 이래 '발췌 개헌안' 통과에 이어 두 번째로 행한 '날치기 통과'였다.

　자유당은 기존 보안법과 형법으로는 간첩이나 이적 행위에 대한 처벌이 부족하다는 이유로 개정된 보안법이 시행되기도 전에 또다시 개정안을 내놓았다. 그러나 대통령 명의로 국회에 제출된 보안법 개정안 제안서에는 관계 국무위원 중에서 홍진기 법무장관이 단독으로 부서(副署)되어 있었다. 이에 야당의 서범석 의원이 "처음에는 내무, 국방 등 관계 장관이 부서했다가 이를 철회하고 홍 장관만 부서했느냐? 이런 것은 모두 날치기 제안이고 날치기 통과를 꾀하는 것"이라며 이의를 제기하고 나섰다. 결국 국회는 홍진기 장관을 출석시켜 구두로 제안 설명을 하게 했다. 병중에 참석한 홍진기 장관과 당시 보안법 개정의 주무 검사인 문인구 서울지검 검사는 보안법 개정의 현실적 필요성을 강조했다.

정부 여당의 주장에 대해 야당과 사회 일각에서는 반대 의견을 표명했다. '인심 혹란', '악인만 처벌한다' 등의 규정이 객관성이 부족한 데다 공권력을 임의로 악용할 소지가 있다는 것이었다. 이러한 논란이 국회 안에서 마무리되지 못하자 공청회가 개최되었고, 찬성 측 3인(문인구 서울지검 검사, 조연현 문학평론가, 신도성 서울대 강사)과 반대 측 3인(이병린 서울변협 부회장, 이관구 신문편집협회장, 신상초 성균관대 교수)이 찬반 토론에 나섰다.

찬성 측의 문인구 검사는 "형법은 간접 처벌을 목적으로 하지 않으며, 간접 처벌 규정은 간단한 조문밖에 없다. 그러나 형법상의 '적국'을 북한 괴뢰에 적용할 수 없으며, '간첩하거나'의 개념은 너무 막연하다. 현 보안법은 제정 당시 남로당의 파괴 행동을 처벌하기 위한 것이었는데, 남로당이 불법화된 오늘 마땅히 개정되어야 한다."고 주장했다.

반면 반대 측의 이병린 변호사는 "첫째, 용어의 개념, 둘째, 이른바 '언론 조항'은 삭제되어야 하며, 셋째, 무고한 양민의 인권을 유린하는 데 불과하며, 넷째, 공공의 복지와 인권 보장은 조화되어야 한다. 우리는 국민을 '적'으로 호칭할 수 없다."며 반박했다. 보안법 개정을 둘러싼 여야 간의 논쟁이 타협점을 찾지 못하자 자유당은 특단의 조치를 강구했다. '날치기 통과'가 바로 그것이었다.

1958년 12월 24일, 국가보안법 개정안 날치기 통과를 당일로 보도한 『조선일보』 호외.

자유당은 12월 19일 우선 1단계로 법사위 통과를 위해 시간관념이 희박한 한국인들의 약점을 이용했다. 자유당은 오후 3시 정각에 개회를 선포하고는 자유당 소속 최규옥 의원의 동의를 받아들여 여섯 명의 민주당 의원이 미처 출석하기도 전에 독회 절차를 생략한 채 단 3분 만에 원안을 통과시켰다. 여당의 날치기 통과 음모를 알아챈 야당 의원들은 본회의장을 점거한 채 24일 오전까지 농성을 계속했다. 23일에는 민주혁신당 간사장인 서상일을 위원장으로 '국가보안법개정반대 전국국민대회발기준비위원회'가 구성되는 등 전국에서 보안법 개정 반대 투쟁이 격화되었다.

사태가 악화되자 자유당 수뇌부는 최종 날치기 통과일을 12월 24일로 정했고, 국회 의장이 경호권을 발동했다. 자유당은 미리 경찰관 중에서 임시로 발령해 놓은 3백여 명의 무술 경관을 동원해 국회 본회의장에서 농성 중이던 야당 의원들을 지하실과 휴게실, 무소속 의원실 등으로 분산 감금했다. 이러한 상황에서 자유당 소속 의원 128명만 참석해 오전 11시 18분 만장일치로 국가보안법 개정안을 원안대로 전격 통과시켰다.

　자유당 정권은 원활한 의사 진행을 위해 국회법에 명시된 '경호권 발동'을 악용, 아직도 인권 유린의 대명사로 지칭되는 국가보안법을 불법으로 통과시켰다. 자유당 시대에 독재 권력의 오만으로 시작된 날치기 통과는 최근까지도 계속 이어지고 있다. 「조선일보」는 12월 24일 당일로 이 사건을 호외로 보도했다.

28

「경향신문」 폐간 사건

1959년 4월 30일

　자유당 시절 「경향신문」은 대표적인 야당지로 이승만 정권의 부
정부패와 독재정치를 신랄하게 비판했다. 평소 이 신문을 눈엣가시
로 여겨온 자유당 정권은 1959년 1월 11일자 사설을 빌미로 4월
30일 전격 폐간 처분을 내렸다. 이 신문은 우여곡절 끝에 4·19 혁
명으로 이승만 정권이 무너지고 난 뒤인 1960년 4월 27일자로 복
간되었다.

　자유당 정권이 밝힌 「경향신문」 폐간 사유는 5개 항목으로 되어
있다. 첫째, 1959년 1월 11일자 사설 '정부와 여당의 지리멸렬상'
에서 스코필드(Frank W. Schofield) 박사와 이기붕 국회 의장 간의 면
담 사실을 날조해 허위 사실을 보도한 점, 둘째, 2월 4일자 고정란
'여적(餘滴)'에서 폭력을 선동한 점, 셋째, 2월 15일자 홍천 모 사단
장의 휘발유 부정 처분 기사가 허위 보도인 점, 넷째, 4월 3일자에

보도된 하 아무개 간첩 체포 기사가 공범의 도주를 도운 점, 다섯째, 4월 15일자 이승만 대통령 회견 기사 '보안법 개정도 반대'가 허위 보도라는 점 등이었다. 근거는 미군정 법령 제88호(신문과 정기 간행물 허가에 관한 조항, 1961. 12. 30. 폐기)였다.

「경향신문」 폐간 조치는 무엇보다도 자유당 정권이 이듬해 있을 정·부통령 선거를 정부 여당이 원하는 방향으로 치르기 위해 사전에 야당성 언론에 재갈을 물리고자 출발한 극약 처방이었다. 「동아일보」가 '고바우 만화'와 이른바 '괴뢰 오식(誤植) 사건'을 일으켰을 때도 정부는 잠시 정간 조치를 취하는 정도로 용인해주었다. 그러나 「경향신문」이 '보안법 파동'을 계기로 강한 반정부 논조를 전개하자 정부는 가장 강력한 조치인 폐간 조치를 취했다. 「경향신문」폐간 조치에 대해 다른 야당 성향의 신문들이 반발하기는 했지만, 이를 계기로 이 신문들의 반정부적인 논조는 한결 약화되었다. 이승만 정권으로서는 소기의 목적을 달성한 셈이다.

한편 당국으로부터 폐간 조치를 받은 「경향신문」 측은 곧바로 법정 투쟁에 들어갔다. 우선 폐간 조치의 근거법이 된 미군정 법령 제88호가 위헌이라는 이유로 공보실장 전성천을 상대로 행정소송을 제기하는 한편, 행정처분에 대한 집행 정지 가처분신청을 제출했다. 두 달 뒤인 6월 26일 서울고등법원이 가처분신청을 받아들여 「경향신문」은 다시 신문을 발행하게 되었다. 그러자 정부는 이번에는 복간 일곱 시간 만에 '정간 처분'을 내렸고, 다시 신문 발행이 중단되었다. 「경향신문」 측은 다음 날로 공보실장에게 소원을 내는 한편, 29일에는 정간 처분에 대한 행정처분 취소소송 및 행정처분 집행 정지 신청을 내 제2의 법적 투쟁에 나섰다.

京鄉新聞

6月 26日
發行編輯
發印編輯 西昌昌
發行所 서울市中公洞74
京鄉新聞社
電話 ③ 3184
③ 3185
③ 0253

號
外

行政處分執行停止를決定
京鄉新聞27日字로續刊
26日、서울高法特別部서

京鄉新聞은 廢刊(四月三十日付)五十七日만인 六月廿六日 下午四時 서울高等法院으로부터 假處分決定이 내려저 廿七日字朝刊부터 續刊하게 되었다 京鄉新聞은 廢刊處分取消請求訴訟과 五月六日 廢刊處分取消請求訴訟과 五月五日公報室長을相對로 提起한바 있었는데 五月二十六日假處分審訊에서 審訊을 終結한지 滿一個月인 六月二十六日下午四時 서울高法에서는 行政處分執行停止決定申請에 대하여 同執行을 停止할것을 決定하였다 한편京鄉新聞에서는 即刻幹部會議를 召集한後 二十七日字朝刊부터 續刊하기로 決定하였다 京鄉新聞廢刊處分效力停止를 決定한 서울高法裁判部의 陣容은다음과같다

主審判事 洪○一
陪席判事 崔普○
陪席判事 金政圭○
　　　　　 金鉉源

6월 27일 속간을 알리는 1959년 6월 26일자 「경향신문」 호외.
그러나 정부가 복간 일곱 시간 만에 '정간 처분'을 내려 다시
신문 발행이 중단되었다.

8월 4일 「경향신문」은 미군정 법령 제88호에 대한 위헌 신청을 낸 데 이어 8월 29일 가처분신청이 기각되자 대법원에 상고했다. 9월 8일 서울고등법원 제2부는 「경향신문」 정간취소청구 본안소송을 기각한 데 이어 폐간 사유 중 하나였던 홍천 모 사단장에 관한 기사가 허위 보도라며 지국장을 포함해 세 명의 기자에게 징역 8개월을 선고했다.

이 무렵 대법원까지 올라간 '정간 처분건'은 이듬해 2월 5일 대법원 특별부가 연합부를 구성해 상고 이유가 된 미군정 법령 제88호에 대한 위헌 여부 심사를 헌법위원회에 제청하기로 결정했다.

그러나 대법원의 확정 판결이 나오기 전에 4·19 혁명이 일어나자 대법원 연합부는 4월 26일 「경향신문」에 대해 "발행 허가 정지의 행정처분 집행을 정지한다."는 결정을 내렸다. 이로써 「경향신문」은 정간된 지 361일 만인 1960년 4월 27일자 조간부터 복간되었다.

「경향신문」 폐간 파동은 독재정권의 언론 탄압으로만 인식되고 있으나 그 배경에는 「경향신문」 자체의 문제점도 있었던 것으로 보인다. 우선 이 신문의 폐간 사유가 된 몇몇 기사들은 실제로 허위·과장 보도 또는 오보로 판명되어 기자가 구속되기도 했다. 물론 이 같은 사유가 신문이 폐간될 정도의 중대한 요인은 아니었다. 그러나 그동안 「경향신문」이 정부 여당의 눈엣가시로 지목되어 온 입장이었기 때문에 이러한 요인들이 증폭되어 폐간에까지 영향을 미쳤다고 할 수 있다.

자유당 정권이 미군정 아래에서 좌익 신문을 견제하고자 만든 미군정 법령 제88호를 야당지 탄압에 사용한 것은 정치적 음모에서 비롯한 것임이 분명하다. 법원의 가처분결정에 대해 당일로 다시 무기 정간 처분을 내린 점을 봐도 이는 부정할 수 없다. 자유당 정권하에서 가장 자유분방한 논조로 정부 당국을 비난하다가 폐간 처분까지 받았던 「경향신문」은 4·19 혁명을 통해 소생했는데, 복간 1호를 내던 1960년 4월 27일자 조간 1면에 '반독재 혁명은 개가를 올리다'라는 제하에 '국회, 이 대통령 하야를 결의'를 부제로 달아 새삼 시대의 반전(反轉)을 고했다.

29

3·15 부정선거와 마산 사태

1960년 3월 15일

이승만 정권은 1960년 3·15 부정선거를 시작으로 끝이 보이기 시작했다. 3월 한 달 동안 전국에서 시위가 끊이지 않은 가운데 4월 11일 마산에서 시위 도중 변을 당한 김주열 군의 시체가 발견되면서 사태는 종잡을 수 없게 되었다. 당시 「동아일보」가 이 소식을 4월 11일자 호외로 보도하면서 전국이 들끓기 시작했다.

1960년 3월 15일에 치러진 제4대 대통령 선거와 제5대 부통령 선거는 유례없는 관권 부정선거였다. 1959년 1월 9일 차기 대선 불출마를 선언했던 이승만은 이를 번복하고 다시 4선 출마를 밝혔다. 자유당은 2월 3일 이승만의 출마 선언을 지지하고 나서면서 전국적으로 대대적인 조직 확대 등 선거 준비에 돌입했다. 지방자치법 개정을 통해 지방 조직을 정비한 자유당은 선거를 위해 개각을 단행하고 지방 단체장을 경질했다. 이어 6월 29일 제9차 전당대회에서 대통령 후보에 이승만, 부통령 후보에 이기붕을 선출했다.

이에 반해 민주당은 신·구파 간의 세력 다툼으로 후보 선출 등의 선거 준비가 지지부진한 상태였다. 자유당 측은 조기에 선거를 실시하는 것이 최선이라는 결론을 이미 내려놓고 있었다. 아울러 자유당은 내무부를 통해 부정선거 방법을 전국 지방 조직에 하달하고, 선거 지원 자금으로 70억 환을 모금해두었다.

이듬해 1월 29일 민주당 대통령 후보 조병옥이 신병 치료차 미국으로 건너가자 자유당은 농번기를 피한다는 구실로 대통령 선거일을 3월 15일로 공표했다. 그런데 선거 한 달을 앞두고 조병옥이 급서하고 말았다. 민주당으로의 정권 교체가 더욱 어려워진 가운데 자유당은 당초에 계획한 대로 부정선거 전략을 밀고 나갔다. 선거 직전인 3월 9일과 10일 전남 지역에서 민주당 간부가 테러로 사망하는 사건이 터지고, 자유당 측의 부정선거가 사전에 폭로되었다. 이에 민주당은 3월 15일 당일, 선거를 거의 포기한 채 선거 무효를 선언했다.

개표가 시작되자 이승만과 이기붕의 득표가 95~99퍼센트까지 조작되어 나온 지역이 속출했다. 자유당은 최인규 내무장관에게 득표수를 하향 조정하라고 지시하기까지 했다. 최종 집계 결과, 총 투표자 1천여만 명 중 이승만이 960여만 표를 얻어 득표율 88.7퍼센트로 당선되었고, 이기붕은 830여만 표를 얻어 득표율 79퍼센트의 압도적인 득표로 당선되었다. 그러나 이 같은 득표는 선거 전에 이미 노출되었듯이 자유당 정권의 조직적인 부정선거 결과였다. 이런 사실이 알려지면서 3월 15일 저녁 마산을 시작으로 대대적인 부정선거 규탄 시위가 전개되었다.

3·15 부정선거에 대한 규탄 시위는 선거 전인 2월 28일 대구에서 시작되었다. 이날은 수성천 변에서 장면 박사가 선거 유세를 하는 날이었다. 당국은 학생들이 유세에 참석하지 못하게 하기 위해 일요일인데도 학생들을 등교시켰다. 경북고 등 대구 시내 고교생을 중심으로 시작된 시위는 서울, 대전, 부산 등지로 확대되었고, 선거는 이러한 분위기 속에서 치러졌다.

'제1차 마산 사태'는 선거 당일인 3월 15일 당국이 야당 참관인을 강제로 축출하고 부정선거를 자행하려는 데 반발하면서부터 시작되었다. 오후 3시경 민주당사 앞에 모여 있던 수천 명의 군중은 관권 부정선거를 규탄하며 행진을 벌이다 남성동 파출소 앞에서 경찰과 대치했다. 저녁이 되어 시위 군중이 불어나자 경찰은 최루탄을 쏘며 시위대를 진압했다.

이 과정에서 경찰의 발포로 8명의 시위 군중이 사망하고, 50여 명이 부상을 입었다. 이 사실이 언론에 보도되자 국회는 조사단을 편성해 현장 조사에 나서는 등 사태 수습에 들어갔다. 조사 결과 자유당은 시위 대열에 공산 오열(伍列)이 개입했다고 주장한 반면, 민주당은 부정선거에 대한 자생적인 항거라고 주장했다. 이 조사는 여야 간의 의견 차이만 드러낸 채 결국 흐지부지되고 말았다.

이른바 '마산 의거'로 불리는 '제2차 마산 사태'는 4월 11일, 1차 사건 때 행방불명된 마산고생 김주열 군이 눈에 최루탄이 박힌 채 비참한 형상으로 한 낚시꾼의 낚시에 걸려 시체로 발견되면서 시작되었다. 학생들과 시민들은 당국이 김 군의 시체를 안치해둔 도립병원으로 달려가 시체 인도를 요구했다. 이 요구가 거부되자 오후 6시부터 시위가 시작되었다.

마산에서 시위 도중 변을 당한 김주열 군의 시체 발견 소식을 알리는 1960년 4월 11일자 「동아일보」 호외.

시위는 12일과 13일에도 계속되었다. 당국은 내무장관을 인책 사임시키고 수습을 꾀했으나, 이미 상황은 악화될 대로 악화되어 있었다. 18일부터 서울에서는 고려대생 3천여 명이 교정에 모여 시위에 들어갔다. 이들은 태평로 국회의사당까지 진출해 연좌시위를 벌인 후 학교로 되돌아갔다. 그런데 귀교하던 도중에 정치 폭력 배의 습격을 받아 학생 한 명이 죽고 수십 명이 부상당하는 사태가 발생했다. 4·19를 하루 앞둔 서울은 이미 시위 분위기로 술렁거리고 있었다. 전국은 한계 상황을 넘은 용수철과도 같은 상황이었다.

30

4 · 19 혁명

1960년 4월 19일

4 · 19 혁명 하루 전날인 1960년 4월 18일 고려대생들의 시위로 시작된 3 · 15 부정선거 규탄 시위는 곧 서울 시내 대학가로 확산되었다. 4월 19일 당일 서울대에서는 경찰의 저지에도 불구하고 대규모 시위가 벌어졌다. 이날 오전 9시 20분 서울대 문리대, 법대, 음대, 약대, 수의대 등 2천여 명의 학생들은 교문과 이화동 입구에 설치된 경찰의 저지선을 뚫고 거리로 쏟아져 나왔다. 이들은 '이놈 저놈 다 글렀다. 국민은 통곡한다'고 쓴 플래카드를 앞세우고 연남동을 돌아 종로로 향했다. 종로와 파고다공원 앞에서 경찰과 맞닥뜨린 학생 시위대는 10시 30분경 태평로 국회의사당(현 서울시의회) 앞에서 연좌시위에 돌입했다.

이즈음 시내 각 대학에서 합류한 학생들로 2만여 명으로 늘어난 시위 군중은 경무대로 가 이승만 대통령과 면담을 요구했다. 12시

50분경 시위대가 효자동을 향해 전진을 개시했다. 이들이 1시 30분경 경찰 저지선을 무너뜨리고 효자동 종점에 도착하자 경찰은 실탄을 발사해 시위대를 진압하기 시작했다. 선두 그룹에 있던 여러 사람이 경찰이 쏜 총에 맞고 쓰러지자 흥분한 시위대는 경찰차를 부수고 인근 파출소를 습격했다. 이들은 자유당 정권의 전위 부대 가운데 하나인 「서울신문」과 반공청년단 본부, 자유당 본부, 그리고 '서대문 경무대'로 불렸던 이기붕의 집에까지 쳐들어갔다.

이에 당황한 정부는 오후 3시 서울 일원에 계엄령을 선포하고, 탱크를 앞세운 계엄군을 진주시켰다. 사망자 1백여 명과 부상자 450명 등 엄청난 희생자를 낸 이날 시위는 계엄군의 진주로 다음 날부터 일단 멈추었다.(당일 군 고위층도 사태의 심각성을 감안해 수도 경비 부대인 6관구 사령부 병력에 실탄 공급을 명령했다. 그러나 소장 장교들의 반발로 이루어지지 않아 군에 의한 희생자는 없었다.)

시위가 새로운 국면을 맞게 된 것은 그로부터 며칠 뒤인 4월 23일이었다. 서울시가 4·19 희생자에 대한 합동 위령제를 올리자 학생들은 어용 위령제는 희생자들에 대한 모독이라며 학생들 주관으로 다시 위령제를 거행할 것을 요구했다. 그런 와중에 장면 부통령이 정부의 부정선거를 규탄하며 사퇴하자 이기붕은 부통령 당선자 자리에서 물러나고, 이승만은 자유당 총재직에서 사퇴하겠다고 발표했다. 그러나 정·부통령 선거를 다시 하거나 대통령직에서 사퇴한다는 의사를 밝히지 않아 다시 국민들의 분노가 들끓었다.

4월 25일 서울 시내 대학 교수 259명은 시국선언문을 통해 "대통령 이하 3부 요인은 3·15 부정선거에 대한 책임을 지고 즉시 사퇴하고, 정·부통령 선거를 다시 하라."고 요구했다. 동시에 이들은 구속된 학생들을 즉시 석방하라고 요구하면서 가두시위에 나섰다. 교수진의 시위를 계기로 이튿날인 26일 다시 거리는 학생 시위대로 가득 찼다. 이날 시위에서 학생들의 요구를 받아들여 송요찬 계엄사령관은 학생과 시민 대표 다섯 명이 이승만 대통령을 면담하도록 주선했다. 이 자리에서 이승만은 "국민이 원한다면 하야하고, 선거도 다시 하겠다. 또한 이기붕은 모든 공직에서 물러나는 동시에 내각책임제 개헌을 한다."고 약속했다. 이승만은 이날 11시 방송을 통해 직접 하야의 뜻을 밝히고 다음 날 정식으로 '대통령 사임서'를 국회에 제출했다. 이기붕 국회 의장 일가족이 집단 자살한 것은 그다음 날인 28일 새벽 5시 40분이었다. 이승만이 극비리에 하와이로 망명한 것은 그다음 달인 5월 29일이었다.

3·15 부정선거 규탄을 계기로 촉발된 학생 시위는 급기야 12년간 지속된 이승만 정권의 독재 체제를 무너뜨리고 새로운 공화정을 열었다. 일제 때는 항일 대열에, 한국전쟁 때는 반공 대열에 앞장섰던 학생들은 종신 집권 음모를 꾀한 이승만 독재정권을 단죄해 역사의 물줄기를 바로잡아 놓았다. 문민정부 들어 4·19는 '의거' 차원을 넘어 '혁명'으로 새롭게 평가받게 되었고, 수유리의 4·19 묘지는 국립묘지로 격상, 성역화되었다.

4·19 혁명 이틀 뒤인 4월 21일 「한국일보」는 '금조(今朝) 국무위원 총사직'이라는 제목의 호외를 발행하고, 계엄사령부에서 발표한 사상자 명단과 21일 오전 10시 현재 자사에서 조사한 사상자 명단을 실었다. 이 호외는 보통 호외와는 달리 가로 54센티미터, 세로 20센티미터 크기의 대형 가로판 형태로 제작된 점이 이채롭다. 계엄사령부 발표에 따르면, 당시 민간인 사망 111명에 부상 561명,

4·19 혁명 이틀 뒤인 1960년 4월 21일 발행된 「한국일보」 호외. 보통 호외와는 달리 가로 54센티미터, 세로 20센티미터 크기의 대형 가로판으로 제작되었다.

그리고 경찰은 사망 4명에 부상 169명으로 집계되었다. 이날 아침 이 사태에 책임을 지고 전 국무위원이 사퇴했다.

이 날짜 호외의 기사 가운데 일부가 삭제되었는데, 이승만의 하야를 예측한 기사로 추정된다. 그로부터 5일 뒤인 4월 26일 이승만은 하야 성명을 발표하고 대통령직에서 물러났다. 4·19 혁명이 일어난 지 꼭 일주일 만이었다. 이날 경무대를 나온 이승만은 이화장(梨花莊)에 한동안 머물다가 5월 29일 하와이로 망명했다. 이승만은 1965년 7월 19일 하와이 호놀룰루 요양원에서 사망한 후 동작동 국립서울현충원에 안장되었다.

31

이기붕 일가 변사 사건

3·15 부정선거에 책임을 지고 이승만 대통령이 4월 27일 국회에 '대통령 사임서'를 제출하자 국회는 당일로 이를 결의해 허정 외무장관이 자동으로 대통령 서리에 취임했다. 당시 장면 부통령은 이승만 대통령의 사임을 촉구하면서 이보다 앞서 23일자로 사임한 상태였기 때문에 각료 중 최우선자는 허정 외무장관이었다.

허정은 취임 기자회견에서 정·부통령 선거를 위한 과도 정부의 당면 과제로서 첫째, 정·부통령 선거는 국회와 협의해 실시하며, 둘째, 경찰 중립화 방안을 추진하고, 셋째, 과도 정부의 각료는 비정당인으로 구성한다는 3개 항을 추진하겠다고 발표했다. 4월 28일과 5월 2일 두 차례에 걸쳐 이른바 '선거 중립 내각' 조각을 완료한 허정 내각 수반은 5월 3일 첫 국무회의에서 정국 수습책으로 부정선거 관련자 처벌과 경제 사범 엄단, 그리고 경제 위기 타개를 골자로 한 혁명 과업의 수행 정책을 발표했다.

한편 부정선거를 통해 부통령에 당선되었으나 4·19 혁명으로 일체의 공직에서 물러나 있던 이기붕과 그 일가족이 4월 28일 집단 변사체로 발견되어 혼란한 정국을 가중시켰다. 이기붕은 4월 28일, 교수단 시위로 학생 시위가 재개된 후 시위대가 서대문 자택을 포위하자 신변에 위험을 느껴 6군단 영내로 피신해 있었다. 이를 두고 이기붕이 해외로 망명했다는 소문이 나돌던 참이었는데, 이날 일가족이 자택에서 시체로 발견된 것이다.

계엄사령부는 이기붕 일가의 변사 사건을 일단 자결로 간주하고, "금일 아침 5시 40분 이기붕 씨, 박 마리아 여사, 장남 이강석 소위, 차남 이강욱 군이 세종로 1번지 소재 경무대 제36호 관사에서 자결했다. 동 유해는 자결 현장에서 검사와 의사의 검시를 마치고 수도육군병원에 안치 중이며, 그 진상은 조사 중"이라고 발표했다. 이기붕 일가의 자살 사건을 두고 한때 타살이라는 주장이 제기되기도 했으나, 목격자도 없고 초동 수사 당시의 기록도 남아 있지 않아 현재로서는 이를 번복하기 어려운 실정이다.

자유당 정권의 2인자로서 자신의 장남을 이승만에게 양자로 주었던 이기붕은 미국 유학 후 미군정에서 통역으로 근무하다가 당시 군정청 민주의원 의장을 지냈으며, 이승만의 신임을 받아 그의 비서로 정계에 입문한 사람이었다. 1948년에 대한민국 정부가 수립되자 이듬해 파격적으로 서울시장에 취임했으며, 한국전쟁 중이던 1951년 4월에는 '국민방위군 사건'에 책임을 지고 물러난 신성모에 이어 국방장관에 올랐다. 이해 12월 그는 이범석과 함께 자유당을 창당했으며, 이른바 발췌 개헌안 통과에 일익을 담당해 이승

李起鵬一家自殺

景武臺女秘書집에隱身中
今曉五時半 家族四名拳銃으로

李起鵬氏는 二十八日 上午五時
半景武臺앞 世宗路一番地 景武
臺女秘書 李無忌氏집에서 一家
族四名이 拳銃自殺하였다

그의 家族은 夫人 朴마리아 長男康石[李承晚博
士에게 養子入籍] 次男康旭君등이다

朝鮮日報

號
外

四二九三年
四月二十八日發行
其 廿 日
朝鮮日報社

당일자로 이기붕 일가의 자살을 보도한 1960년 4월 28일
자 「조선일보」 호외.

만의 신임을 한 몸에 받았다.

이기붕은 1952년 대한체육회장을 거쳐 이듬해 대한올림픽위원
회 위원장에 선임된 뒤 국제올림픽위원회 위원으로 진출했다. 다시
12월에는 자유당 중앙위원회 의장에 올라 명실 공히 자유당 정권
의 2인자 위치에 올랐다. 그는 1954년에 실시된 5·20 선거에서
대승을 거둔 후 제2대 민의원 의장에 선출되었다. 1956년 자유당
의 공천을 받아 부통령에 입후보해 낙선했으나, 제3대 민의원 의장
에 선출되었다. 1958년 경기도 이천에서 출마해 민의원에 당선되
었으며, 또다시 제4대 민의원 의장에 선출되었다.

이승만 집권 기간 내내 그는 이승만 옆에서 2인자로 군림했다.

문제의 1960년 3월 15일 정·부통령 선거에서 자유당 공천으로 부통령에 출마한 그는 불법 부정선거를 통해 일단 당선은 되었다. 그러나 부정선거에 항의하는 군중들의 반발로 모든 공작에서 사퇴한 채 피신해 있다가 4월 28일 새벽 장남 이강석의 총격으로 일가족과 함께 변사체로 발견되었다. 피신 직전까지 그가 살던 서대문 집터에는 현재 4·19혁명기념도서관이 들어서 있다. 한때 그와 같은 부류의 인물을 두고 그의 호 만송(晩松)을 따 '만송족'이라는 유행어가 생겨나기도 했다.

32

5·16 군사 쿠데타

1961년 5월 16일

'오늘 새벽 군부 쿠데타'.

1961년 5월 16일 군사 쿠데타 당일 「조선일보」가 발행한 호외의 제목이다. 5·16의 성격을 두고 '혁명'이냐 '쿠데타'냐 하는 논란이 있었고, 문민정부에 들어서야 쿠데타로 결론이 났지만, 사건 당시 국내 신문들의 시각은 쿠데타였다. 그동안 '혁명'으로 불려오던 것이 쿠데타로 재평가된 것은 '반전'이 아니라 사실상 제자리를 찾은 것에 불과하다.

일단의 정치 군인들의 집권 음모에서 비롯한 5·16 군사 쿠데타는 우리 현대사에서 한국전쟁과 더불어 가장 큰 역사적 사건으로 기록되고 있다. 박정희 정권 18년은 어떠한 형태로든 우리 현대사에서 중요한 시기였다. 또 그 시원이 된 5·16 군사 쿠데타는 군이 정치에 본격 개입한 사건으로 기록되고 있다.

5·16 군사 쿠데타는 4·19 혁명으로 민주당 정권이 들어선 지 불과 8개월 만에 일어난 군사 정변이었다. 군부의 쿠데타가 발생한 배경에는 몇 가지 요인이 작용했다. 우선 정치·사회적으로는 4·19 혁명으로 집권한 민주당 정권이 민생은 돌보지 않은 채 구태의연한 신·구파 간 정쟁만 일삼아 새로이 변화된 면모를 기대하던 국민의 여망을 채워주지 못한 데다, 학생들의 시위가 연일 끊이지 않아 사회가 극히 혼란한 상황이었다. 또 군 내부적으로 볼 때 한국전쟁 후 미국의 지원을 받아 군부의 세력이 비대해진 반면, 4·19 이후 군 내부의 부패 요소에 대한 자가 숙청이 실패한 것도 한 요인이었다. 이 같은 요인들은 새로운 대체 세력의 출현을 가능하게 만들었고, 결국 군부 엘리트들의 궐기를 촉발하도록 자극했다. 당시 군부 내에서는 이러한 시대 상황을 두고 이범석의 족청(族靑)계와 만주군 출신 장교 등 몇몇 집단이 앞서거니 뒤서거니 하면서 쿠데타를 구상하고 있던 상황이었다.

5·16 쿠데타 거사는 단 한 번의 계획으로 성공한 것은 아니었다. 이들은 3·15 부정선거 음모가 군대까지 하달되자 이때 이미 거사를 계획했다. 그러나 4·19 혁명으로 명분과 조건이 사라지자 다음 기회로 미루었다. 이들은 4·19 혁명 1주년 기념일을 거사일로 잡고, 군대가 시위 진압에 동원되면 이를 계기로 군사혁명을 일으키기로 계획을 세웠다. 그러나 당일 시위가 일어나지 않아 이 계획은 수포로 돌아가고 말았다. 4·19 계획이 무산되자 이들은 다시 5월 12일을 거사일로 잡고 구체적인 계획을 수립했다. 그러나 이 또한 사전에 거사가 누설되어 결행을 중지할 수밖에 없었다. 이미 수차례나 계획을 연기한 데다 5·12 거사 계획이 누설되어 군 내

부에서 모의자 색출이 있을 것을 예감한 그들은 최종적으로 5월 16일을 거사일로 잡고 이날 미명을 기해 거사를 결행했다.

박정희 소장과 장교 250여 명, 사병 3,500여 명이 주동이 된 반란군은 이날 새벽 3시경 한강 어귀에 도착했고, 장도영 육참총장이 배치한 혁명 진압군과 총격을 벌였다. 별 무리 없이 진압군을 물리친 반란군은 예정보다 한 시간 늦게 서울 시내로 입성했다. 이들은 곧바로 목표 지점으로 설정한 중앙청과 서울중앙방송국(현 KBS)을 점령하고, 새벽 5시 첫 방송을 통해 '군사혁명'을 전국에 알렸다. 혁명군은 이 방송에서 "군부가 궐기한 것은 부패하고 무능한 현 정권과 기성 정치인들에게 더 이상 국가의 운명을 맡길 수 없다고 단정하고, 백척간두의 위기에서 방황하는 국가의 운명을 극복하기 위한 것"이라고 거사 명분을 밝히고는 6개 항의 '혁명 공약'을 발표했다. 뒤이어 9시에는 군사혁명위원회 포고령으로 전국에 비상 계엄을 선포하고, 오후 7시를 기해 장면 정권을 인수한다고 발표했다. 거사 직후 장면 총리는 수도원으로 은신했고, 윤보선 대통령은 "올 것이 왔다."며 군사혁명의 필요성을 인정했다. 쿠데타가 사실상 성공함에 따라 미국 측은 초창기 반대 입장에서 한 걸음 물러섰다. 은신처에서 나온 장면 총리는 18일 각의를 소집해 계엄령을 추인하는 한편, 내각 총사퇴와 함께 혁명위원회에 정권을 이양한다고 의결했다. 윤보선 대통령도 각의의 결정을 재가하면서 군부의 쿠데타는 성공을 거두게 되었다.

정권을 인수한 혁명군은 5월 18일 군사혁명위원회를 국가재건최고회의로 개칭하고, 산하에 7개 분과위원회를 설치해 본격적인 군정에 들어갔다. 이들은 '반공 구국' 등의 혁명 공약을 실천한다는 미명 아래 혁신·민주 세력을 대거 탄압했다. 아울러 3·15 부정선거 관련자와 부정 축재자들을 처벌하는 등 구악 일소 조치를 단행했다. 그러나 혁명군은 당초 공약인 민정 이양을 미룬 채 김종필의 주도로 비밀리에 공화당을 창당, 집권 음모를 꾀했다.

1963년 군복을 벗고 대통령 선거전에 뛰어든 박정희는 이른바 '사상 논쟁' 등으로 고전했으나, 결국은 윤보선에게 승리해 마침내 제3공화국을 열었다. 경제 발전과 자주국방이라는 업적에도 불구하고 독재와 장기 집권 획책으로 인해 그는 후세로부터 엇갈린 평가를 받고 있다.

33

6·3 사태

1964년 6월 3일

6·25 전쟁으로 인한 전화(戰禍)와 4·19 혁명 등 정치 격변기를 겪으면서 우리 경제는 극도로 피폐해 있었다. 5·16 쿠데타 세력은 이에 착안해 혁명 공약 중 하나로 '경제 회복'을 외치고 나왔다. 이는 당시 일반 민중들에게 상당한 호소력을 불러일으켰다. 그런데 경제 회복을 위해서는 막대한 자금이 필요했다. 이를 위해 박정희 정권이 추진한 것이 바로 '한일 국교 정상화'였다. 사실 이 문제는 해방 후 이승만 정권 때부터 추진해온 일이었다. 이승만이 비교적 자주적인 입장에서 외교 협상을 주도해왔다면 박정희 정권은 '굴욕 외교' 비난을 감수하면서 비밀리에 추진했다.

한일 국교 정상화 추진은 박정희 정권 내부의 필요성에다 미국의 대한(對韓) 정책이 맞아떨어져 만들어진 '합작품'인 셈이다. 당시 미국은 소련의 남하 정책을 저지하고 중국을 견제하기 위해 동아시아의 핵심 국가인 일본과 한국의 국교 정상화 필요성을 절감했다. 이를 위해 미국은 한일 양국의 국민감정과는 관계없이 수교를 맺을 것을 강요했다. 이리하여 '구보타(久保田) 망언' 등으로 해방 후 지지부진하던 국교 재개 문제가 박정희 정권 들어 빠른 속도로 추진되었다.

5·16 이후 군사정부는 자유당과 민주당 시절에 진행되다 중단된 한일회담을 재개하고자 1962년 11월 김종필을 특사로 파견해 일본의 오히라 마사요시(大平正芳) 외상과 협상을 벌이도록 했다. 이 회담에서 김종필 특사는 이른바 '김-오히라 메모'로 불리는 비밀 메모를 통해 대일 청구권 문제를 타결 짓고 돌아왔다. 일제 35년간의 피지배에 대한 보상으로 일본은 3억 달러의 무상 자금을 10년에 걸쳐 지불하고, 경제 협력 명분으로 정부 차관 2억 달러를 연리 35퍼센트로 제공하며, 상업 베이스에 의한 무역 차관 1억 달러를 제공한다는 것이 이 비밀 메모의 골자였다. 이듬해 12월 한국 정부는 박정희 대통령 취임식에 참석한 일본 사절단을 맞아 한일회담의 최대 난관이던 평화선 문제와 어로 문제를 타결했다. 이로써 이제 양국의 국교 정상화는 조인과 국회 비준 절차만 남겨 놓은 상황이었다. 사태가 이 정도로 진척되었음에도 정부는 이를 모두 비밀에 부쳤다.

정부는 1964년 3월 한일회담을 재개하면서 '3월 타결, 4월 조인, 5월 비준' 방침을 밝혔다. 이는 즉시 야당의 반발을 샀다. 야당은 3월 6일부로 '대일굴욕외교반대 범국민투쟁위원회'를 발족하고, '구국선언문'과 '대정부 경고문'을 발표했다. 이때 야당은 첫째, 미국과의 외교 중지, 둘째, 평화선 양보 불가, 셋째, 일본의 경제 식민지

화 반대를 주장했으며, 대안으로 대일 청구권 27억 달러와 전관수역 40마일을 제시했다.

정부와 여당의 대일 굴욕 외교 추진에 대한 반대는 정가에서 대학가로 불이 옮겨 붙었다. 3월 24일 서울대를 비롯한 서울 시내 각 대학에서 한일회담 반대 시위가 일어났다. 이 시위는 다음 날부터 전국으로 확산되었다. 야당과 학생들의 시위가 계속되자 정부는 '방탄 내각'으로 불리던 최두선 내각 대신에 정일권을 새 총리로 하는 이른바 '돌격 내각'을 출범시켜 분위기를 일신했다.

5월 20일 시위 중 구속된 학생의 영장이 법원에서 기각되자 이튿날 새벽 무장한 공수대원과 민간인 등이 법원에 난입해 소란을 피우고 영장 발부 판사를 협박한 사건이 발생했다. 법조계와 학생들의 분노는 극에 달했고, 시위는 날로 확대되었다. 5월 30일 서울대생들의 단식농성 돌입에 이어 6월 2일 서울대 및 고려대 학생 3천여 명이 가두시위에 나서자 상황은 마치 4·19를 연상시킬 정도로 악화되었다.

6월 3일에는 시위가 절정에 달했다. 이날 정오를 전후해 1만 2천여 명의 대학생들이 가두에서 경찰과 유혈 충돌을 빚었다. 이날 정부 여당은 사태의 심각성을 고려해 긴급 대책회의를 가진 끝에 밤 9시 40분경 이날 밤 8시로 소급해 서울시 전역에 비상계엄을 선포했다. 계엄사령관에 임명된 민기식 육참총장은 계엄 포고 제1·2호를 통해 일체의 불법 정치와 시위 행위를 엄단한다고 밝혔다.

계엄령 해제 문제를 놓고 여야 간에는 지루한 공방이 계속되었다. 7월 29일 계엄이 해제되기까지 55일 동안 학생 168명, 민간인 173명, 그리고 언론인 7명 등 모두 348명이 구속되었다. 계엄령

6·3 사태 다음 날인 1964년 6월 4일자 「동아일보」 호외.

해제와 더불어 민간재판에 회부된 피의자는 구속 172명, 불구속 50명이었다. 또 이 기간에 포고령 위반으로 1,120명이 검거되었다. 이 중 540여 명이 군사재판에, 86명이 민간재판에, 216명이 즉결 재판에 회부되었고, 278명이 방면되었다. 정부 여당은 이 사태의 책임을 물어 김종필 공화당 의장을 해임한 데 이어 공화당 총무단을 경질했다. 야당가에서는 이후로 '사쿠라 논쟁'이 불붙어 극도의 갈등과 분열이 가중되었다.

4·19에 버금가는 대규모 학생 시위를 유발한 박정희 정권의 대일 굴욕 외교는 이듬해 6월 22일 도쿄에서 한일 양국 간에 한일협정이 정식 조인됨으로써 대단원의 막을 내렸다. 이로써 한일 간의 '밀월 시대'가 막을 열었다.

당시 한일회담 반대 시위에 참여했던 학생 세대를 흔히 '6·3 세대'라고 부른다. 그들 중 일부는 나중에 정치권으로 진출하기도 했다. 대표적인 인물로 김덕룡 전 한나라당 원내대표, 이명박 전 대통령, 이재오·안택수 전 한나라당 의원, 김덕규·이부영 전 열린우리당 의원 등을 들 수 있다.

34

월남 파병

1964년 9월 11일

　1964년 9월 11일 의무 요원 130명과 태권도 교관 10명이 월남 (현 베트남)에 파견된 것을 시작으로 한국군은 사상 처음으로 해외에 군대를 파견했다. 1965년부터는 전투 요원도 파병했는데, 이때부터 1973년 철군할 때까지 8년 5개월 동안 월남전에 참전한 인원은 32만여 명에 달한다. 이 전쟁에서 한국군의 희생도 많았지만, 이를 통해 우리가 얻은 것도 적지 않았다.

　1954년 7월 21일 제네바 협정 조인으로 베트남은 북위 17도선을 군사분계선으로 해 남북이 양분되었다. 이후 남북 베트남은 대치 상황 아래 놓이게 되었는데, 북부 월맹의 무력 침공으로 월남전이 시작되었다. 이에 미국은 초창기 군사 원조와 군사 고문단 파견을 통해 월남을 지원하다가 급기야 이 전쟁에 휩쓸리게 되었다. 1964년 사이공항에 정박 중이던 미국 수송선이 월맹군에 의해 격

침되고 뒤이어 8월 2일과 4일 두 차례에 걸쳐 '통킹만 사건'이 터지자 미국은 본격적으로 월남전에 개입했다.

미국은 한국을 비롯한 우방에 월남전 지원을 호소했다. 이에 한국 정부는 앞에서 언급했듯이 1964년 9월 11일 의무 요원과 태권도 교관을 파견했다. 뒤이어 이해 12월 28일 윈스럽 브라운(Winthrop G. Brown) 주한 미국 대사가 박정희 대통령을 방문해 한국군 증파를 요청했다. 한국 정부는 1965년 1월 2일 1개 공병 대대, 1개 경비 대대, 1개 수송 중대, 1개 해병·공병 중대로 구성된 '비둘기부대'를 추가로 파병했다.

전투 부대가 파견되기 시작한 것은 이 무렵부터였다. 1965년 6월 14일 월남 정부는 수상의 명으로 한국 정부에 1개 사단 규모의 전투 병력 파병을 공식 요청했다. 이에 한국 정부는 채명신 육군 소장을 지휘관으로 하는 '맹호부대'를 파병하면서 예하의 군수 지원 사령부로 '십자성부대'를 창설해 마침내 1965년 9월 25일 주월 한국군사령부를 창설했다.

이 무렵부터 국내에서는 월남 파병을 반대하는 의견들이 나오기 시작했다. 심지어 여당 내에서도 반대 의견이 만만치 않게 나왔다. 국민적 반발이 거세진 것은 1966년 들어 미국 정부가 전투 병력 증파를 요청하면서부터였다. 정부 여당은 월남 문제는 우리의 안전과 직결된다며 증파를 주장한 반면, 야당 측은 우리의 안보도 우려되는 데다 미국의 대월남 정책이 유동적이어서 기약 없는 정글전에 우리의 젊은이들을 보낼 수 없다며 반대 입장을 폈다. 그러나 결국 국회 표결에서 찬성 95표, 반대 27표, 기권 3표로 통과되었다. 이에 따라 정부는 1966년 6월 1일 이소동 소장을 지휘관으로

하는 '백마부대'를 추가로 파병했다.

이때 우리 정부가 미국 측과 파병에 대한 보상 조치로 맺은 것이 이른바 '브라운 각서'다. 총 14개 항으로 이루어진 이 각서의 주요 내용은 다음과 같다.

1. 추가 파병에 따른 비용은 미국 정부가 부담한다.
2. 한국군 육군 17개 사단과 해병대 1개 사단의 장비를 현대화한다.
3. 월남 주둔 한국군을 위한 물자와 용역은 가급적 한국에서 조달한다.
4. 월남에서 실시되는 각종 구호와 건설 등 제반 사업에 한국인 업자를 참여시킨다.
5. 미국은 한국에 추가로 AID 차관과 군사 원조를 제공하고, 월남과 동남아시아로 수출 증대를 가능케 할 차관을 추가로 대여한다.
6. 한국이 탄약 생산을 늘리는 데 필요한 자재를 제공한다.

공식적으로 5차에 걸쳐 연인원 32만 명이 파견된 한국군은 월남 중부 동해안 지역을 맡았다. 이 지역은 정치·군사·경제적인 측면에서 가장 중요한 지역이었다. 한국군은 월남전에서 월맹군 4만 1천여 명을 사살하고, 7,438제곱킬로미터를 평정했다. 이 기간 중 우리 측은 5천여 명의 사상자를 냈다.

월남전 파병은 정치·군사·경제적인 측면에서 우리에게 몇 가지 의의가 있다. 우선 정치적으로는 사상 처음 우리가 해외에 군대를

파병안 국회 통과를 전하고 있는 1966년 3월 20일자 「중앙일보」 호외.

보내 한국전쟁 때 미국에 진 빚의 일부를 갚았다는 점과 아시아의 집단 안보에 동참했다는 점이다. 그리고 군사적으로는 이를 통해 한국군 현대화와 전력 증강을 기할 수 있었으며, 특히 32만 명에 가까운 병력이 전투 경험을 쌓을 수 있었다는 점이다. 또 경제적으로는 '브라운 각서'와 '월남 특수'를 통해 고용 증대와 경제 성장을 이룩하는 데 적잖은 보탬이 되었다고 할 수 있다.

반면 우리는 월남전 참전으로 5천여 명에 달하는 사상자를 냈고, 다수의 서방 국가들로부터 비난도 받았다. 특히 월남전에 참전한 장병과 근로자들이 남기고 온 현지인 2세(속칭 '라이따이한') 문제와 고엽제 피해 등은 아직도 후유증으로 상존해 있는 실정이다.

1992년 12월 한국 정부는 베트남과 국교를 재개했다. '국제 사회에는 영원한 적도, 동지도 없다'는 말이 실감 나는 대목이다. 2018년 현재 베트남은 한국의 주요 수출국 4위를 기록할 정도로 양국은 경제적으로 긴밀한 관계를 맺고 있으며, 다수의 국내 기업이 베트남에 진출해 있다.

35

한일협정 조인
1965년 6월 22일

　한·미·일 3국 정부의 비밀 협상으로 추진된 한일협정은 한국인들의 엄청난 반발에도 불구하고 1965년 6월 22일 도쿄 일본 수상 관저에서 정식 조인되었다. 이날 수상 관저에는 가랑비가 날리는 가운데 양국 국기가 펄럭이고, 조인식장에는 자위대 군악대가 헨델의 〈개선행진곡〉을 연주했다. 조인을 마친 후 일본 측 대표인 시나에쓰사부로(椎名悦三郎) 외상은 "양국 국민의 진지한 노력의 결정체인 이 조약이 아시아와 세계 평화에 기여하기 바란다."고 소감을 밝혔다. 한국 측 대표인 이동원 외무장관도 "이제 양국은 밝은 미래를 약속한 것이다. 양국 간의 조인이 양국은 물론 아시아, 나아가 세계 평화와 인류 복지에 이바지하기를 바란다."며 소회를 피력했다. 이로써 13년 4개월을 끌어오던 한일회담은 대단원의 막을 내리고 양국은 국교를 수립했다.

해방 후 한일회담이 처음 시작된 것은 1952년 2월 15일이었다. 당시 연합군 최고사령부 외교국장 윌리엄 시볼드(William J. Sebald)의 주선으로 예비회담을 거쳐 이날 첫 한일회담을 성사시켰다. 그러나 제1차 회담은 의제로 채택된 5개 현안 중 재산청구권 문제와 어업 문제에 관한 의견 대립으로 4월 21일 중단되었다. 제2차 회담은 1953년 4월 15일부터 열렸으나 한국 측이 1952년 1월 18일 선포한 '인접 해양의 주권에 관한 대통령 선언(일명 '이승만 라인')' 문제로 다시 결렬되었다. 이해 10월 6일 다시 열린 제3차 회담은 이른바 '구보타 망언'으로 양국 간에 앙금만 남긴 채 10월 21일 결렬되었다. 이로부터 한일회담은 5년간 공백 상태로 남았다.

1958년 4월 15일 예비회담을 거쳐 제4차 회담이 속개되었다. 그러나 양국은 여전히 어업 문제와 청구권 문제에서 이견을 좁히지 못한 데다 교포 북송 문제마저 대두되어 해결책을 찾지 못했다. 그러다가 4·19 혁명과 이승만 정권의 붕괴로 한일회담 자체가 중단되었다. 장면 정권이 수립된 후인 1960년 10월 25일부터 열린 제5차 회담은 다시 5·16 군사 쿠데타로 중도에 결렬되었다.

'경제 회복'을 공약으로 내건 군사정부는 일본 자본 도입을 위해 한일회담에 역대 어느 정권보다도 적극적인 자세를 취했다. 정권 찬탈 직후인 1961년 10월 20일 제6차 회담을 재개한 양국은 어느 때보다 분위기가 고조되어 있었다. 그러나 청구권 액수, 평화선 문제, 독도 문제 등으로 회담은 다시 교착 상태에 빠졌다. 한일회담 조기 타결을 강력히 희망해온 한국 측은 이듬해 11월 중앙정보부장 김종필을 특사로 파견해 청구권 문제를 타결한 데 이어 1964년 4월 어업 협정 문제 등도 타결시켰다.

13년 4개월간 한일 양국 간에 줄다리기를 해온 국교 정
상화 문제는 1965년 6월 22일 일본 수상 관저에서 조인
식을 가짐으로써 대단원의 막을 내렸다. 「대한일보(大韓
日報)」는 조인식 다음 날 호외로 이를 보도했다.

    남은 것은 양국 정부의 국회와 행정부에서 통과시키는 절차였다.
하지만 양국 정부의 비밀 협상이 공개되자 한국 국민들은 야당과
학생을 필두로 거센 반대에 나섰다. 한국 정부는 6월 3일 계엄령을
선포해 반대 세력 진압에 나서는 등 부작용이 적지 않았다. 그럼에
도 양국 정부는 이해 12월 7일 회담을 속개해 이듬해인 1965년 6
월 22일 총 7조로 구성된 기본 조약과 4개 부속 협정을 정식으로
조인했다.

기본 조약의 주요 내용은, 한일 양국은 외교·영사 관계를 수립하고(제1조), 1910년 8월 22일(이날은 한일병탄조약이 체결된 날이다_저자주) 및 그 이전에 양국 간에 체결된 모든 조약 및 협정은 무효로 하며(제2조), 대한민국 정부가 한반도에서 유일한 합법 정부임을 인정한다(제3조)는 것 등이었다. 또 '청구권·경제협력에 관한 협정'에서는 일본이 3억 달러의 무상 자금과 2억 달러의 장기 저리 정부 차관 및 3억 달러 이상의 상업 차관을 공여키로(제1조) 합의했으며, '어업에 관한 협정'에서는 양국 연안 12해리의 어업 전관수역을 설정하고(제1조), 일정한 공동 규제 수역을 설정하기로(제3조) 합의했다. '재일교포의 법적 지위와 대우에 관한 협정'에서는 재일 한국인이 영주권을 획득할 수 있는 길을 보장했으며(제1조), '문화재·문화협력에 관한 협정'에서는 일제 통치 기간 중 일본으로 가져간 문화재를 6개월 내에 우리 측에 인도하기로(제2조) 합의했다.

1965년에 맺은 한일협정은 당시 한국 정부가 졸속으로 처리한 탓에 법률적·실리적 측면에서 미비한 점이 많다. 종군위안부 피해자에 대한 배상 문제가 대표적이다. 한동안 일본은 이 문제는 1965년 한일협정 체결로 모두 해결되었다며 한사코 외면해왔다. 그러다가 2015년 12월 28일 한일 양국 정부는 단돈 10억 엔(한국돈으로 100억 원)으로 '위안부 협상'을 마무리 지었다. 한국 정부는 협상에 앞서 위안부 피해 당사자들의 의견을 전혀 반영하지 않아 국민적 비난을 샀다. 반면 일본 정부는 '소녀상' 문제를 거론하며 연일 불만을 터뜨리고 있다.

한일 양국 정부는 각자 다른 목적이긴 하나 한때 한일협정 개폐 문제를 은밀히 검토했던 것으로 알려졌다. 우리 측은 과거사 문제와 독도 문제, 청구권 문제 등을 해결하기 위한 전략으로, 일본 측은 북한과의 수교를 앞둔 시점에서 그 전제조건이자 또 실리적인 면에서 '어업 협정'에 대한 개정 작업을 검토했던 것으로 알려져 있다.

36

한국비료 사건과 김두한 의원 오물 투척 사건

1966년 9월 22일

국내 굴지의 재벌인 삼성의 계열사인 한국비료가 건설 자재를 가장해서 사카린을 밀수한 사실이 1966년 9월 15일 폭로되었다. 5월에 발생한 이 사건은 6월 초에 벌과금 추징으로 일단락되었으나 이 사실이 언론에 공개되면서 그 여파는 걷잡을 수 없이 확산되었다. 이 사건이 사회적으로 큰 파문을 가져온 데는 당시 박정희 대통령이 밀수를 '5대 사회악'의 하나로 규정해 놓고 있었다는 점, 그리고 삼성 소유의 중앙매스콤(중앙일보와 TBC_저자 주)과 경쟁 관계에 있던 여타 언론들이 이 사건을 호재로 삼아 연일 대서특필해 국민의 눈과 귀를 자극한 점 등이 작용했다.

이 사건이 폭로되자 정부는 박정희 대통령의 지시로 특별수사반을 조직해 수사에 착수했다. 수사반은 10월 6일 수사를 종결짓고 수사 결과를 발표했다. 골자는 삼성이 사카린의 원료인 OTSA

1,403포대(당시 시가 1,800만 원 상당)를 밀수해 시중에 유포했다는 것이었다.

이 사건이 극도로 증폭된 것은 9월 22일 국회 본회의에서 김두한 의원이 국무총리를 비롯한 일부 각료들에게 오물을 투척한 사건 때문이었다. 이날 이틀째 속개된 삼성 밀수 사건에 관한 대정부 질문에서 김두한 의원은 질문 도중 미리 준비해 온 오물통을 열어 국무위원석에 앉아 있던 정일권 국무총리, 장기영 부총리 등 수 명의 각료들을 향해 투척했다.

김두한 의원은 "밀수 사건을 두둔하는 장관들은 나의 '피고들'"이라며 "사카린을 피고들에게 선사한다."는 말과 함께 인분을 국무위원들을 향해 투척했다. 사건 후 김두한 의원은 "인분은 선열들의 얼이 깃든 파고다공원 공중변소에서 가져온 것"이라고 밝혔는데, 그는 독립운동가 김좌진 장군의 아들이다.

오물 투척 당시 김두한 의원과 가장 가까운 거리에 있던 정일권 총리와 장기영 부총리는 가장 큰 피해를 입었다. 의복은 물론 손목시계까지 오물 냄새가 배어 할 수 없이 시계를 교체했다는 후일담도 있다.

이날 희대의 사건으로 정치권은 발칵 뒤집혔다. 정일권 총리는 총리 공관에서 긴급 간담회를 열어 "행정부의 권위와 위신을 모욕한 처사로 더 이상 국정을 보좌할 수 없어 전 국무위원이 총사직을 결정했다."고 발표했다. 국회는 국회대로 의장단과 여야 총무회담을 열어 김두한 의원을 제명하기로 의견을 모았다.

사건 당일 이병철 한국비료 사장도 서둘러 기자회견을 갖고 "이 사건에 책임을 통감하면서 한국비료를 국가에 헌납하고, 대표로 있

김두한 의원 오물 투척 사건을 전하는 1966년 9월 22일자 「중앙일보」 호외.

는 중앙매스콤과 학교 법인은 물론 모든 사업 경영에서 손을 떼겠다."고 밝혔다. 문제의 '한국비료 밀수 사건'과 관련해서 이병철 사장은 "외자 5천만 달러와 내자 20억 내지 30억 원이 투입된 거대한 규모의 한국비료가 5백만 원 내지 1천만 원 때문에 밀수를 했겠는가는 상식의 판단에 맡긴다. 그러나 한국비료 관계 밀수 사건에 대해 무어라고 말할 수 없을 정도로 절실한 책임감을 느끼고 국민 여러분에게 사과드린다."고 밝혔다.

그러나 한국비료를 국가에 헌납하겠다고 각서까지 썼던 이병철 사장이 도중에 각서 내용을 부인하고 사카린 밀수 사건이나 헌납 사건은 정부와 일부 과격한 언론이 만든 조작극이라고 주장해 물의를 빚기도 했다. 그러나 이병철 사장은 헌납 교섭을 맡았던 장기영 부총리가 해임되자 개각 1주일 만인 1967년 10월 11일 한국비료 주식의 51퍼센트를 국가에 헌납하면서 백기를 들었다.

이 사건과 관련해 호외를 발행한 신문은 삼성 관계사인 「중앙일보」였다. 이 신문은 당일자로 '정(丁) 내각 일괄 사표'라는 제하에 이 사건을 호외로 보도했다. 이병철 사장의 기자회견 내용과 함께 김두한 의원이 오물을 뿌리는 장면 등을 연속사진 3매로 싣고 있는 점도 상당히 이채롭다. 당시 「중앙일보」는 삼성을 두둔하는 기사를 연일 내보냈으며, 「동아일보」 등은 기획기사를 통해 삼성을 비판했다.

37

예산안 날치기 통과 파동

1967년 12월 28일

1967년 6월 8일 실시된 제7대 국회의원 선거는 공화당 측의 유례없는 부정선거로 선거 후 극심한 후유증을 겪었다. 3선 개헌에 필요한 안정 의석을 확보하기 위해 무더기 표, 매표, 위협 투표 등 광범위한 부정선거를 자행한 공화당은 129석(지역구 102석, 전국구 27석)을 확보했다. 그러나 부정선거에 항의하는 학생들의 시위가 끊이지 않고, 야당인 신민당이 재선을 요구하며 6개월 동안 등원을 거부해 국회가 공화당 단독 국회로 운영되는 등 정국이 파란을 겪었다. 바로 이런 와중에 불거진 것이 공화당의 1968년도 예산안 날치기 통과 음모였다.

9월 2일 정부 여당은 1968년도 예산안을 국회에 제출했다. 총 2,215억 원으로 편성된 다음 해 예산안을 제출하면서 정부 측은 예산안의 특징으로 첫째, 세입·세출을 감안해 균형 있는 예산을 편성했으며, 둘째, 세제 합리화를 통해 조세 부담을 경감했고, 셋째, 제2차 경제개발 5개년 계획 추진으로 농가 소득 증대와 공무원 처우 개선에 역점을 두었다고 밝혔다.

신민당 의원들의 불참으로 공화당 의원들과 10·5 구락부 의원들만 참석한 가운데 진행된 예결위와 계수조정위에서는 첫째, 통일 관련 예산이 편성되지 않은 점, 둘째, 농촌 지역 투자가 부족한 점, 셋째, 미국의 군사 원조가 줄어든 반면 파월 경비가 41억 원이나 계상된 점 등을 들어 과도한 예산 팽창으로 인플레를 과열시킬 우려가 있다고 지적했다. 하지만 12월 9일 예결위는 전격적으로 예산안 부별심사를 종결지었다. 20일부터 신민당 의원들은 본회의장에서 농성에 들어갔고, 여야 간에는 일전불사의 전운이 감돌았다.

발췌 개헌안 날치기 통과를 시작으로 국가보안법 개정안, 한일협정 비준 등을 날치기로 처리해온 집권 여당은 12월 28일 1968년도 예산안을 또다시 날치기로 통과시켰다. 당시 신문은 국회 본회의장의 여야 의원들이 "총을 들지 않았을 뿐 싸움터의 병사처럼 노호와 함께 육박전을 벌였다."고 적었다. 여야 의원들의 고성과 욕설이 난무한 가운데 의석의 명패가 날아가는 등 말 그대로 국회는 아수라장이었다.

앞서 공화당은 차년도 예산안을 날치기로 통과시키기로 최종 결정을 내리고는 거사 시점을 28일 새벽으로 잡았다. 전날 저녁부터 유진오 당수를 비롯해 신민당 의원들이 의장석을 중심으로 3중 방위선을 편 가운데 10시 30분께 공화당 의원들이 입장하기 시작하자 본회의장에는 긴장감이 감돌았다. 그런데 이는 공화당의 속임수였다.

본회의장에서 여야 의원들이 대치해 신경전을 벌이고 있는 가운데 예결특위는 28일 새벽 1시 국회 제3별관 특별위원회실에 공화당과 10·5 구락부 소속 의원들을 긴급 소집했다. 이들은 인근 서린호텔에 집결해 있다가 이곳으로 급히 옮겨 온 것이었다. 안동준 예결위원장은 야당 의원들을 배제한 채 이들만으로 2,215억 원 중 5백만 원을 삭감 조정한 후 1968년도 예산안을 1분 만에 전격 통과시켰다.

예결위의 예산안 통과를 시작으로 본회의장에서 본회의 통과가 시도되었다. 28일 새벽 1시 5분경 장경순 국회 부의장은 신민당 의원들이 바리케이드를 치고 있던 단상을 피해 정반대편에서 본회의 개회와 예산안 상정을 선포했다. 신민당으로서는 허를 찔린 셈이었다. 이어 장경순 부의장이 개회 망치를 두들기자 신민당 소속 젊은 의원들이 일제히 달려들어 의사봉을 빼앗고 마이크를 낚아채며 "본회의 무효!"를 외쳤다. 그러자 장경순 부의장은 문태준 의원이 별도로 준비한 의사봉을 가지고 공화당 의원들의 호위를 받으면서 회의를 속개했고, 심사 보고, 토론 등 일체의 의사 절차를 생략한 채 단 3분 만에 통과를 선포했다. 이날 여야 의원 간의 육박전 와중에 야당 의원들이 홧김에 던진 명패에 공화당의 김정렬·박준규·이상무 의원 등이 맞아 부상을 입었으며, 신민당의 윤제술 의원은 싸움을 지켜보며 울다가 실신해 인근 한일병원에 입원하는 촌극을 벌이기도 했다.

사태 후 신민당의 유진오 당수는 예산안 변칙 통과를 "반역적 폭거"라며 "불법 통과한 예산은 무효"라고 주장했다. 그러나 여당은 또 다른 날치기 통과를 계획하고 있었다. 공화당은 이튿날인 29

예산안 날치기 통과를 전하는 1967년 12월 28일자 「중앙일보」 호외.

일 향토방위법과 예산 부수 법안을 다시 강행 처리하기로 방침을 굳히고 있었다. 이로써 1960~1970년대에 우리 국회 내에서 횡행하던 집권당의 '정치 폭력'은 하나의 관행으로 자리 잡아가기 시작했다.

세월이 흘러 상황이 역전되면서 당시 야당 측이었던 인사들 가운데 몇몇은 집권당에 들어가 여당 인사로 변신하기도 했다. 과거 날치기 통과를 온몸으로 막았던 주역이었지만, 그들 역시 날치기 통과의 악역을 마다하지 않았다.

38

1·21 사태

1968년 1월 21일

무장공비가 기승을 부리던 1960년대 후반, 급기야 청와대 폭파를 목적으로 북한군 30여 명이 청와대 뒷산까지 출몰한 사건이 발생했다. 현재까지는 생포 한 명에 전원 사살된 것으로 알려져 있으나 일각에서는 일행 중 두 명이 휴전선을 넘어 되돌아갔다고 주장하고 있다. 생포된 김신조 씨는 현재 서울의 한 교회에서 목회자로 활동하고 있다.

1968년 1월 21일, 한겨울 추위가 기승을 부리던 이날 밤 10시경 청와대 인근 지역에서 요란한 총소리가 울려 퍼졌다. 서울 도심 한가운데서 밤하늘에 예광탄이 터지고 사방에서 총소리가 들리자 영문을 모르는 시민들은 불안과 공포 속에서 밤을 새웠다.

이튿날 오전 8시, 당시 채원식 치안국장은 "어젯밤 10시경 30여 명의 무장괴한이 서울시 외곽에 침투, 대간첩 작전을 벌인 군경 수

색대는 교전 끝에 한 명 생포, 전원 사살과 함께 다수의 무기를 노획했으며, 최규식 종로경찰서장이 이 전투에서 순직했다."고 발표했다. 이것이 김신조 일당의 '1·21 청와대 습격 미수 사건'의 첫 공식 발표였다.

이날 서울 외곽에 침투한 집단은 북한 민족보위성 정찰국 소속 124군부대 무장 게릴라 31명이었다. 이들은 북한군 정찰국장 김정태로부터 청와대를 기습해 폭파하라는 지시를 받고 휴전선을 넘어 침투했다. 1월 18일 자정을 기해 군사분계선을 돌파한 이들은 19일 밤 결빙된 임진강을 건너 고양군 삼봉산에서 숙영한 후 20일 북한산 비봉에서 승가사로 이어지는 산길을 타고 이날 밤 10시경 서울 시내 세검동 파출소 관할 자하문 초소에 이르렀다.

이들의 행동을 수상히 여긴 초소 근무 경찰관이 검문을 실시하자 이들은 "방첩대원이다.", "신분증은 볼 필요가 없다."는 등 위협적인 언사와 함께 행진을 계속했다. 이에 보고를 받은 종로경찰서 소속 최규식 서장 이하 경찰 병력이 출동해 검문을 요구하자 일당 중 한 명이 최규식 서장을 사살하고 자동소총을 발사하는 동시에 수류탄을 투척했다. 이후 이들은 지나가는 버스에 수류탄을 던지는가 하면, 무장한 채로 뿔뿔이 흩어져 인근 민가를 습격해 민간인 다섯 명을 사살했다. 사건 발생 직후 서울 시내 일원에 계엄령을 내리고 공비 소탕전을 전개한 군경은 31일까지 28명을 사살(두 명은 도주)했으며, 기관단총 31정 등 다량의 습격용 무기를 노획했다.

22일 새벽 삼청공원 뒷산에서 생포된 김신조에 의하면, 이들은 1월 2일 민족보위성으로부터 청와대, 미 대사관, 육군 본부, 서울 교도소, 서빙고 간첩 수용소 등을 습격하라는 지시를 받고 1월 5

1968년 1월 21일 발생한 무장공비 사건 다음 날의 「조선일보」 호외.

일부터 황해도 사리원에서 노동당 도당 청사를 청와대로 가상해 훈련을 해왔다고 한다. 이들의 청와대 기습 계획은 이렇게 짜여 있었다.

1. 습격 시간은 (21일) 밤 8시이며, 당일로 복귀한다.
2. 습격 전날 북악산 부근에 숙영해 청와대를 관측· 정찰한다.
3. 전원 사복으로 갈아입고 취객을 가장해 접근, 유격대원끼리 시비를 걸다가 기회를 포착, 청와대 초소를 습격한다.
4. 제1조는 청와대 2층을 기습, 기관단총으로 무차별 사격해 인원을 살상하고 수류탄을 투척한다. 제2조는 청사 1층, 제3조는 경호실, 제4조는 비서실, 제5조는 정문 보초 및 기타 보초 등을 맡아 살상· 파괴한다. 운전조는 차량을 탈취해 탈출 준비를 완료한다.
5. 습격이 끝나는 즉시 분승해 문산 방면으로 도주, 그날로 복귀한다.

사태 발생 다음 날 정부는 사태의 진상을 국회 국방위원회에 보고하는 한편, 정부 차원의 안보 대책을 강구했다. 정부는 이 사건을 계기로 청와대 경호 강화를 위해 청와대 뒷산의 입산 금지 조치를 취했다. 이 조치는 1993년 문민정부가 들어선 후에야 해제되었다. 특히 정부는 이 사건 후 국민의 안보의식을 고취하고 북한군의 비정규전에 대응하기 위해 향토예비군 제도를 창안, 이해 4월 1일 250만 명으로 구성된 향토예비군을 창설했다. 1970년대 이후의 자주국방을 위한 방위산업 확충 등도 모두 이 같은 사건의 후속 조치로 시작된 것으로 풀이할 수 있다.

39

푸에블로호 납치 사건

1968년 1월 23일

1·21 사태가 발생한 지 이틀 뒤인 1월 23일 동해안 공해상에서 미 해군 소속 푸에블로호가 북한군에 납북되는 사건이 발생했다. 이날 푸에블로호는 동경 127도 54분, 북위 39도 25분 공해상에서 임무를 수행하던 중 1시 45분께 무장한 네 척의 북한 초계정과 미그기 두 대의 위협하에 원산항으로 강제 납치되었다. 이 배에는 함장을 비롯해 6명의 해군 장교와 수병 75명, 그리고 민간인 2명 등 총 83명이 승선하고 있었다. 납치된 푸에블로호는 경화물선을 개조한 해군 정보 수집 보조함으로 중량 906톤, 길이 54미터, 너비 10미터, 시속 12.2노트에 구경 50밀리 기관포 2문을 갖춘 비무장 함정이었다. 미 해군 함정이 공해상에서 납치된 것은 미 해군 역사상 처음 있는 일이었다.

이날 푸에블로호의 피랍 경위는 다음과 같다. 오전 0시경 북한 경비정 한 척이 푸에블로호에 접근해 국제 신호로 국적을 물어왔다. 이에 푸에블로호는 미국 선박임을 통보했다. 이어 북한 경비정이 "멈추지 않으면 발포하겠다."고 신호를 보내왔다. 푸에블로호가 "본 선은 공해상을 항해 중"이라며 이를 거절하자 이 경비정은 푸에블로호 주위를 선회하기 시작했다. 한 시간 후 세 척의 북한 경비정이 나타났다. 그중 한 척이 "본 선 후미를 뒤따르라."며 신호를 보내왔고, 나머지 세 척이 푸에블로호 주위를 선회하는 가운데 다시 미그기 두 대가 추가로 나타나 푸에블로호 우현 상공을 선회했다. 새벽 1시 45분경 무장 군인을 갑판에 태운 북한 경비정 한 척이 푸에블로호에 근접해 승선한 후 원산행을 강요했다. 결국 푸에블로호는 "정지 중. 교신 중지함"이라는 최후 보고와 함께 소식이 끊겼다.

　푸에블로호 납북 소식이 전해지자 미국은 즉각 국가안보회의를 소집하고 극동 주둔 제5공군에 비상 출격 대기령을 내리는 한편, 핵 항공모함 엔터프라이즈호를 원산항 근해로 배치하는 등 강경 조처를 강구했다. 아울러 소련을 통해 중재를 요청하는 한편, 사건 다음 날인 24일 오전 11시 판문점에서 군사정전위원회를 열어 1·21 사태와 함께 이 사건을 신랄히 규탄했다. 미국 측은 "당시 푸에블로호는 공해상에 있었다."며 푸에블로호의 승무원 전원을 즉각 송환하라고 요구했다. 이에 대해 북한 측은 "푸에블로호 납북 지점은 동경 127도 46분, 북위 39도 17분으로 북한 영역"이라며 영해 침범이라고 주장하며 맞섰다.

　이후 미국은 별다른 해결책을 찾지 못한 채 27일 폴란드에서 북한과의 간접 접촉을 시도한 데 이어 판문점에서 직접 비밀 협상에

푸에블로호 납치 사건을 전하고 있는
1968년 1월 24일자 「중앙일보」 호외.

돌입했다. 2월 2일 세 번째 비밀 협상에서 미국이 영해 침입을 시인하고 사과하는 조건으로 승무원 송환에 합의했으나, 북한 측은 이들의 몸값을 요구했다. 결국 이 사건은 사건 발생 11개월 만인 1968년 12월 23일 28차례에 걸친 비밀 협상 끝에 82명의 생존자와 시체 한 구가 판문점을 통해 귀환하는 것으로 종결되었다.

푸에블로호 선체와 장비는 북한 측에 몰수되었으며, 승무원들의 몸값은 구체적으로 알려지지 않았다. 당시 이 선박은 미국의 첩보선으로 대북한 정보 수집을 해왔던 것으로 밝혀졌다. 현재 푸에블로호 선체는 대동강 변에 전시되어 있는 것으로 전해지고 있다.

40

국민복지회 사건과 김종필 공화당 탈당

1968년 5월 30일

1968년 5월 말 김종필 공화당 의장의 정계 은퇴 선언은 연초에 발생한 1·21 사태와 푸에블로호 납치 사건으로 뒤숭숭한 정국을 송두리째 뒤흔들어 놓았다. 집권당인 공화당의 산파이자 현직 당의장으로 당내 2인자로 군림하던 김종필 씨의 정계 은퇴는 집권당의 당내 세력 다툼에서 빚어진 것이긴 했지만, 1971년에 있을 제7대 대통령 선거와 관련해 당 내외의 비상한 관심을 모았다. 그러나 이 사건은 궁극적으로는 김종필 씨를 중심으로 한 주류파의 거듭되는 수난과 비주류파의 꾸준한 세력 진출로 특징지어졌고, 이를 분수령으로 당내 권력 경쟁은 일단 막을 내렸다.

김종필 씨가 공화당 탈당과 함께 정계 은퇴를 선언한 것은 이른바 '국민복지회 사건'이 배경이 된 것으로 알려져 있다. 김종필 계인 김용태·최영두 의원 등은 차기 후계자 문제와 관련, 사조직으로 '한국국민복지회'를 조직해 세력을 확대해가고 있었다. 이 단체가 문제가 된 것은 포섭 대상자들에게 배포된 「정세 보고서」에 박정희 대통령의 시정 방향을 비판하고 3선 개헌을 저지하는 내용이 포함되어 있었는데, 반(反) 김종필 세력 측에서 이를 김 씨가 차기를 준비하는 것이라며 박 대통령을 자극했기 때문이다. 이 일로 이 단체의 회장이자 김종필의 오른팔 격이었던 김용태 의원은 공화당에서 제명되었다. 김종필 씨는 이 일이 자신과는 관계없는 일이라고 해명했으나 받아들여지지 않았다. 그는 결국 스스로 책임을 지고 물러날 수밖에 없었다.

김용태 의원이 당기위에서 제명된 지 1주일 뒤에 열린 당무회의에서 김종필 씨는 "앞으로 박 대통령의 영도하에 일사불란하게 당을 이끌어나가 주길 바란다."며 인사말을 하고는 30일 공화당 탈당과 함께 기능올림픽위원장직 등 일체의 비정치적 공직까지 사퇴서를 제출했다. 김종필 씨로서는 1963년의 8개월에 걸친 '자의 반 타의 반'의 제1차 외유, 1964년 6·3 사태로 인한 6개월에 걸친 제2차 외유에 이어 세 번째로 겪는 정치적 파란이었다.

공화당 탈당에 이어 국회의원직까지 사퇴한 김종필 씨는 6월 3일 부산에서 가진 고별 기자회견에서 "작년 여름(1967년 대선 전후)부터 생각해온 것을 실현한 것으로 다시 정계에 복귀할 생각은 없다."며 "목수가 집을 지었다고 해서 자기가 살려고 짓는 것은 아니다."라고 밝혔다. 또 정계 은퇴의 직접적 배경이 된 국민복지회 사건과 관련해서는 "김용태 의원 사건과는 무관하다."고 해명했다.

김종필 씨의 정계 은퇴로 공화당은 새로운 국면을 맞게 되었다. 우선 김종필 씨의 공직 사퇴를 계기로 3선 개헌 문제가 비주류파

김종필 공화당 의장의 탈당 소식을 전하고 있는 1968년 5월 31일자
「동아일보」호외.

를 중심으로 조심스럽게 거론되었으며, 이에 대해 구주류파가 반발
하면서 결속을 다져 당내 갈등이 서서히 증폭되었다. 이런 상황에
서 당내 갈등이 표면화되는 사건 하나가 또 터졌다. 비주류 소속
권오병 문교부 장관이 신민당으로부터 해임 권고안이 발의되자 당
내 구주류파가 반란표를 던져 국회에서 해임 권고안을 통과시켰던
것이다. 이른바 '4·8 항명 파동'으로 불리는 이 사건에서 최소 37
표에서 최대 48표로 추산되는 반란표가 나왔다. 이에 격노한 박정
희 대통령은 구주류파인 양순직·예춘호·정태성·박종태·김달수
의원 등 5명과 중앙위원 11명 등 총 93명에 달하는 구주류 당원들
에 대한 제명 처분을 단행했다. 이 사건 이후 공화당은 체제를 재
정비해 본격적으로 3선 개헌을 추진했다.

41

3선 개헌안 날치기 통과
1969년 9월 14일

3선 개헌안 날치기 통과를 통해 박정희는 영구 집권 음모의 첫
걸음을 내디뎠다. 당시 공화당은 신민당 의원까지 포섭, 국회 제3
별관에서 마치 '밤 고양이'처럼 모여 개헌안을 단독으로 통과시켰
다. 당시 국회 의장은 이효상이었고, 신민당에서 공화당으로 입당
해 변절한 자는 성낙현, 연주흠, 조흥만 등 3인이었다.

1969년 9월 14일 새벽 2시 52분, 정부 수립 이후 여섯 번째의
개헌이자 박정희의 3선 허용을 골자로 하는 3선 개헌안이 공화당
의 날치기 통과로 전격 가결되었다. 6·8 부정선거로 개헌 의석을
확보한 박정희 정권은 이승만이 부정선거로 쫓겨난 지 겨우 9년
만에 다시 장기 집권 음모를 획책했다. 3선 개헌에 반대하는 당내
반대 세력을 청산해 사전 정지 작업을 한 뒤 1년여 만에 소기의
성과를 달성한 것이다. 이 과정에서 공화당은 신민당 소속 성낙

현·연주흠·조홍만 의원 등을 끌어들였고, 이에 신민당은 변절자들의 의원직을 박탈하기 위해 당을 해산했다가 다시 복원시키는 곡절을 겪기도 했다.

나라 전반이 혼란한 상황에서 1968년 12월 17일 당의장 서리에 임명된 윤치영은 부산 연설에서 "조국 근대화와 민족 중흥의 과업을 이룩하기 위해서는 무엇보다 강력한 정치적 리더십이 필요하다."고 역설하면서 "이 같은 지상 명제를 위해서는 대통령 연임 조항을 포함한 현행 헌법상의 문제점을 개정하는 것이 연구되어야 한다."며 3선 개헌의 필요성을 처음으로 공식 거론했다. 야당과 당내 구주류파의 반발이 뒤를 이었지만, 박정희 대통령은 1969년 7월 25일 7개 항의 특별담화문을 발표한 후 본격적으로 개헌 추진의 포문을 열었다. 특별담화문의 내용은 다음과 같다.

1. 개헌 문제를 통해서 나와 이 정부에 대한 신임을 묻는다.
2. 개헌안이 통과될 때는 그것을 곧 국민의 신임으로 간주한다.
3. 개헌안이 부결될 때는 그것을 불신임으로 간주한다.
4. 여당은 빠른 시일 안에 개헌안을 발의해야 한다.
5. 야당은 합법적으로 개헌 반대 운동을 전개해야 한다.
6. 개헌 찬반에서 폭력과 불법은 배제한다.
7. 정부는 중립을 지켜 공정한 국민투표를 관리한다.

30일간의 공고 기간이 끝난 개헌안은 9월 13일 국회 본회의에 회부되었다. 야당 의원들은 급히 '개헌안 철회 권고 동의안'을 제출했다. 그러나 13일 오후 2시 본회의에서 이 동의안은 재적 의원

158명 중 찬성 44표밖에 얻지 못해 폐기되었다. 약 두 시간 뒤인 오후 3시 50분경 이효상 국회 의장의 세 번째 정회 신호로 공화당 의원들이 모두 본회의장에서 퇴장하자 신민당 의원들은 단상을 점거한 채 무기한 농성에 들어갔다.

한편 본회의장을 빠져나온 공화당 의원들은 집으로 돌아가지 않고 각 상임위별로 몇 개의 호텔에 숙소를 잡아 대기했다. 새벽 1시 지휘본부로 지정된 반도호텔에 모인 윤치영 당의장을 비롯한 지휘부는 2시 정각에 국회 제3별관에서 모이기로 합의한 다음 이를 의원들에게 알렸다. 일부 의원들은 차를 타고, 또 일부 의원들은 걸어서 시청 뒤편 무교동길을 지나 국회 제3별관 내 특별위원회실로 모였다. 이때까지 이 방에는 불이 켜지지 않아 깜깜한 채로 있다가 이효상 의장이 도착하자 곧 불이 들어왔다.

방에 들어선 이효상 의장은 곧 제4차 본회의 개회를 선언했다. 이때가 새벽 2시 25분이었다. 이효상 의장은 "김택수 의원 등 67인의 본회의 재개 요구가 있었으나, 야당의 농성으로 본회의장을 사용할 수가 없어서 부득이 이곳으로 옮겨 왔다."고 밝히고 이의 유무를 물었다. "이의 없소!"라는 대답을 들은 후 이효상 의장이 의사일정 제1항인 개헌안 상정을 선포하고, 이현재 의원을 필두로 투표가 진행되었다. 122명이 투표를 마친 시각은 2시 41분. 16분 만에 투표가 완료되었다. 이효상 의장은 "개헌안이 투표 122명에 가(可) 122로 헌법 제120조 제2항 규정에 따라 재적 의원 3분의 2 이상으로 가결"되었음을 선포했다.

이효상 의장은 다시 의사일정 제2항인 '국민투표법'을 상정했다. 제안 설명에 나선 김용진 의원은 간략한 설명 끝에 "내용은 유인

3선 개헌안의 심야 날치기 통과 소식을 전하고 있는 1969년 9월 14일자 「대한일보」 호외.

물로 대체한다."고 말했다. 이효상 의장은 이에 대해 가부를 물은 뒤 53분께 자구 수정을 의장에게 맡겨줄 것을 조건부로 해 내무위원안대로 가결되었음을 선포했다. 이로써 이날의 '거사'는 대단원의 막을 내렸다.

본회의장에서 공화당 의원들의 입장만 기다리다가 뒤늦게 이 소식을 안 신민당 의원들은 발언대의 마이크를 집어 던지고 의장석을 부수면서 울분을 토했다. 반면 중앙청 총리실에 모여 대기하고 있던 전 국무위원들은 이 소식이 전해지자 환성과 함께 축하 칵테일을 들었다. 이 자리에서 정일권 총리는 개헌안 통과에 대해 "당연한 결과"라고 소감을 밝혔다.

개헌안이 통과되자 이제 다음 단계는 국민투표였다. 여당은 지지유세로, 야당은 반대 유세로 다시 맞붙었다. 10월 17일 개헌안에 대한 국민투표가 실시되었고, 최종 집계 결과 총 유권자 1,504만

8,925명 가운데 77.1퍼센트인 1,160만 4,038명이 투표해 찬성 755만 3,655표(65.1퍼센트), 반대 363만 6,369표(31.4퍼센트), 무효 41만 4,014표(3.5퍼센트)로 개헌이 확정되었다. 투표 결과는 압도적인 찬성으로 나타났지만, 이 역시 투표 과정에서 관권·부정 선거가 자행되어 선거 후유증을 남겼다. 이로써 박정희 정권의 종신 집권이라는 새로운 장이 열리고, 이후 1971년 대선에서 그는 다시 모습을 나타냈다.

42

KAL기 납북 사건

1969년 12월 11일

1969년 12월 11일, 강릉을 출발해 서울로 향하던 대한항공 소속 YS-11A 여객기가 공중에서 납치되어 북으로 끌려간 사건이 발생했다. 1958년 2월 16일 KNA 소속 '창랑호' 납치에 이어 두 번째로 발생한 항공기 납치 사건이었다.

승무원 4명과 승객 47명 등 총 51명이 탑승한 이 비행기는 이날 12시 25분 강릉비행장을 출발해 10분 뒤 고도를 높였다. 이때 객석 맨 앞자리에 앉아 있던 범인 조창희(당시 43세)가 권총을 빼 들고 조종사실로 뛰어 들어갔다. 그는 대뜸 기수를 북으로 돌리라며 조종사를 위협했다. 납북 도중 북한기 두 대가 나타나 이 비행기를 유도했고, 비행기는 오후 1시 5분 함흥 근처 연포비행장에 착륙했다. 범인 조창희는 미리 대기하던 세단을 타고 모습을 감추었다. 사건 발생 다음 날인 12일 북한은 "두 조종사에 의한 자진 입북"

이라고 이 사건에 대한 공식 발표를 했을 뿐 더 이상 자세한 사항은 언급하지 않았다.

유엔군 측은 12월 22일 열린 군사정전위원회 비서장회의에서 승무원과 기체의 조속한 송환을 요청했다. 북한 측은 "유엔군 측이 개입할 문제가 아니다."라고 일축했다. 우리 정부는 국제적십자사를 통해 중재 교섭을 벌였으나 별다른 성과를 보지 못했다. 그러한 상황에서 전국 23개 지역에서 여객기 납치 사건을 규탄하는 시위가 열렸다. 이에 반해 북한은 12월 24일 '조종사 환영 시민대회'를 열어 이를 정치적으로 활용하고자 했다. 북한은 이어 남북한 5개 민간 단체로 쌍방 간에 송환 교섭단을 만들자고 엉뚱한 제의를 해왔다. 북한 측은 해를 넘겨 납치 56일 만인 1970년 2월 4일 승객을 송환하겠다고 발표했다. 하지만 실제로는 66일 만인 2월 14일 51명 가운데 조종사 등 12명을 억류하고 39명(남자 33, 여자 6)만 판문점을 통해서 송환했다.

귀환한 승객 가운데 일부는 15일 오후 3시부터 중앙정보부 강당에서 합동 기자회견을 가졌다. 이들의 회견 결과 KAL기 납북 사건은 고정간첩 조창희의 단독 범행으로 밝혀졌다. 또 이들은 피랍 후 함흥을 거쳐 평양으로 이송된 뒤 북한 측으로부터 정치 세뇌를 받았는데, 이에 비협조적인 승객들은 전기 고문이나 약물 고문을 받았다고 주장했다. 승객 가운데 손호길 씨는 실어증까지 걸린 것으로 밝혀졌다.

이날 기자회견장에 나온 승객들 가운데 일부는 억류 기간에 당한 정치 세뇌로 기자들의 질문에 대답하는 중에 '인민'이니 '남조선'이니 하는 용어를 부지불식간에 내뱉어 폭소를 자아내기도 했

KAL기 납북자들의 송환 소식을 전하는 1970년
2월 15일자 「중앙일보」 호외.

다. 나머지 12명이 귀환하지 못한 이유를 묻는 질문에 승객 현계환
씨는 "젊은이들, 특히 언론인들이 정당한 이론을 갖고 따진 뒤부터
보이지 않았다."며 "이론으로 그들을 반박한 사람은 오지 못했다."
고 밝혔다. 북한 측이 자기들 체제에 비판적이거나 정치적으로 이
용할 만한 가치가 있는 사람을 선별적으로 억류했을 것이라는 추
측을 사실로 확인해준 것이다. 사건 후 귀환하지 못하고 북한에 억
류된 탑승자 중 여승무원 성경희 씨와 정경숙 씨는 1992년 귀순한
오길남 씨의 증언을 통해 '구국의 소리' 방송에서 일하고 있는 것
으로 확인되었다.

43

대연각호텔 화재 사건
1971년 12월 25일

    1971년이 저물어가던 12월 25일 성탄절 아침, 간밤 성탄 전야 축제로 인파와 네온의 물결로 홍수를 이루던 서울 시내 거리는 언제 그랬냐는 듯이 고요하고 평화롭기만 했다. 이 고요한 아침의 정적을 깨고 서울 한복판 충무로의 대연각호텔에서 세계 호텔 화재 사상 최악의 참사를 기록한 대화재가 발생했다. 한순간에 충무로 일대는 아비규환을 방불케 했다.

    이날 화재는 오전 9시 50분경 1층 커피숍 주방 안에 세워둔 프로판가스통이 폭발, 2미터쯤 떨어져 있던 가스레인지에 인화되면서 일어났다. 이 불은 바닥의 나일론 주단과 건물 내부의 목조 시설물로 번지면서 한겨울의 강한 동남풍을 타고 삽시간에 위층으로 솟구쳤다. 화재가 발생한 지 한 시간 30분이 지난 11시 20분경, 불은 이미 꼭대기 층인 21층까지 옮겨 붙어 마침내 건물 전체가 불길에 휩싸였다.

사고가 발생하자 인근 소방서를 시작으로 서울 시내 전 소방차가 출동해 화재 진압에 나섰다. 그러나 강한 바람으로 불길이 잘 잡히지 않는 데다 워낙 고층이어서 소방차만으로는 인명을 구조하기가 어려웠다. 이에 당국은 대통령 전용 헬기를 비롯해 육군 항공대와 공군, 그리고 미8군으로부터 헬기를 지원받아 화재 현장에 투입했다. 하지만 워낙 불길이 거세 이들 헬기도 건물 가까이 접근하기는 어려웠다. 건물 안에서 구조를 요청하는 투숙객들을 보고서도 발만 동동 구르는 안타까운 장면이 연출되었다.

불이 난 지 열 시간이 지나서야 겨우 불길이 잡히고 건물의 열기가 식었다. 구조본부는 시청 직원 150명, 경찰기동대 1개 중대 등 모두 3백여 명을 동원해 시체 수색 작업을 폈다. 수습 이틀째인 26일 오후 3시 현재(화재 발생 29시간 후) 시체 153구(추락사 38구 포함)가 확인되었다. 추락사한 38명은 대개 엉겁결에 뛰어내리다가 사망한 사람들이었다. 8층에 투숙하던 최 모 양은 '죽기는 마찬가지'라는 생각으로 침대 시트를 뒤집어쓰고 뛰어내렸는데, 기적적으로 목숨을 건졌다. 당시 이 장면은 국내 신문에 보도되었다가 다시 전 세계로 타전되기도 했다.

또 투숙객 가운데 당시 주한 중국(대만) 공사였던 여선영(余先榮) 씨가 열 시간의 사투 끝에 극적으로 구조되기도 했다. 중부소방서 이승홍 경감 등 세 사람은 목숨을 걸고 네 번씩이나 도전한 끝에 11층에 묵던 여 공사를 구출해냈는데, 사고 수습 후 이들은 1계급 특진을 하기도 했다.

한편 희생자 중에는 업무차 방한한 외국인도 포함되어 있었다.

사고 발생 다음 날인 1971년 12월 26일 본판 크기로 발행된
「중앙일보」 호외.

일본 언론에서는 자국민 피해 상황을 보도하기 위해 사고 당일 10
여 명의 기자를 파견했다. 일본 외무성은 한국행 비자를 발급해주
기 위해 일요일인데도 특근을 하기까지 했다. 최종 집계에 따르면,
외국인 희생자는 미국인 1명, 일본인 8명, 중국인 3명, 인도인 1명,
터키인 1명 등 모두 14명이었다. 전체 희생자는 사망 163명, 부상
68명, 그리고 행방불명자가 25명으로 나타났다.

　희생자가 이렇게 많았던 것은 전날 성탄절 파티 등으로 밤늦게

잠자리에 든 투숙객이 많았고, 호텔 내부에 비상계단이나 방화 시설이 마련되어 있지 않았기 때문이다. 경찰은 2백여 명의 사상자를 낸 이 사고의 책임을 물어 호텔 사장 김용산 씨와 지배인을 구속하고 건물 준공을 허가해준 서울시 관계 공무원을 조사하는 것으로 이 사건을 마무리 지었다.

사고 발생 다음 날 「중앙일보」는 본판 크기의 대형 호외를 발행했다. 일제 때 보도가 금지되었던 시국 사건이나 해방 직후 좌익신문들이 본판 크기로 호외를 발행한 사례는 더러 있었지만 1960년대 들어서는 이 호외가 처음이다.

44

7·4 남북 공동성명

1972년 7월 4일

1972년 7월 4일 오전 10시, 이후락 중앙정보부장은 내외신 합동 기자회견에서 '남북 공동성명'을 발표했다. 이 자리에서 그는 자신이 1972년 5월 2일부터 5월 5일까지 4일간 북한을 다녀왔다고 밝혔다. 아울러 이 성명은 북한에서도 동시에 발표되며, 북한의 박성철 제2부수상이 1972년 5월 29일부터 6월 1일까지 서울을 방문해 회담을 가진 사실도 공개했다. 분단 24년 만에 처음으로 남북한의 실력자가 만나 남북문제를 토론했음이 밝혀졌다. 5·16 직후 군사정권이 비밀리에 남북한 간 접촉을 가진 이래 실로 10여 년 만에 남북이 다시 대화의 물꼬를 튼 셈이다.

남북 간의 통일 원칙 합의는 당시로서는 빠른 것이었지만 다소 예견된 것이기도 했다. 우선 내부적으로는 1971년 8월 12일 대한적십자사 최두선 총재의 제의를 북한 측이 수용해 이미 남북한 간에 남북 적십자회담이 개최 중이었고, 이해 9월 20일 판문점에서 열린 제1차 예비회담에서는 상설 회담 연락사무소 설치와 직통 전화 가설 등에 합의한 상태였다. 게다가 외부적으로는 중국이 제2차 세계대전 후 처음으로 미국과 관계를 개선해 한반도를 둘러싼 국제 정치 구조가 화해 분위기로 바뀌어가고 있었다. 이 같은 내외의 시대 변화를 바탕으로 양측의 밀사들이 남북을 오갔던 것이다. 이들은 갈라진 조국을 통일하기 위해 남북 간 오해와 불신을 풀고 긴장을 완화할 필요가 있다고 보았다. 이런 배경에서 6월 29일 이후락-김영주 양자가 사전 합의를 끝내고 이날 동시에 발표하게 된 것이다. 이날 쌍방이 밝힌 남북 공동성명은 '조국 통일 원칙' 등 총 7개 항으로 되어 있었는데, 그 주요 내용은 다음과 같다.

1. 쌍방은 다음과 같은 조국 통일 원칙들에 합의를 보았다. 첫째, 통일은 외세에 의존하거나 외세의 간섭을 받음이 없이 자주적으로 해결해야 한다. 둘째, 통일은 서로 상대방을 반대하는 무력행사에 의거하지 않고 평화적 방법으로 실현해야 한다. 셋째, 사상과 이념, 제도의 차이를 초월하여 우선 하나의 민족으로서 민족적 대단결을 도모해야 한다.

2. 쌍방은 남북 사이의 긴장 상태를 완화하고 신뢰의 분위기를 조성하기 위해 서로 상대방을 중상 비방하지 않으며, 크고 작은 것을 막론하고 무장 도발을 하지 않으며, 불의의 군사적 충돌 사건을 방지하기 위한 적극적인 조치를 취하기로 합의했다.

3. 쌍방은 끊어졌던 민족적 연계를 회복하며 서로의 이해를 증

진시키고 자주적 평화통일을 촉진시키기 위해 남북 사이에 다방면적인 제반 교류를 실시하기로 합의했다.

4. 쌍방은 지금 온 민족의 거대한 기대 속에 진행되고 있는 남북 적십자회담이 하루빨리 성사되도록 적극 협조하는 데 합의했다.

5. 쌍방은 돌발적 군사 사고를 방지하고 남북 사이에 제기되는 문제들을 직접 신속 정확히 처리하기 위해 서울과 평양 사이에 상설 직통 전화를 놓기로 합의했다.

6. 쌍방은 이러한 합의 사항을 추진시킴과 함께 남북 사이의 제반 문제를 개선·해결하며, 또 합의된 조국 통일 원칙에 기초하여 나라의 통일 문제를 해결할 목적으로 이후락 부장과 김영주 부장을 공동위원장으로 하는 남북 조절위원회를 구성·운영하기로 합의했다.

7. 쌍방은 이상의 합의 사항이 조국 통일을 일일천추로 갈망하는 온 겨레의 한결같은 염원에 부합된다고 확신하면서 이 합의 사항을 성실히 이행할 것을 온 민족 앞에 엄숙히 약속한다.

한편 남북 공동성명에 근거해 1972년 11월 30일 남북 조절위원회가 설치되었다. 판문점에서 제1차 회의가 열린 데 이어 제2차 회의는 평양, 그리고 제3차 회의는 서울에서 각각 열렸다. 그러나 제1차 회의 이후 남북 양측은 의견이 대립되어 합의점을 찾지 못한 채 1973년 6월 제3차 회의를 끝으로 교착 상태에 빠졌다. 그러던 중 6·23 선언과 김대중 납치 사건이 터지자 북한이 이를 빌미로 일방적으로 대화를 중단해 모처럼 재개된 남북 대화의 길이 다시

李厚洛 情報부장 平壤방문
北韓 副首相 朴成哲 서울에

南北共同聲明발표

오늘 上午10時 서울·平壤서 同時에
南北調節委구성, 自主平和統一실현

緊張완화·武力挑發중지·赤十字회담協調등에 合意

서울·平壤間直通電話가설

〈뒷面에계속〉

「한국일보」의 1972년 7월 4일자 호외. 당시 국내의 모든 신문이 호외를 발행했다.

막히고 말았다.

애당초 남북 대화를 시작하면서 남북한 양측은 나름대로 속셈을 가지고 있었다. 우선 북한 측은 '자주·평화·민족대단결'이라는 명분하에 미군 철수를 통한 남한 정권의 약화를 노렸고, 남한 측은 평화 공존을 정착시킨 뒤 점진적으로 교류와 협력을 증진시킨다는 입장이었다. 결국 양측은 애초 다른 정치적 목적을 가지고 대화를 시작했던 것이다. 그러니만큼 이미 출발할 때부터 언젠가 틈새가 벌어지리라 예고된 바이기도 했다. 그러나 7·4 남북 공동성명은 제3공화국 들어 그동안 단절되었던 남북 간 대화의 문을 연 시발점이자 이후 남북 대화를 촉진시킨 계기가 되었다는 점에서는 남북 관계사의 분수령으로 기록되고 있다. 당시 국내 모든 신문이 이 소식을 호외로 보도함으로써 남북 관계 개선에 대한 국민적 관심을 반영했다.

45

8·3 조치

1972년 8월 3일

1972년 8월 3일 0시를 기해 '경제의 안정과 성장에 관한 대통령의 긴급명령 15호', 즉 '8·3 조치'가 전격적으로 발표되었다. 지나친 외자 의존으로 재무 구조가 부실해진 기업을 살리기 위해 취한 이 조치는 경제를 안정시켰다는 긍정적인 평가도 받지만, 서민의 희생을 바탕으로 독점자본 기업의 위기를 정부가 타개해주었다는 점에서 '국가 권력의 폭거'라는 비판적인 평가를 받기도 한다.

8·3 조치는 1960년대 이후 미국과 일본의 외자 도입으로 고도성장을 기록하던 외자 기업들이 성장 한계에 다다르고 인플레와 물가 인상으로 부실기업이 속출하면서 강구되었다. 이날 발표된 내용은 긴급명령 7개 항과 내각에 대한 대통령 지시 사항 5개 항으로 구성되어 있다. 긴급명령의 내용은 다음과 같다.

1. 모든 기업은 1972년 8월 2일 현재 보유하고 있는 모든 사채를 정부에 신고해야 한다. 모든 사채는 1972년 8월 3일자로 월리 1.35퍼센트, 3년 거치 후 5년 분할 상환의 새로운 채권 채무 관계로 의법 조정되거나 차주(借主) 기업에 대한 출자로 전환되어야 한다.

2. 금융 기관은 2천억 원의 특별 금융 채권을 발행해 한국은행에 인수시키고, 이로써 조달한 자금으로 기업의 단기 고리 대출 금의 일부를 연리 8퍼센트, 3년 거치 후 5년 상환의 장기 저리 대출금으로 대환(貸換)한다. 단 통화 증발을 회피하기 위해 금융 기관은 대환에 의해 회수한 단기 대출금 전액을 한국은 행에 예치해야 한다.

3. 정부는 중소기업 신용보증기금 및 농림수산업자 신용보증기금에 각각 10억 원씩 합계 20억 원을 출연한다. 여타 금융 기관은 각기 신용보증기금을 설치하고 향후 5년간 대출 금리 중 0.5퍼센트 해당액을 기금에 출연하고, 기금의 10배 한도 내에서 신용보증을 할 수 있도록 한다.

4. 정부는 산업합리화 자금을 설치하고, 합리화 기준에 순응하는 기업에게는 장기 저리 자금을 대여하고 세제상의 특전을 준다. 이 목적을 위해 정부는 우선 500억 원의 자금을 조달한다.

5. 중요 산업의 고정설비에 대한 감가상각률의 할증률을 현행 30퍼센트에서 40퍼센트 내지 80퍼센트까지 인상한다.

6. 국내 자원을 이용하는 투자의 경우, 법인세 또는 소득세의 투자공제율을 현행 6퍼센트에서 10퍼센트로 인상하고, 그 적용 대상을 대폭 확대한다.

「동아일보」가 1972년 8월 3일 당일 발행한 호외.

　7. 재정의 신축성을 회복하기 위해 지방교부세 및 지방교육재정
　　교부금, 그리고 도로정비 사업비의 법정 교부율을 폐지하고
　　매년 예산에서 이를 정한다.

　이와 동시에 발표된 대통령의 지시 사항은 첫째, 금융 기관의 금
리를 대폭 인하할 것, 둘째, 환율은 1달러당 4백 원 선을 중심으로
하되 안정시킬 것, 셋째, 공공요금 인상을 억제할 것, 넷째, 물가 상
승은 연 3퍼센트 내외로 억제하도록 필요한 조치를 취할 것, 다섯
째, 1973년도 예산 규모의 증가는 최대한으로 억제할 것 등이었다.
　이 같은 파격적인 긴급 조치는 사채로 재무 구조가 악화되어 있
던 기업 측에 막대한 특혜를 준 것이었다. 물론 이 특혜 조치를 통
해 불능 상태에 빠진 경제를 회복하고자 한다는 원래의 취지는 전
혀 인정할 수 없는 것은 아니다. 그러나 이 조치는 해당 기업들에

우선 사업을 확장하는 것이 유리하다는 불건전한 인식을 심어주는 부작용도 초래했다는 점을 간과해서는 안 된다. 당시 신고된 사채액은 채권자 신고액이 3,570억 원, 채무 기업 신고액이 3,456억 원으로, 이는 1971년 말 총통화의 31.9퍼센트, 국내 신용의 30.1퍼센트에 상당하는 액수였다.

46

남북 적십자회담 개최

1972년 8월 30일

　남북 적십자회담이 1972년 8월부터 서울과 평양을 오가면서 모두 일곱 차례나 열렸다. 이 회담은 비록 1973년 8월 중단되기는 했지만, 이로부터 12년 만인 1985년에 다시 본회담이 재개되어 분단 40년 만에 이산가족 고향 방문과 예술 공연단 교환 방문을 성사시켰다.

　1971년 8월 12일 대한적십자사(이하 한적) 최두선 총재는 분단 후 남북으로 흩어져 살고 있는 이산가족들의 생사와 소재를 확인해 재회를 주선하는 등 '1천만 이산가족 찾아주기 운동'을 벌이기 위해 북한적십자사(이하 북적) 측에 관계자 회담을 제의했다. 이틀 뒤인 8월 14일 북적 측은 이를 수락, 9월 20일 판문점에서 남북 적십자사 이산가족 찾기 첫 예비회담이 열렸다.

　그동안 이 문제는 여러 번 제기되었지만 남북이 '이산가족 찾기'

라는 단일 사안으로 마주 앉기는 이때가 처음이었다. 본회담을 위한 예비회담은 1971년 9월 20일부터 1972년 8월 11일까지 쌍방 대표 다섯 명씩이 참가해 판문점 중립국감독위원회 사무실에서 총 25회 개최되었다. 제1차 회담에서는 한적 측의 제의로 판문점 내에 상설 연락사무소를 설치하고 쌍방 연락사무소를 잇는 직통 전화를 가설하는 데 합의했다. 9월 29일 제2차 회담에서는 예비회담에서 토의할 과제로서 본회담의 장소, 일시, 의제, 대표단 구성, 진행 절차 등 5개 항의 의제를 설정하는 데 합의했다.

그리고 마침내 1972년 6월 16일 제20차 회담에서 5개 항의 본회담 의제를 확정했다. 그 내용은 이산가족들의 주소와 생사를 알아내는 문제, 자유로운 방문과 상봉을 실현하는 문제, 자유로운 서신 거래를 실시하는 문제, 재결합 문제, 기타 인도적으로 해결할 문제 등이었다. 마무리 단계에 접어든 예비회담은 7·4 남북 공동성명을 맞아 더욱 가속화되었다. 제21~23차 회담에서 본회담 대표단 구성 문제를, 제24~25차 회담에서는 본회담 진행 절차와 개최 일시 문제를 최종 합의했다.

8월 30일 평양에서 개최된 제1차 회담을 시작으로 본회담은 모두 일곱 차례 개최되었다. 제1·2차 회담 때만 해도 분단 후 최초의 남북 왕래 실현이라는 벅찬 감회 때문에 회담은 시종 축제 분위기 속에서 행사 위주로 진행되었다. 그러나 제3차 회담부터 남북 간에는 입장 차이가 드러났다. 한적 측은 '이산가족 찾기'라는 본래의 회담 목적을 주장한 반면, 북적 측은 정치 선전을 노골화하면서 '조건·환경 개선'이라는 선결 조건으로 반공법·국가보안법 철폐, 반공 기관·단체 해산 및 반공 정책 중지 등을 요구했다.

内の新聞記事（縦書き）:

韓国日報 號外 8月11日

南北赤첫本會談 30日 平壤서
2차會談은 9월13일 서울서
오늘 最終豫備회담, 14分만에 合意

雙方代表 7·諮問委員 7·隨行員 20·國內報道陣 20名으로

1972년 8월 30일 남북 적십자회담 개최를 알리는 8월 11일자 「한국일보」 호외.

한적은 제7차 회담에서 추석 성묘 고향 방문단을 상호 교환하자고 제의했으나, 북적 측은 이 역시 '지엽적인 문제'라며 거절했다. 이렇게 본회담이 진척을 보지 못하던 중 1973년 8월 28일 김영주 남북 조절위원회 평양 측 공동위원장의 대화 중지 선언으로 이마저도 단절되고 말았다.

본회담 중단 후 한적 측은 1973년 11월 15일 전화 통지문을 통해 본회담 재개를 촉구했다. 이후 모두 일곱 차례에 걸친 대표회의에서 북적 측은 서울-평양 윤번 개최를 기피한 채 회담 장소로 판문점을 주장했고, 1974년 7월부터 3년여에 걸쳐 모두 25차례나 실무회의가 열렸다. 한적 측은 이 회의에서 우선 시범적으로 60세 이상 노인들의 생사 확인과 상봉, 왕래를 추진해보자고 요청했으나, 북적 측은 '조건·환경 개선' 등 종래의 입장만 되풀이했다. 더욱이 실무회의 막바지에 가서는 "이산가족 문제는 통일이 되면 저절로 해결된다."고 주장하는가 하면, 6·23 선언 철회, 반공 정책 중지, 주한미군 철수 등을 적십자회담에서 토론하자고 주장하기도 했다.

북적 측은 마침내 1978년 3월 20일로 예정된 제26차 회의를 하루 앞둔 3월 19일 평양방송을 통해 팀스피리트 한미합동군사훈련을 구실로 일방적으로 회담을 무기 연기하겠다고 발표했다. 본회담이 다시 개최된 것은 제7차 회담 이후 12년 만인 1985년이었다. 이후 세 차례에 걸쳐 서울과 평양에서 본회담이 개최되었고, 제8차 회담의 합의에 따라 분단 40년 만에 처음으로 이산가족 고향 방문 및 예술 공연단 교환 방문이 이루어졌다. 쌍방 적십자사 총재를 단장으로 151명으로 구성된 고향 방문 및 예술 공연단은 남북을 오가며 가족과 친척을 상봉하고 예술 공연을 가졌다.

그러나 북적 측은 1986년 1월 다시 팀스피리트 훈련을 구실로 회담을 중단했다. 결국 북측은 이산가족 찾기를 인도적인 입장에서 추진한 것이 아니라 남조선 혁명이라는 정치적 목적에서 추진해왔음을 드러낸 셈이다. 남북 적십자회담은 1980년대 들어 여타 남북 간 회담에 촉매 역할을 했다는 점에서 긍정적으로 평가할 부분도 있으나, 본질적인 문제 해결에는 미흡한 점이 많아 오히려 1천만 이산가족들의 가슴에 상처만 남기고 말았다는 부정적인 평가도 적지 않았다.

47

10월 유신 선포

1972년 10월 17일

10월 유신은 박정희 대통령 스스로 헌정 질서를 유린하고 영구 집권을 획책한 '친위 쿠데타'였다. 유신헌법은 '한국적 민주주의 토착화'라는 슬로건 아래 민주주의의 근본정신을 말살한 대표적인 악법이었다. 이후 유신정우회(유정회)와 통일주체국민회의를 통해 두 차례나 더 대통령에 당선된 박정희는 10·26 사태로 비극적인 최후를 맞았다.

1972년 10월 17일 저녁 7시를 기해 전국에 비상계엄 선포와 함께 4개 항의 비상조치가 발표되었다. 이로써 이른바 '유신 체제'가 시작되었다. 5·16 군사 쿠데타와 3선 개헌에 이어 우리 헌정사는 또 한 번의 정치적 후퇴를 경험해야 했다. 제7대 대통령 선거에서 김대중 후보에게 95만 표 차이로 겨우 이긴 데다 5월 총선에서 야당의 약진(신민당 80석 확보)으로 정치적 위기감을 절감한 박정희 정권은 결국 정상적인 방법이 아닌 비상조치로써 영구 집권을 획책했다. 헌법 수호를 책임진 대통령 스스로가 헌정 질서를 유린한 것이니, 말하자면 이는 '친위 쿠데타'인 셈이다. 이날 발표된 대통령 특별선언의 내용은 다음과 같다.

1. 1972년 10월 17일 19시를 기해 국회를 해산하고 정당 및 정치 활동의 중지 등 현행 헌법의 일부 조항 효력을 정지시킨다.
2. 일부 효력이 정지된 헌법 조항의 기능은 비상국무회의에 의해 수행되며, 비상국무회의 기능은 현행 헌법의 국무회의가 수행한다.
3. 비상국무회의는 1972년 10월 27일까지 조국의 평화통일을 지향하는 헌법 개정안을 공고하며, 이를 공고한 날로부터 1개월 이내에 국민투표에 부쳐 확정한다.
4. 헌법 개정안이 확정되면 개정된 헌법 절차에 따라 늦어도 금년 연말 이전에 헌정 질서를 정상화한다.

이날 박정희 대통령은 본론에 앞서 "나는 평화통일이라는 민족의 염원을 구현하기 위해 우리 민족진영의 대동단결을 촉구하면서 오늘의 이 역사적인 과업을 강력히 뒷받침해주고 민족 주체 세력의 형성을 촉진하는 전기를 마련하기 위해 다음과 같이 약 2개월간 헌법 일부 조항의 효력을 정지시키는 비상조치를 국민 앞에 선포"한다면서 비상조치의 정치적 동기와 배경을 설명했다. 골자는 비상조치를 통한 체제 개혁으로 안보 대응과 남북통일을 이루겠다는 것이었다.

이날 비상계엄 선포로 각종 정치 집회가 금지되고 대학에는 휴교령이 내려졌다. 언론과 출판은 사전 검열을 받아야만 했고, 야당 정치인들도 계엄 당국에 끌려가 수사를 받았다. 정국은 말 그대로 꽁꽁 얼어붙었다. 이처럼 국민의 귀와 입을 막아 원천적으로 반대 토론을 봉쇄한 채 특별선언 발표 10일 뒤인 10월 27일 비상국무회의에서 헌법 개정안을 의결·공고했다. 뒤이어 국민투표 계도 요원들의 찬성 발언만이 가능한 상황에서 11월 21일 개헌안에 대한 국민투표가 실시되었다. 투표 결과, 91.9퍼센트의 높은 투표율과 찬성률 91퍼센트를 기록했다. 이는 민주주의의 상식을 벗어난 지지율로 그 자체가 이미 반민주성을 나타낸 것이었다.

'한국적 민주주의 토착화'라는 슬로건을 내건 유신헌법은 절차와 과정상의 불법성은 차치하고라도 내용 면에서도 민주 정치 후퇴를 초래한 대표적인 악법으로 평가된다. 우선 대통령 직선제를 간선제로 바꾼 점, 대의정치의 핵심인 국회의원 정수의 3분의 1을 대통령이 임명하도록 한 점, 특히 국회의 국정감사권을 박탈한 점 등은 대표적인 사례로 꼽히고 있다.

박정희 정권은 통일 정책을 심의·의결하고 대통령과 일부 국회의원을 선출하는 기구로 '통일주체국민회의'라는 비민주적 헌법 기구를 만들어 운용했다. 이 기구는 통일 정책과 관련한 실질적인 정책 기관이라기보다는 '체육관 대통령'을 뽑는 박정희 정권의 하수인에 지나지 않았다. 국민의 선거권과 국회의 국정 비판·감독권을 제한·위축한 채 대통령 1인에게 모든 권력을 집중시킨 것이 바로 이 유신헌법이었다. 유신헌법은 헌법 개정 방법에서도 비민주성을 그대로 담고 있었다. 즉 대통령이 헌법 개정을 원할 경우 국민투표를 통해 확정할 수 있도록 해 비교적 용이하게 만든 반면, 국회가 발의한 헌법 개정안은 국회의 의결을 거친 뒤 통일주체국민회의에서 다시 의결하는 과정을 거쳐 확정하도록 했다.

유정회와 함께 통일주체국민회의를 통해 안팎으로 친위 조직을 확보한 박정희는 이후 이른바 '체육관 선거'를 통해 두 차례나 더 대통령에 당선되었다. 1972년 12월 23일 세종문화회관에서 실시된 선거에서는 통일주체국민회의 대의원 2,359명 중 두 명이 기권해 2,357명의 찬성으로 당선되었고, 1978년 7월 6일 장충체육관에서 실시된 유신 2기 대통령 선거에서는 통일주체국민회의 대의원 2,578명 중 단 한 명이 무효표를 던져 2,577명의 지지로 당선되었다. 유신 체제 아래에서는 이처럼 상식으로서는 상상할 수 없는 일이 일어났다.

비민주적이고 반역사적인 박정희 정권은 1979년 10·26 사태로 마침내 그 비참한 종말을 고했다. 입으로는 민주주의를 외쳤지만, 그는 권력욕으로 똘똘 뭉친 독재자일 따름이었다. 유신헌법 제정 과정에서 어용 헌법학자와 몇몇 정치검사들이 하수인 노릇을 했다. 박근혜 정권에서 대통령 비서실장을 지낸 김기춘 씨가 그 대표적 인물이다.

48

육영수 여사 서거

1974년 8월 15일

1974년 8월 15일 오전 10시 23분, 서울 장충동 소재 국립극장에서는 박정희 대통령 내외와 3부 요인 등이 참석한 가운데 제29회 광복절 기념식이 거행되고 있었다. 그 시각 박정희 대통령은 마침 경축사를 하던 중이었다. 그런데 이때 돌연 객석 뒤쪽에서 괴청년 한 명이 연단 위의 박정희 대통령을 향해 권총을 발사했다. 범인은 일어나 연단 쪽을 향해 뛰쳐나가면서 첫 발을 쏘았으나 불발되자 다시 권총을 발사했는데, 총알은 연단 우측을 맞고 빗나갔다. 그러자 범인은 한 발 더 쏘았고, 이번 총알은 박 대통령 좌측에 앉아 있던 육영수 여사의 머리에 맞았다. 육 여사는 급히 병원으로 옮겨져 여섯 시간 동안 대수술을 받았으나 이날 오후 7시 서울대병원에서 끝내 운명했다.

총격 사건 직후 범인은 현장에서 경찰에 체포되었다. 범인은 23

세의 재일 한국인 2세인 문세광(文世光)으로 밝혀졌다. 경찰은 전국 경찰에 갑호 비상경계령을 내리고 검문검색과 경비를 강화했다. 또 법무부 출입국관리소는 이날 오전 10시 30분부터 재일동포 및 일본인에 대해 출국 금지령을 내렸다. 아울러 정부는 사건 직후 긴급 국무회의를 열어 육 여사의 장례를 19일 오전 10시 중앙청 광장에서 국민장으로 치르기로 결정하고, 영결식 당일은 전국적으로 조기를 게양하고 관공서 등은 휴무하기로 했다. 장례위원장은 김종필 국무총리가 맡았다. 유해는 국립묘지에 안장하고, 청와대를 비롯해 전국 각지에 빈소를 마련하고 외교 사절과 일반 국민의 조문을 받도록 했다.

사건 발생 당일 특별수사본부가 밝힌 수사 결과에 따르면, 범인 문세광은 조총련의 밀명을 받고 일본인 요시이 유키오(吉井行雄)라는 이름으로 위조 여권을 만들어 8월 6일 입국했으며, 범행에 사용한 권총은 일본에서 훔쳐 들여온 것이라고 했다. 사건 발생 10일 만인 8월 24일 수사본부는 범인 문세광을 내란목적살인 등 13가지 죄목으로 검찰에 구속 송치했고, 9월 12일 검찰은 내란목적살인 등 6가지 죄목으로 그를 구속했다.

문세광에 대한 재판은 10월 7일 사건 심리를 시작으로 신속히 진행되었다. 문세광은 공소 사실을 순순히 시인했고, 변호인의 반대신문에서는 죄과를 뉘우치는 모습을 보이기도 했다. 10월 14일 결심 공판에서 검찰은 사형을 구형했다. 10월 19일 열린 선고 공판에서 법원은 검찰의 공소 사실을 모두 인정해 내란목적살인, 반공법, 국가보안법, 출입국관리법, 총포화약류단속법, 특수절도 등을 적용, 검찰 구형대로 사형을 선고했다.

광복절 기념식장에서 대통령 영부인 육영수 여사가 문세광이 쏜 총탄에 맞아 서거하자 당시 석간이었던 「중앙일보」는 이를 당일로 호외로 보도했다.

　문세광은 1심 판결에 불복해 서울고법에 항소했다. 그러나 11월 13일 열린 항소심 구형 공판에서도 원심과 같이 사형이 구형되었고, 11월 20일 열린 공판과 12월 17일의 최종 공판에서도 원심대로 사형이 확정되었다. 문세광은 사건 발생 128일 만인 12월 20일 오전 7시 30분 서울구치소에서 교수형으로 처형되었다.

　이 사건은 한일 간 외교 분쟁으로 비화되어 6·3 사태 이후 한일 관계를 최악의 상태까지 몰고 갔다. 한국 측은 첫째, 범인 문세광이 일본 여권을 소지했고, 둘째, 일본 경찰이 도난당한 권총으로 범행을 했으며, 셋째, 범인이 한국인이라 해도 일본에서 태어나 일본에서 교육받았고, 넷째, 특히 일본 내에서 범행이 준비된 데다 일본인 공범이 있다는 점 등을 들어 일본 정부가 이 사건에 대해 실질적인 책임을 지고 적극적인 배후 수사를 벌여 전모를 밝혀내야 한다고 주장했다. 그러나 일본 측은 범인이 한국인임이 밝혀졌으므로 도의적·법률적 책임이 없다는 입장을 내세웠다.

일본의 이런 태도는 한국 국민들에게 심한 반일 감정을 불러일으켰다. 급기야 박정희 대통령은 단교도 불사하겠다는 강경 자세를 보였다. 결국 양국은 외교 협상을 통해 돌파구를 모색했다. 이 와중에 주한 일본 대사관이 반일 시위대의 습격을 받아 기물이 파괴되고 일장기가 찢기는 사태가 발생했다. 일본 측에서 시나 자민당 부총재를 진사(陳謝) 사절로 파견해 박 대통령에게 사죄와 함께 사태 수습 협조 의사를 담은 다나카 가쿠에이(田中角榮) 수상의 친서를 전달하면서 사태는 겨우 진정되었다.

한일 간의 외교 분쟁과는 별도로 이 사건은 국내 정치에도 적잖은 파문을 던졌다. 김종필 총리 등 전 국무위원이 책임을 지고 내각 총사퇴서를 대통령에게 제출했다. 또 경호 책임자인 박종규 대통령 경호실장, 홍성철 내무장관, 양택식 서울시장 등은 이 사태와 관련해 전격 경질되었다.

49

대통령 긴급조치 9호 선포

1975년 5월 13일

1970년대 한국 사회는 정치와 인권의 암흑기였다. 이른바 '긴급 조치 시대(약칭 '긴조 시대')'로도 불리는 이 시기는 1974년 초 유신 헌법에 대한 반대 운동을 탄압할 목적으로 시작되어 박 정권이 종 말을 고한 1979년까지 무려 5년 11개월 동안 지속되었다. 유신헌 법 제53조에 규정된 대통령 긴급조치권은 민주주의의 기본 원리인 3권 분립을 정면으로 위배한 초헌법적인 조치로서 법치주의 국가 에서는 도저히 정당화될 수 없는 불법 행위였다. 박 정권은 국가 비상사태를 극복하기 위해 헌법에서 보장한 특수 권한을 단지 체 제 수호 목적으로 남용하면서 1970년대 우리 사회 전반을 탄압과 공포의 분위기로 몰아갔다.

1972년 10월 27일 사상 유례없는 악법인 유신헌법이 공포되자 1973년 말부터 일부 지식인과 학생층에서 유신 철폐 운동이 번지기 시작했다. 이는 '개헌 청원 서명운동'의 서명자 숫자가 30만 명을 넘어서면서 점차 대중운동으로 번져갈 조짐을 보였다. 그러자 1974년 1월 8일 정부는 '일체의 헌법 개정 논의 금지'를 골자로 하는 긴급조치 1호와 2호를 선포했다. 유신헌법을 반대·부정·비방하거나 개헌을 논의하는 것을 금지하며, 위반자는 영장 없이 체포해 군법회의에서 15년 이하의 징역에 처한다는 것이 1호의 내용이었고, 2호는 이에 따른 비상 군사 재판부를 설치한다는 내용이었다. 1호는 이 밖에도 유언비어 날조·유포 금지, 금지 행위의 선동·선전 및 방송·보도·출판 등 전파 행위 금지, 이 조치의 위반자 및 비방자는 영장 없이 체포·구속·압수수색하며 비상 군법회의에서 15년 이하의 징역과 15년 이하의 자격 정지에 처한다는 내용도 포함하고 있었다. 한마디로 국민의 알 권리와 기본권을 송두리째 짓밟는 조치였다.

1·2호의 연장선상에서 나온 것이 그해 4월 3일 발동된 긴급조치 4호였다. 이는 이른바 '민청학련 사건'을 조작하기 위한 것이었다. 신학기 들어 대학가의 유신 반대 운동이 거세질 기미를 보이는 가운데 4월 3일을 기해 연합 시위가 있을 것이라는 정보를 입수한 당국은 이날로 4호를 발표해 대학가의 연대운동에 쐐기를 박은 것이다. 이 조치는 민청학련 관련 일체의 단체 활동을 엄단한 가운데 위반자가 소속된 학교는 폐교 처분까지 할 수 있도록 해 사상 유례없는 학원 탄압을 병행했다.

4호 발동과 관련해 이 사건 관련자로서 자진 신고 기간에 자수하지 않은 서울대생 이철(전 민주당 의원), 서울대 졸업생 유인태(전 민주당 의원) 등이 현상수배되었으며, 윤보선 전 대통령, 박형규 목

대통령 긴급조치 9호 선포를 알리는 「중앙일보」의 1975년 5월 13일자 호외.

사, 김동길 교수, 김찬국 총장 등이 이 사건의 배후 지원 혐의로 7
월 16일 비상 군법회의에 회부되었다.

1975년 들어 박정희 정권은 4월 8일 고려대 휴교령을 골자로
하는 긴급조치 7호(5·6호는 해제 및 유보 조치이며, 8호는 7호 해제 조치였
다)를 다시 선포했다. 그러나 거듭되는 긴급조치에도 유신 반대 운
동이 거세게 확대되자 마침내 5월 13일 기존의 긴급조치들을 집대
성, 대폭 강화한 긴급조치 9호를 선포했다. 이날 오후 3시 박정희
대통령은 '국가 안전과 공공질서의 수호를 위한 대통령 긴급조치'
라는 이름으로 총 14개 항의 긴급조치 9호를 선포했는데, 이로써
1970년대 '긴조 시대'는 절정에 달했다.

긴급조치 9호는 유신헌법을 부정하는 행위나 학생들의 정치 활
동을 금지하는 것 이외에도 재산 해외 도피나 불법 이주, 그리고
체제 비방을 보도하는 언론 기관은 즉시 정간이나 폐간 조치도 가
능하도록 했으며, 특히 필요하면 병력을 동원해 해결할 수 있도록

했다. 긴급조치 9호는 1975년 5월 13일 선포되어 1979년 12월 8일 해제되기까지 4년 7개월 동안 국민의 기본권을 짓밟고 건전한 정치 토론을 탄압하는 데 활용되었다. 이 기간 이 조치에 저촉되어 8백여 명이 구속되었으며, 긴급조치 전 기간(1~9호)을 통틀어서는 무려 1,400여 명의 학생, 교수, 문인, 정치인, 종교인, 시민이 옥고를 치렀다.

우리 헌정사에서 긴급조치의 근거가 된 '국가긴급권'의 변천사를 간단히 살펴보자. 제1공화국에서는 긴급명령, 긴급재정처분·계엄 등의 긴급조치를 취할 수 있었는데, 이는 전통적인 긴급조치 유형에 해당하는 것이었다. 제2공화국에서는 긴급조치가 삭제되어 오히려 긴급권이 약화되었으나, 제3공화국에서는 다시 제1공화국 수준으로 회복되었다. 그러던 것이 1971년 12월 27일 국가보위법을 제정하면서 초헌법적 긴급조치까지 발동할 수 있도록 강화되어 이듬해 10월 유신이 단행되기에 이르렀다. 이로써 제4공화국에서는 9차에 걸친 긴급조치가 발동되었다.

제5공화국에 들어서는 비상대권을 인정하되 그 권한을 축소하는 한편, 그 남용 및 폐단을 방지하기 위해 명칭을 '비상조치권'으로 바꾸어 많은 제약을 가했다. 제6공화국에서는 권한이 다시 축소되어 비상조치권이라는 용어도 폐지되고 제3공화국에서처럼 긴급재정·경제명령 및 처분권과 긴급명령권으로 바뀌면서 권한이 제한되었다. 그러나 계엄에 관한 규정은 그대로 답습되고 있다.

한편 긴급조치로 인해 '사법살인'당한 인혁당 사건 희생자와 민청학련 사건 관련자들은 법원의 재심을 통해 명예 회복과 함께 국가 배상 판결을 받았다. 이는 참여정부 시절 과거사정리위원회의 조사 결과를 법원이 수용한 것으로 뒤늦게나마 국가 권력이 자행한 불법 행위를 법원이 인정한 것이라고 하겠다.

50

10·26 사건
1979년 10월 26일

1979년 10월 26일 밤, 박정희 대통령이 김재규 중앙정보부장이 쏜 총탄에 맞고 운명했다. 이로써 18년간 장기 집권해온 박정희 독재정권은 막을 내렸다. 이튿날 아침 국내 신문들은 이 사건을 특호 활자를 박아 호외로 대서특필했다. 급작스러운 정변으로 극도의 불안과 긴장이 고조된 가운데 민주화 세력들은 오랜 독재정치가 끝나고 새 시대가 열리는 '신호탄'으로 받아들이기도 했다.

우리 현대사를 통틀어 1979년 한 해만큼 격동의 시기도 흔치 않을 것이다. 1975년 5월 13일 긴급조치 9호 선포 이후 우리 사회는 극도로 암울한 상황에 놓여 있었다. 야당이 있어도 비판 한마디 제대로 할 수 없었으며, 언론도 매한가지였다. 멀쩡한 국민의 눈과 귀는 5년째 귀머거리·봉사 신세였다. 당시 상황은 한 치 앞이 보이지 않는 터널 속과 같았다.

이해 5월 말 신민당은 전당대회에서 '선명 야당'과 '민주 회복'을 기치로 내건 김영삼이 총재에 당선되어 정국에 '태풍의 눈'으로 등장했다. 이는 박정희 정권과의 일전불사를 예고하는 것이었기 때문이다. 8월 11일 'YH무역 여공 농성 사건'이 터지면서 드디어 여야가 격돌하기 시작했다. 그런 가운데 야당 총재가 국회에서 제명되는 사상 초유의 사건이 발생했다. 김영삼 신민당 총재 제명 사건을 계기로 정국은 극한 대립으로 치달았다. 이 사건의 여파로 이른바 '부마(釜馬) 사태'가 터지자 정부는 부산과 마산 일원에 비상계엄을 선포한 후 구경하는 사람도 시위 군중으로 간주해 연행하겠다며 예전에 없던 초강경 진압책을 내놓았다. 10·26 사태는 바로 이 같은 상황에서 발생했다.

이날 박 대통령은 삽교천 방조제 준공식에 참석한 후 오후 2시 30분경 청와대로 돌아왔고, 오후 4시경 차지철 경호실장을 통해 김재규 중앙정보부장에게 만찬을 준비하도록 지시했다. 오후 6시 15분쯤 궁정동 중앙정보부 식당(이른바 '안가')에 도착한 박 대통령 일행은 곧 만찬을 즐기기 시작했다. 저녁 7시 40분쯤 되었을 무렵 김재규 중앙정보부장이 차지철 실장과 박 대통령에게 권총 한 발씩을 발사한 뒤, 다시 한 발씩을 발사, 두 사람을 현장에서 절명시켰다. 김재규 중앙정보부장은 평소 대통령에게 드리는 건의서가 차지철 실장에 의해 묵살되어 온 데다 박 대통령마저 자신을 신임하지 않는 것에 우려를 느껴왔다고 했다. 이 사건은 당일 저녁에는 극히 일부 인사들만 알고 있다가 이튿날 오전 7시 25분 정부 대변인 김성진 문공장관의 발표로 세상에 알려졌다.

박 대통령의 유고(有故)로 헌법 제48조 규정에 따라 최규하 국무총리가 대통령 권한대행에 취임했다. 최규하 권한대행은 27일 오전 4시를 기해 제주도를 제외한 전국에 비상계엄을 선포하는 동시에 계엄사령관에 육군 참모총장 정승화 대장을 임명했다. 미국은 박 대통령의 유고를 기화(奇貨)로 북한이 오판할 것을 우려해 주한 미군에 초비상 경계령을 발동하는 동시에 공중 경보 통제기 두 대와 키티호크호 등 항공모함을 한국 근해로 급파했다.

한편 계엄사령부 합동수사본부는 10월 28일 중간 수사 발표를 거쳐 11월 6일 사건 전모를 공개했다. 이에 따르면, 이 사건은 중앙정보부장 김재규의 내란목적살인으로 외세의 조종은 없었으며, 김재규가 1979년 6월부터 거사를 단독으로 구상해왔다고 한다. 또 이날 만찬에 동석한 김계원 비서실장은 김재규가 차지철 실장을 살해할 움직임을 알고 있었으면서도 묵인·동조했고, 박 대통령에 대한 사격을 방임했으며, 특히 이 사실의 고지를 고의로 지연시켜 김재규 체포와 긴급 대책 마련에 지장을 초래한 것으로 밝혀졌다. 당일 김재규 부장은 중앙정보부 소속 부하들을 동원해 이 사건을 결행했는데, 박선호(전 중정 비서실 의전과장)와 박흥주(전 중정부장 수행 비서관)는 만찬장의 총소리를 신호로 밖에서 대기하고 있던 정인형 경호처장과 안재송 경호부처장 등 네 명을 사살하고 다른 한 명에게 중상을 입혔다.

이 사건에 대한 처리는 국내외의 비상한 관심을 모은 가운데 군법회의에서 신속히 진행되었다. 1979년 12월 20일 육군 보통군법회의 대법정에서 열린 선고 공판에서 김재규, 김계원, 박선호, 박흥주, 이기주, 유성옥, 김태원 등 일곱 명에게는 검찰 구형대로 사형이 선고되었고, 총기 은닉 혐의의 유석술 피고에게만 징역 3년이

10·26 사건 다음 날 발행된 「동아일보」의 호외.

선고되었다. 8차 공판을 거쳐 12월 18일 열린 결심 공판에서 김재규는 최후 진술을 통해 극형은 자신에게만 내리고 나머지 사람들은 선처해주기를 바란다고 밝혔다. 특히 현역 군인이어서 단심(單審)이 적용되는 박흥주는 극형을 면제해주도록 요청했다. 선고 공판에 이어 1980년 1월 28일 열린 육군 고등군법회의의 항소심에서 원심이 확정되었는데, 관할관인 이희성 계엄사령관의 형량 확인 과정에서 김계원 비서실장은 무기로 감형되었다. 이들은 모두 광주항쟁 와중에 사형이 집행되었는데, 이로써 10·26 사건 수사는 비교적 단기간에 막을 내렸다.

박정희 대통령의 장례식은 11월 3일(9일장), 건국 후 첫 국장으로 치러졌다. 그의 시신은 국립묘지 내 부인 육영수 여사의 묘지 옆에 안장되었다. 1961년 5·16 군사 쿠데타로 권력을 잡은 후 제5대 대통령에 당선되어 취임사를 하던 곳이 중앙청 광장이었다.

그는 5년 전 이곳에서 비명에 간 부인 육영수 여사의 장례식을 지켜본 데 이어 이번에는 그 자신의 장례식이 이곳에서 치러졌다.

김재규가 자신의 거사를 두고 "유신의 심장을 쏘았다."고 내뱉은 한마디처럼 10·26 사건은 18년간 지속된 박정희 정권의 종말을 고한 동시에 1972년 이후 계속된 유신 폭정에 대한 국민적 단죄이기도 했다. 10·26 사건의 배경과 관련해 미국이 김재규에게 묵시적인 암시를 주었다는 주장이 제기된 가운데, 미국은 김재규에 대한 구명 노력은커녕 이후 등장한 신군부 세력을 또 다른 미소로 맞아주었다. 사후 38년이 지났지만 김재규에 대한 역사적 평가는 아직 정립되지 않은 상태다.

51

5·17 비상계엄 확대

1980년 5월 17일

10·26 사건 후 12·12 쿠데타로 권력을 잡은 전두환 일파 신군부 세력은 집권 기반 조성을 위해 1980년 5월 17일자로 10·26 사건으로 선포되었던 비상계엄을 전국으로 확대했다. 이는 민주화를 열망하는 시민들의 요구를 정면으로 묵살한 조치로, 뒤이어 광주에서 벌어진 무자비한 학살은 이미 이때부터 예견된 것이었다.

1980년 '서울의 봄'은 10·26 사건 이후 긴급조치 9호가 해제(1979. 12. 8.)되면서 대학가의 시위와 함께 시작되었다. 이때는 정치적으로 혼돈스러운 상태였을 뿐 아니라, 그동안 박 정권 아래에서 억눌렸던 민중의 감정 폭발까지 겹쳐 걷잡을 수 없는 혼란이 사회 전체를 휩싸고 돌았다.

대학가의 시위는 신학기 개강 초에 일부 사립대의 족벌 운영 체제에 반대하는 교내 농성에서 비롯되었다. 그러던 것이 학원 민주화, 학생활동의 자율화 요구를 넘어 급기야 반정부 구호를 외치는 데까지 발전했다. 3월에서 5월 사이 전국에서 2,300여 회에 걸쳐 120개 대학 35만여 명의 학생이 시위에 참가했다. 특히 5월 15일 서울에서는 7만여 명의 학생이 시위에 참가해 서울역을 점거하는 등 학생 시위가 극에 달했다. 5월 16~17일 이틀 동안 이화여대에서 개최된 전국 55개 대학 학생회장단 회의에서는 5월 22일까지 비상계엄을 해제할 것을 요구하고, 이것이 관철되지 않을 경우 군과의 정면충돌도 불사하는 전국 규모의 가두시위를 전개하겠다고 결의했다. 사태는 거의 폭발 직전에 이르러 있었다.

5월 17일 오전 11시 국방부에서는 전군주요지휘관회의가 소집되었다. 최성택 합참 정보국장의 정세 보고와 현황 설명에 이어 의제(계엄 확대)와는 동떨어진 국보위 설치, 국회 해산 등이 이 자리에서 논의되었다. 이날 회의에서는 "극도의 사회적 혼란이 조성되는 것을 막고 북괴의 오판을 막아 '제2의 월남화'가 되지 않도록 하기 위해서는 조기에 군을 투입해야만 희생자를 내지 않고 사회 안정을 도모할 수 있을 것"이라는 데 의견을 모으고 회의 개시 네 시간 만인 오후 3시에 계엄 확대를 만장일치로 통과시켰다. 회의가 끝날 무렵 주최 측은 강압적인 분위기에서 백지를 돌려 연서명을 받았는데, 나중에 이것이 총리와 대통령에게 보고되면서 군부의 일치된 의견으로 둔갑해서 활용되었다.

신군부 측이 작성한 '시국 대책안'은 신현확 총리를 거쳐 이날 오후 7시경 최규하 대통령에게 보고되었다. 최규하 대통령은 이를 원안대로 승인하면서 요식 행위로 비상 국무회의 소집을 지시했다. 밤 9시 무렵 중앙청 일대에는 삼엄한 경비가 펼쳐지고, 국무회의

실 복도 양편에는 착검한 무장군인들이 도열한 공포 분위기 속에서 비상 국무회의가 열렸다. 영문도 모르고 참석한 국무위원들은 9시 42분경 신현확 총리가 상정한 '비상계엄 확대 선포안'을 찬반 토론도 없이 표결에 부쳐 단 8분 만에 의결했다. 당시 이미 신군부 측에 실권을 빼앗긴 정부는 한낱 허수아비에 불과한 실정이었다.(뒷날 한 언론은 이날의 비상 국무회의 광경을 두고 마치 일제가 덕수궁 주위와 궐내에 착검한 무장군인들을 배치해 공포 분위기를 조성한 다음 이토가 한국 정부 대신들과 고종을 협박해 을사늑약을 강제로 체결한 상황과 유사하다고 적은 바 있다.) 정부 대변인 이규현 문공장관은 이날 밤 11시 10분 서울시청에서 가진 기자회견을 통해 "현재 북괴의 동태와 전국적으로 확대된 소요 사태를 감안할 때 전국 일원이 비상사태이므로 제주도를 제외한 지역에 선포되어 있던 비상계엄을 전국으로 확대한다."고 밝혔다.

5월 17일 24시를 기해 10·26 사건을 계기로 선포되었던 비상계엄은 전국으로 확대되었다. 그런 가운데 계엄사령부는 계엄 포고 10호를 발표했는데, 그 내용은 다음과 같다.

1. 모든 정치 활동을 중지하며 정치 목적의 옥내외 집회 및 시위를 일체 금한다. 정치 활동 목적이 아닌 옥내 집회는 신고를 해야 한다. 단 관혼상제와 의례적인 비정치적 순수 종교 행사의 경우는 예외로 하되 정치적 발언을 일체 불허한다.
2. 언론·출판·보도 및 방송은 사전 검열을 받아야 한다.
3. 각 대학(전문대학 포함)은 당분간 휴교 조치한다.
4. 정당한 이유 없는 직장 이탈이나 태업 및 파업 행위를 일체

1980년 5월 17일 24시를 기해 전국으로 확대된 비상계엄 소식을 전하고 있는 5월 18일자 「대전일보」 호외.

금한다.

5. 유언비어의 날조·유포를 금한다. 유언비어가 아닐지라도 ① 전·현직 국가 원수를 모독·비방하는 행위, ② 북괴와 동일한 주장 및 언어를 사용·선동하는 행위, ③ 공공 집회에서 목적 이외의 선동적 발언 및 질서를 문란시키는 행위는 일체 불허한다.

6. 국민의 일상생활과 정상적 경제 활동의 자유는 보장한다.

7. 외국인의 출입국과 국내 여행 등 활동의 자유는 최대한 보장한다.

한마디로 박정희 정권에서 내려진 긴급조치와 별다를 것이 없었다. 1980년 봄 들어 국민의 민주화 요구는 봇물처럼 터져 나왔으나 신군부 측이 내놓은 것은 민의를 수렴한 민주화 대책은커녕 오히려 계엄 확대 조치를 통한 3공 시대를 능가하는 인권 유린과 정치 탄압이었다. 다가올 극심한 반발과 사회적 부작용은 이미 계엄 확대 조치로부터 예견되었다.

　결국 광주에서 '20세기 최대의 비극'이라는 '대학살'이 자행되었고, 이를 토대로 한 신군부의 집권 음모가 서서히 드러났다. 박정희 유신 체제가 막을 내리면서 새로운 세상을 기대했던 국민들에게는 또다시 먹구름이 드리워졌다. 박 정권 18년의 철권통치에 이어 또 다른 폭압통치가 서서히 막을 연 것이다.

52

최규하 대통령 사임

1980년 8월 16일

　10·26 사건 이후 제10대 대통령에 선출된 최규하 대통령이 취임 9개월 만에 하야를 선언했다. 그동안 최규하 전 대통령의 하야 배경을 두고 항간에서는 신군부 측이 압력을 넣었다는 주장이 수차 제기되었지만, 아직까지 그 진상이 밝혀진 바는 없다. 그러나 이후에 발생한 일련의 정치 과정을 보면 그 같은 의심을 떨치기 어렵다.

　10·26 사태로 한동안 국가는 대통령 권한대행 체제로 유지되었다. 그러다 마침내 1979년 12월 6일 통일주체국민회의 제3차 회의에서 최규하 대통령 권한대행이 제10대 대통령으로 선출되어 1979년 12월 21일 취임했다. 최규하 대통령의 임기는 당선 즉시 개시되었으며, 고 박정희 대통령의 잔여 임기인 1984년 12월 26일까지로 되어 있었다.

그러나 최규하 대통령 권한대행은 1979년 11월 10일 특별담화를 통해 잔여 임기를 다 채우지 않고 가능한 한 빠른 시일 내에 헌법을 개정해 제10대 대통령 및 국회의원 선거를 실시, 정권을 이양하겠다고 밝혔다. 애초 정치적 기반이 없는 상태에서 전직 대통령의 갑작스러운 유고로 대통령직에 오른 데다 신군부 측의 한계 설정 위에서 집권한 그는 혼란한 시국을 수습할 만한 능력이 없었다. 게다가 그 자신이 독자적으로 새로운 정치 일정을 제시할 만한 입장에 서 있지도 않았다. 그리하여 취임 8개월 만인 1980년 8월 16일 그는 대통령 자리에서 하야하고 말았다. 그러나 이는 어디까지나 신군부 측의 집권 시나리오에 따른 예정된 수순에 지나지 않았다.

최규하 대통령의 하야에 관한 풍문은 8월 초부터 이미 항간에 파다하게 퍼져 있었다. 심지어 '8·15 경축사는 최 대통령이 아닌 다른 사람이 읽을지도 모른다'는 소문까지 나돌았다. 최규하 대통령 하야 소문은 8월 15일 오후, 8월 16일 오전 TV와 라디오를 통해 정부의 중대 발표 예고와 함께 서서히 사실로 드러났다. 8월 16일 오전 10시 최규하 대통령은 청와대 영빈관에서 특별성명을 통해 "대통령직을 사임하고 권한 대행자에게 정부를 이양한다."며 다음과 같은 사임 이유를 밝혔다.

> 지난봄 학생들의 소요와 광주 사태에 대해 국정의 최고 책임자로서 정치 도의상의 책임을 통감해왔고, 시대적 요청에 따른 안정과 도의와 번영의 밝고 새로운 사회를 건설하는 역사적 전환기를 마련하기 위해 대국적 견지에서 임기 전에라도 사임함으로

써 평화적 정권 이양의 선례를 남기며, 이것이 우리 정치의 발전에 기여할 수 있다고 믿어왔기 때문입니다.

사임의 직접적인 동기는 아직까지도 정확히 밝혀지지 않은 가운데 최규하 과도 정부는 이렇게 막을 내렸다. 뒤이어 박충훈 국무총리 서리가 대통령 권한대행에 취임함으로써 또 다른 과도 체제가 출범했다. 취임 직후 박충훈 권한대행은 특별담화문을 통해 "국가원수의 궐위 기간을 최소한으로 단축함으로써 영도자의 공백에서 오는 혼란과 국가 기능의 정체를 막는 일이 정부가 해야 할 급선무"라고 밝히고, "빠른 시일 내에 법 절차에 따라 새 국가 지도자를 선출하겠다."고 밝혔다. 통일주체국민회의를 통한 후임 대통령 선거가 곧 있을 것이라는 시사였다.

8월 16일 최규하 대통령이 사임하자 통일주체국민회의는 지역별로 집회를 갖고 당시 전두환 국보위 상임위원장을 대통령 후보로 추대하기로 의견을 모았다. 이어 최규하 대통령이 사임한 지 11일 뒤인 8월 27일 통일주체국민회의는 서울 장충체육관에서 제7차 회의를 열어 제11대 대통령을 뽑았다. 이날 단일 후보로 나선 전두환은 투표에 참가한 2,525명의 대의원 가운데 한 명의 무효표를 제외한 2,524표의 압도적 표를 얻어 대통령에 당선되었다. 박정희에 이어 또다시 '체육관 대통령'이 탄생한 것이다.

10·26 사건이 터지자 합동수사본부장에 임명된 후 하극상 쿠데타인 12·12 사태로 군 내부에서 실권을 잡은 전두환은 최규하 대통령의 하야(8. 16.), 대장 예편(8. 22.), 제11대 대통령 당선(8. 27.)에 이어 드디어 9월 1일 제11대 대통령에 취임했다. 그는 취임사에서

한국일보

8月16日

號外

崔圭夏대통령 辭任

9個月만에 朴忠勳총리 權限代行

"國益·政治發展위해 合法的 承繼가능하게"

統代서 最短時日內 後任선출

온國民 和合과 大同團結을 당부

최규하 대통령 사임 소식을 전하는 1980년 8월 16일자 「한국일보」 호외.

"우리는 그동안의 정치 작태에 대해 책임을 져야 할 상당수의 구 정치인들을 정리했으며, 그 외에도 이런 폐습에 물든 정치인들에게 앞으로의 정치를 맡길 수 없다는 것이 본인의 소신"이라며, "따라서 정계 개편과 정치의 세대교체는 불가피하다."고 역설함으로써 다가올 정치권의 대변혁을 예고했다.

그러나 제5공화국의 역사를 돌이켜보면 시대가 요구하는 새 정치 문화를 창달했다는 흔적은 찾아보기 어렵다. 신군부 측 인사들을 대거 기용해 박 정권에 이어 제2의 군사통치 시대를 열었을 뿐이다. 정통성 없는 정권을 유지하기 위해 야당 정치인을 사찰했고,

언론을 부당하게 통폐합했으며, 국가보안법을 강화해 유례없는 인권 탄압을 자행했다. 전두환은 육사 동기생이자 쿠데타 동지인 노태우와 함께 재임 중 비리 사건으로 구속되어 유죄 판결을 받고 감옥살이를 하기도 했다.

53

언론 통폐합
1980년 11월

언론인 강제 해직, 언론사 통폐합, 언론기본법 제정 등 신군부 집단이 주도해서 일으킨 언론 탄압 정책은 이들이 집권 과정에서 가장 먼저 추진한 역점 사업 중 하나였다. 보안사를 중심으로 한 신군부 측은 권력을 장악하는 과정에서 우선적으로 언론에 재갈을 물려 언론이 제 기능을 못하도록 팔을 비틀었다. 그들은 또 언론을 자기편으로 끌어들여 마침내 '체제 옹호 언론'으로 순치시켰다.

신군부 측의 언론 탄압은 5·18 광주 항쟁을 계기로 시작되었다. 계엄사령부는 5월 17일 비상계엄 전국 확대와 함께 계엄 포고 10호를 발동하면서 진실 보도와 자유 언론을 주장하는 기자들을 유언비어 유포 및 내란 음모 등의 혐의로 구속해 해직했고, 광주 시민들을 폭도, 난동 분자, 무장 폭도 등으로 보도하라고 지시했다.

이에 항거한 '언론 검열 철폐와 자유 언론 실천 운동'은 이미 3

월 17일 「동아일보」로부터 시작되었다. 5월 들어 기자협회와 기독교방송, 「국제신문」, 「중앙일보」, 동아방송, 「경향신문」, 「현대경제」, 「한국일보」, 「충청일보」, 문화방송 등이 이 대열에 동참했다. 이 운동이 언론계 전역으로 확대되어 제작 거부와 검열 거부 움직임이 본격화되자 계엄사 측은 5월 17일부터 언론인에 대한 검거에 착수했다. 전두환 보안사령관은 이에 그치지 않고 5월 22일 각 언론사 사장을 보안사령관실로 초치해 선동 주모자 처벌 방침을 통고하며 '협조'를 부탁했다.

언론 탄압 조치 가운데 가장 먼저 시행된 것은 1980년 7월 무렵의 반정부 언론인 강제 해직이었다. 이 작업은 당시 보안사 이상재(전 국회의원) 준위가 보도검열단에 가담해 '언론대책반'을 만들면서부터 구체화되었다. 여기서 작성한 '언론계 자체 정화 계획서'는 반체제 언론인 제거 및 언론계의 부조리·부정 억제를 당면 목표로 삼고, 언론계의 반체제 인사, 용공 또는 불순한 자, 이들과 직간접으로 동조한 자, 편집 제작 및 검열 거부 주동 및 동조자, 부조리 및 부정 축재한 자, 특정 정치인과 유착해 국민을 오도한 자 등을 강제 해직 대상으로 선정했다. 이러한 기준에 따라 보안사는 각 언론사에 출입 중인 언론대책반 요원들을 통해 해직 대상자를 선정하도록 했다. 치안본부, 중앙정보부 등과 합동으로 작성한 명단은 모두 7백여 명이었다.

신군부는 자기들 손에 피를 묻히지 않을 속셈으로 반체제 언론인 해직은 각 사가 자체 숙정토록 하고, 7월 25일에서 30일 사이에 각 언론협회가 자체 숙정 결의를 위한 총회를 소집하도록 강요했다. 이에 따라 신문협회, 방송협회, 통신협회는 7월 29일과 30일

두 차례에 걸쳐 총회를 열어 '언론 자율 정화와 언론인 자질 향상을 위한 결의문'을 채택했다. 이를 시작으로 각 사에서는 강제 해직이 단행되었다. 무능, 부조리 등의 죄목을 붙여 해직한 경우가 많았다.

언론대책반의 보고에 따르면, 당시 정화 조치자는 총 933명으로 집계되었다. 중앙 7대 일간지 265명(이중 180명은 자체 정화), 서울 5개 방송사 219명(이 중 171명은 자체 정화), 2대 통신사 22명, 경제지 4사 57명, 특수통신 4사 34명, 기타지 2사 2명, 지방지 14사 235명, 문화방송 지방사 99명 등이었다. 이후 언론 통폐합으로 회사에서 쫓겨난 언론인까지 포함하면 그 무렵 언론사에서 해직된 언론인의 숫자는 이보다 훨씬 많다.

강제 해직에 이어 두 번째로 단행된 조치는 허문도(전 통일원 장관)가 중심이 되어 추진한 11월의 언론 통폐합 조치였다. 11월 12일 오후 해당 언론사 대표들은 정부 기관에 소환되어 언론 통폐합 통고를 받고 이를 수락하는 각서에 서명했다. 그리고 이틀 후인 11월 14일 신문협회와 방송협회는 합동으로 언론 기관 통폐합을 추인하는 결의안을 채택했다. 이렇게 해서 나온 언론 통폐합의 결과는 다음과 같다.

1. 7개 중앙 종합지 중 「신아일보」는 「경향신문」에 흡수 통합

2. 4개 경제지 중 「서울경제」는 「한국일보」에, 「내외경제」는 「코리아헤럴드」에 흡수

3. '1도(道) 1지(紙) 원칙'하에 대구의 「영남일보」는 「대구매일신문」에 흡수, 부산의 「국제신문」은 「부산일보」에 흡수, 경남 진

주의 「경남일보」는 마산의 「경남매일신문」에 흡수(후에 「경남신문」으로 개제), 광주의 「전남매일신문」은 「전남신문」에 흡수(후에 「광주일보」로 개제)

4. 통신은 합동통신과 동양통신이 합병해 연합통신으로 발족, 기타 시사, 경제, 산업 등 군소 통신사는 폐간

5. 방송은 민영방송을 폐지하고 공영방송 체계로 바꾸어 KBS와 MBC 두 채널로 이원화하고, 「중앙일보」의 자매방송인 동양방송(TBC)과 「동아일보」의 자매 방송인 동아방송(DBC)은 KBS에 통합. 기독교방송은 보도 요원은 모두 KBS에 통합되고 선교방송만 허락

당시 신군부 측은 나름대로는 언론사 통폐합의 당위성을 폈다. 첫째, 재벌과 언론 분리, 둘째, 적자 기업 청산, 셋째, 다매체 운영 배제, 넷째, 통신사 단일화 등의 방침을 표방했다. 그러나 당시 재무 구조가 좋았던 「신아일보」가 폐간 조치된 사실 등으로 보면 이 같은 원칙과 기준은 제대로 지켜지지 않았다고 할 수 있다.

신문, 방송, 통신에 대한 통폐합에 앞서 172개 정기간행물에 대해서도 '등록 취소'가 단행되었다. 당시 지식인 사회에서 상당한 영향력이 있었던 「씨알의 소리」, 「뿌리 깊은 나무」, 「창작과 비평」, 「월간중앙」 등이 언론인 강제 해직과 때를 같이해 자취를 감추었다. 11월 29일에는 66개의 정기간행물이 추가로 등록 취소되었다. 11월 12일부터 시작된 언론 통폐합은 11월 30일경에 모두 마무리되었다.

신군부 집단은 언론인 강제 해직과 언론 통폐합에 이어 마지막

3단계로 언론을 원천적으로 조정·통제할 수 있는 제도상의 장치
를 마련했다. 청와대 공보비서실의 허문도·이수정 비서관과 문공
부 관계자 한 명, 그리고 언론법을 전공한 당시 서울민사지법 박용
상 판사가 주축이 되어 '언론기본법'을 마련했는데, 그해 12월 26
일 입법의회를 통과해 12월 31일 발효되었다. 문공장관 1인에게
언론 통제에 관한 전권을 부여한 이 법은 언론사에는 '등록 취소',
기자에게는 '프레스카드' 제도 실시 등 대표적인 독소 조항을 두고

있었다. 특히 주요 사안 때마다 '보도 지침'을 하달, 언론의 자유로운 보도 기능을 원천적으로 봉쇄했다.

신군부는 언론을 옥죄는 대신 한편으로는 언론사와 언론인들에게 각종 특혜성 '당근'을 던져 주며 무마 작전을 폈다. 통폐합 이후 독과점 속에서 대부분의 언론사는 자산과 매출이 급신장했다. 언론인들에게는 각종 편의를 제공하고 특혜를 부여했다. 이리하여 5공 이후 우리 언론계는 권언유착이 심화된 가운데 순치된 언론이 난무하는 부작용을 낳았다.

김영삼 정권 들어 언론 통폐합 등을 수사해온 '12·12 및 5·18 사건 특별수사부'는 언론인 강제 해직의 주역인 권정달(전 보안사 정보처장), 허문도(전 국보위 문공 분과 위원), 이상재(언론대책반장) 씨 등 3인을 사법 처리 대상에서 제외해 국민적 비난을 샀다. 당시 검찰 특수부는 이들이 고소·고발되지 않은 데다 언론 통폐합 작업이 국헌 문란에 해당하는지를 입증하기가 어렵다는 입장을 내놓았다.

5공 당시의 언론인 해직 문제는 여전히 미해결 과제로 남아 있다. 해직 당시 20~30대 젊은 기자들이었던 그들은 이미 70~80대 노인이 되었다. 재직하던 회사로 복직하는 것은 현실적으로 어렵다고 해도 그들의 명예 회복이나 피해에 대한 정당한 배상마저 제대로 이루어지지 않고 있는 실정이다. '동아투위 사건'과 관련해 과거사정리위원회는 2008년 10월 "「동아일보」 사태는 국가 공권력에 의한 중대한 인권 침해 사건"이라고 규정한 바 있다.

54

미얀마 아웅산 테러 사건

1983년 10월 9일

　전두환 대통령의 미얀마 방문 중 아웅산 묘소에서 폭탄이 터져 공식·비공식 수행원 17명이 참변을 당했다. 대통령의 외국 방문을 수행하다가 참변을 당한 것은 초유의 일이었다. 이날 국내 신문들은 대부분 2회에 걸쳐 이 사건을 호외로 보도했다. 미얀마 당국은 한 달 뒤 이 사건이 북한 특공대의 소행이라고 공식 발표했다.

　1983년 10월 9일 오전 10시 28분(한국 시간 낮 12시 58분) 전두환 대통령의 서남아·대양주 6개국 공식 순방 첫 방문지인 미얀마의 아웅산 묘소에서 강력한 폭발 사건이 일어났다. 이 사고로 전 대통령의 묘소 참배에 배석하기 위해 도열 중이던 공식·비공식 수행원 가운데 서석준 부총리 등 16명이 순직하고 15명이 중경상을 입었다. 전 대통령은 나머지 일정을 중단하고 이튿날인 10일 새벽 급거 귀국했다.

사고 직후 우리 정부는 이원경 당시 체육부 장관을 단장으로 한 정부 조사단을 현지에 파견해 미얀마 측과 합동 조사를 벌였다. 미얀마 정부는 국가정보국에 특별수사본부를 설치한 데 이어 정부 차원에서도 진상조사위원회를 구성했다.

사고 이틀 뒤인 11일 서석준 부총리를 비롯한 순직자 16위의 유해가 고국으로 돌아왔다. 다음 날 미얀마 정부는 첫 라잉 외상을 진사·조문 사절로 한국에 보냈다. 13일에는 필리핀 주둔 클라크 미 공군 기지에 공수되어 치료를 받던 이기욱 재무차관이 추가로 순국함에 따라 순직자는 17명으로 늘어났다.

이들의 유해는 13일 전 국민의 애도 속에 국민장으로 치러져 동작동 국립묘지에 안장되었다. 순직자는 서석준 부총리, 이범석 외무장관, 김동휘 상공장관, 서상철 동자장관, 함병춘 대통령 비서실장, 이계철 주 미얀마 대사, 김재익 경제수석비서관, 하동선 해외협력위원회 기획단장, 이기욱 재무차관, 강인희 농수산차관, 김용한 과학기술처 차관, 심상우 의원, 민병석 주치의, 이재관 비서관, 이중현 「동아일보」 기자, 한경희 경호원, 정태진 경호원 등 모두 17명이었다.

사고 직후 수사에 착수한 미얀마 당국은 11일 양곤시 파준다웅천(川)에서 아웅산 테러 사건의 범인으로 보이는 코리언 한 명을 검거하고 한 명을 사살했다고 발표했다. 다시 12일에는 도주 테러범 한 명을 추가로 검거했다고 발표했다. 한국 정부는 현지 우리 측 조사단의 자체 조사 결과를 토대로 미얀마 정부에 북한과의 단교 조치를 강력히 요청했다. 국회에서는 북한의 '살인 만행 규탄 결의안'을 채택했고, 민간에서도 각종 규탄대회가 전국 곳곳에서

아웅산 테러 당일인 1983년 10월 9일자 「중앙일보」 호외.

열렸다.

14일 미얀마 정부는 양곤 근처에서 북한 선박 한 척을 나포했는데, 16일 이후부터 미얀마 현지의 언론들은 이 사건에 북한이 관련되어 있는 것이 확실하다는 보도를 하기 시작했다. 17일 미얀마 당국은 다시 중간 수사 결과 발표를 통해 이 사건은 북한이 저지른 것이라고 단정했다.

그러나 당시 미얀마는 우리 정부는 물론 북한과도 수교국이어서 수사에 상당히 신중을 기했다. 중간 수사 발표 이후 미얀마 정부는 최종 수사 결과 발표를 계속 미루었다. 사건 발생 거의 한 달 만인 11월 4일에야 미얀마 정부는 아웅산 테러 사건은 북한 특공대의 소행이라는 완전한 증거를 확보했다고 발표했다. 이와 동시에 미얀마 정부는 북한과의 외교 관계를 단절하고, 미얀마 주재 북한 대사관 요원들에 대해서는 48시간 내에 출국하도록 명령했다.

미얀마 당국의 발표에 따르면, 이 사건의 범인은 개성에 있는 북한군 정찰국 특공대 소속의 진 아무개 소좌와 강민철 상위, 신기철 상위 등 세 명으로 밝혀졌다. 이들은 9월 9일 북한 서해안 옹진항에서 북한 선박에 탑승, 22~23일경 양곤에 도착했다고 한다. 이들은 미얀마 주재 북한 대사관 정무 담당 참사관 전창휘의 집에 은거해 암약하다가 전두환 대통령 일행이 미얀마에 도착하기 하루 전인 10월 7일 새벽 2시 아웅산 묘소로 잠입해 지붕에 두 개의 폭탄을 설치한 것으로 밝혀졌다.

북한은 이 사건과 무관하다고 강변했으나, 11월 22일 미얀마 검찰 당국에 체포된 범인들이 죄상을 밝힘으로써 사건 전모가 드러났다. 12월 9일 양곤 지구 인민법원 제8특별재판부는 두 테러범에게 사형 선고를 내렸다. 사고 직후 미국 정부는 이례적으로 와인버거(Caspar Weinberger) 국방장관을 단장으로 한 조문 사절을 한국에 파견했다. 이 사건으로 북한과 단교한 미얀마는 2007년 4월 국교를 재개했다.

55

신민당, 제1야당으로

1985년 2월 12일

김영삼 씨의 23일간에 걸친 단식과 김대중 씨의 죽음을 각오한 귀국으로 5공 정권하에서 흩어진 야권이 통합되자 신민당(신한민주당)은 2·12 총선에서 민한당을 물리치고 제1야당으로 급부상했다. 서울 지역에서는 출마자 14명이 전원 당선되는 기염을 토했다. 개표가 종반에 접어든 13일 조간신문들은 일제히 신민당의 약진을 호외로 보도했다. 5공 정권이 들어서면서 두 번째로 실시된 2·12 총선은 우리 헌정사에서 독재·군사 정권에 맞서 민주 세력이 이룩한 최초의 '선거 혁명'으로 기록되고 있다.

1984년 11월 30일 제3차 해금으로 풀려난 구 신민당 출신 전직 의원들은 1985년 1월 18일 김대중·김영삼 씨의 지원을 받아 신민당 창당대회를 서울 앰배서더 호텔에서 열었다. 대의원 523명이 참가한 이날 창당대회에서 이민우 창당준비위원장을 당 총재로 뽑고 김녹영, 이기택, 조영하, 김수한, 노승환 씨 등 다섯 명을 부총재로 선출했다. 당 운영은 총재단의 합의에 따르되 총선 후 6개월 내에 체제를 개편키로 한 당헌을 만장일치로 통과시켰다.

신민당 창당은 2월 12일로 예정된 제12대 총선을 대비한 것이었는데, 이를 계기로 민주 세력의 결집이 가속화되었다. 투표일이 가까워지면서 이 같은 '신당 바람'은 서서히 증폭되었고, 선거일 4일 전인 2월 8일 미국 망명 2년여 만에 김대중 씨가 전격적으로 귀국하면서 절정을 이루었다. 당시 정부 여당은 김대중 씨의 귀국을 거부하면서 그가 귀국하면 투옥하겠다고 위협했다. 심지어 신변 안전을 이유로 귀국을 만류했으나 김대중 씨는 귀국을 강행했다. 국내에서는 김영삼 씨가 죽음을 각오한 23일간의 단식으로 흩어진 야권을 결속시켰다. 두 야당 지도자의 결단으로 결집된 민주화 세력은 전두환 세력과의 일전불사를 각오했다.

선거일을 앞두고 급히 창당대회를 마친 신민당은 미처 당직을 임명할 여유도 없이 총선 체제에 돌입했다. 전국 지역구에서 79명의 공천자를 확정한 신민당은 1월 21일 김재광 씨를 본부장으로 한 선거대책본부를 구성하는 한편, 중앙선거관리위원회에 정당 등록을 마쳤다. 1월 23일 신민당은 대통령 직선제 개헌, 국정감사권 부활, 지방자치제 전면 실시, 언론기본법 폐지 및 노동관계법 개폐 등의 총선 공약을 확정했다. 이어 26일에는 2차로 공천자를 발표하고, 28일에는 신기수 씨 등 29명의 전국구 후보를 등록했다. 이로써 신민당은 창당한 지 불과 25일 만에 총선 준비를 겨우 완료했다.

이렇게 치러진 선거 결과는 우리 헌정사에 새로운 이정표를 마

「중앙일보」의 1985년 2월 13일자 호외. 개표가 종반에 접어든 13일 아침, 신문들은 일제히 신민당의 일대 약진을 호외로 보도했다.

련했다. 총선 결과, 92개 지구당에서 후보를 낸 신민당은 지역구 총 의석 184석 중 무려 50석을 차지하는 기염을 토했다. 집권당인 민정당은 지역구에서 87석을, 그리고 종래의 제1야당이었던 민한당은 26석을 차지하는 데 그쳤다. 이 밖에 국민당이 15석, 기타 6석으로 나타났다. 이에 따라 민정당은 전국구 61석을 합쳐 148석, 신민당은 17석을 합쳐 67석, 민한당은 9석을 합쳐 35석, 그리고 국민당은 5석을 합쳐 20석이 되었다. 이로써 신민당은 민한당을 물리치고 제1야당으로 부상했다. 당시 지역구에서의 득표율을 보면, 민정당 35.25퍼센트, 신민당 29.26퍼센트, 민한당 19.68퍼센트, 국민당 9.16퍼센트로 야권의 총득표율이 58.1퍼센트나 되어 민정당을 크게 압도했다. 특히 신민당은 서울과 부산 등 대도시에서 거의 1등을 차지함으로써 '여촌야도'라는 종래의 투표 경향이 되살아

나는 듯한 경향마저 보였다.

당시 신민당이 제12대 총선에서 '신당 돌풍'을 일으킨 배경에는 체제 내에 안주해온 제도권 정당에 대한 국민의 회의와 반발이 깊어진 데다 야당다운 야당이 있어야겠다는 국민의식이 가장 크게 작용했던 것으로 분석되었다. 이후 신민당은 김대중·김영삼 양 김 씨의 권유에 따라 민한당의 인사들이 대거 입당하면서 일시적이나마 야권 통합을 이룩했다. 신민당은 5월 9일 민한당 부총재 이태구 씨의 입당으로 헌정 이후 최대 의석인 103석을 확보, 거대 야당으로 발돋움했고, 민정당과 함께 양당제의 대표 주자가 되었다.

56
'김일성 사망' 오보 소동
1986년 11월 17일

1986년 11월 17일 「조선일보」는 온 국민이 깜짝 놀랄 만한 소식을 호외로 전했다. '김일성 총 맞아 피살'이라는 제목을 단 이 날짜 호외는 이렇게 시작된다.

북괴 김일성이 총 맞아 피살됐거나 심각한 사고가 발생, 그의 사망이 확실시된다. 휴전선 이북의 선전마을에는 16일 오후부터 반기(半旗)가 게양되었으며, 휴전선의 북괴군 관측소 2개소에선 이날 '김일성이 총격을 받아 사망했다'고 했고, 4개소에선 '김정일을 수령으로 모시자'는 대남 방송을 했다.

김일성 사망은 매우 충격적인 소식이었다. 세계적인 뉴스로 취급된 「조선일보」 호외는 첫 보도 이후 48시간 만에 김일성이 생존한

金日成 銃맞아 被殺

휴전선放送″列車타고가다 銃擊받았다.
전방 北傀軍 營內에 일제히 半旗올려
軍部중심 심각한權力투쟁 진행중인듯

全前線서 업적찬양방송― ″金正日을 수령으로, 내용도 엇갈려

朝鮮日報
1986年
11月17日
号
外

1986년 11월 17일 「조선일보」를 비롯한 국내 신문들은 국방부 발표를 인
용, '김일성 피살' 소식을 호외로 전했는데, 결과적으로 모든 신문이 대오
보를 기록했다.

것으로 밝혀지면서 세계적인 오보로 기록되고 말았다. 국내외 언론
은 물론 일반 국민들마저 술렁거리게 했던 '김일성 사망' 호외는
결국 웃음거리로 끝나고 말았다.

김일성 사망 소식의 발단은 11월 15일 일본 공안조사청이 김일
성이 암살되었다는 첩보를 입수한 것에서 비롯되었다. 이 소식이
일본 증권가와 외교가에 전해져 관심을 끌던 중 16일 「조선일보」
가 '김일성 피격 사망' 소식을 도쿄발로 보도했다. 그러자 다음 날
인 17일 오전부터 국내 언론들이 이를 앞 다투어 보도하기 시작했
다. 석간신문들은 일제히 1면 머리기사로 다루었고, 조간신문들은
정규 간행을 기다리다 못해 호외를 발행했다. 특히 「조선일보」는
앞서 16일자로 보도한 자사의 '김일성 사망' 보도가 세계적인 특종
이라고 자랑했다.

이 보도가 세계적인 톱뉴스로 증폭된 데는 국방부의 공식 발표

가 한몫했다. 국방부 대변인은 17일 논평을 통해 "북괴는 16일 전방 지역에서 대남 확성기 방송을 통해 김일성이 총격으로 사망했다고 밝혔다. 그러나 북한의 모든 보도 기관은 일체의 공식 발표나 논평을 하지 않고 있다. 우리 군은 종전과 같이 경계 태세에 임하고 있다."고 밝혔다.

정부는 국방부 발표에 앞서 16일 이기백 국방장관이 윌리엄 리브시(William J. Livesey) 주한미군 사령관으로부터, 외무부는 주한 미 대사관으로부터 김일성 사망설을 입수했으며, 이를 근거로 관계 부처 간에 대책회의를 열기까지 했다. 국방부의 발표는 이러한 회의 결과를 바탕으로 한 것이 분명하다. 그러나 엄밀히 말하면 국방부의 발표는 김일성 사망과 관련해 북한의 대남 확성기 발표가 있었다는 정도에 불과했을 뿐 구체적인 내용은 없었다. 결과적으로 언론의 보도는 다분히 자의적이고도 성급한 판단에서 나온 것이었다. 그 배경에는 국민들의 '기대'를 반영한 일면도 있었다고 추측된다.

당시 언론들이 김일성 사망을 확실시한 근거로는 첫째 국방부의 발표, 둘째, 공산권 국가에서는 최고 지도자의 사망 소식을 즉각 보도하지 않는 관례, 셋째, 북한 확성기 방송이 자의적으로 사망 사실을 보도한 점, 넷째, 판문점 북측 지역에 조기(弔旗)가 게양된 점 등을 들 수 있다. 17일 오후 이기백 국방장관은 국회 의장과 정당 대표들에게 이 사실을 브리핑한 데 이어 국회 예결위에서 정식으로 보고했다.

당시 정부가 보고한 내용의 요지는 "김일성이 사망했거나 심각한 권력 투쟁이 전개되고 있는 것으로 판단된다."는 것이었다. 정부가 이 같은 보고를 한 근거로는 한미연합사 측과 미국 CIA 측의

유일하게 '사망설'로 보도한 「중앙일보」의 기사.

통신 첩보 입수, 북한의 대남 확성기 방송, 북한 선전마을의 조기
와 조화로 장식한 김일성 초상화 관측 등을 들었다.

그러나 호외 보도 다음 날인 18일 오전 10시 김일성이 몽고 공
산당 서기장 잠빈 바트문흐를 영접하기 위해 평양공항에 나타나면
서 '김일성 사망'은 한순간에 '세기적 해프닝'이 되고 말았다. '김일
성 사망설'은 그동안에도 여러 차례 있었다. 그러나 이때처럼 기정
사실로 여겨 보도한 적은 없었다. 이 해프닝은 헤이그 밀사 사건
당시 이준 열사가 현지에서 분사했다고 보도한 「대한매일신보」의
오보에 이어 한국 언론사에서 최대의 오보로 기록되고 있다.

언론의 오보에 정부도 일말의 책임이 있었지만, 당시 노신영 국
무총리는 20일 기자회견에서 "북한이 행한 고도의 책략이었다."고
강변했다. 정부의 상황 판단 미숙에 대한 사과는커녕 '이게 다 북

괴 때문'이라는 식이었다. 오보의 장본인인 「조선일보」 역시 마찬가지였다. 「조선일보」는 오히려 "그들 수령의 죽음까지 고의로 유포하면서 그 무엇을 노리는 북괴의 작태에 서방 언론들은 정말 놀라고 있다. 정상적 사고로는 도저히 이해할 수 없는 집단이라는 것을 다시 한 번 세계적으로 알린 셈이 되었다."며 적반하장의 태도를 보였다.

한편 17일자에서 모든 국내 언론이 '김일성 사망'을 단정적으로 보도했으나 「중앙일보」만 유일하게 '김일성 사망설'로 보도했다. '설'자 하나 때문에 「중앙일보」는 오보를 면한 셈인데, 여기에 보너스까지 곁들여졌다. 「중앙일보」는 그해 연말 관훈클럽이 시상하는 한국언론상을, 당일자 1면 편집기자는 그해 한국기자상을 받았다.

57

노태우 '6·29 선언'

1987년 6월 29일

전두환 정권이 막바지로 접어든 1987년 6월, 민주 투쟁사에서 길이 기록될 만한 대사건이 터졌다. 이른바 '6·29 선언'이라 불리는, 당시 노태우 민정당 대표의 이 선언은 전두환 정권이 4·13 호헌 조치를 스스로 폐기한 것으로서 민주 세력이 거둔 완전한 승리로 기록되고 있다. 이날의 승리는 그동안 우리가 갈구해온 민주주의의 역사가 투쟁과 대가를 치르지 않고서는 결코 이루어지지 않았음을 보여준 사례라고 할 수 있다. 6·29 선언은 노태우 대표가 민정당 전당대회에서 차기 대통령 후보로 지명된 뒤에 나온 것으로서 민정당 측으로서는 최후의 배수진으로 생각해낸 것이었다.

이날은 4·13 호헌 조치 이후 계속되어온 민주화 투쟁이 극에 달해 있던 시점이었다. 선언 발표 3일 전인 6월 26일에는 6월 항쟁 중 최대 규모의 시위가 있었다. 전국 33개 도시와 4개 군·읍 지역의 270여 개 장소에서 반정부 시위가 발생해 1백여만 명이 시위에 참가했다. 전국의 주요 대도시에서는 학생과 시민이 연합한 시위대가 진압 경찰과 일진일퇴를 거듭했는데, 오히려 경찰이 밀릴 정도로 시위대들의 시위가 거셌다. 경찰이 시위대에 의해 무장해제를 당하기도 한 것은 당시의 시위 상황이 어땠는지 잘 보여준다.

이날 시위로 전국에서 3,467명이 경찰에 연행되었다. 또 경찰서 2곳, 파출소 29곳, 민정당 지구당사 2곳이 시위대의 화염병 투척으로 파괴되거나 불에 탔으며, 수십 대의 경찰 차량이 파손되었다. 따라서 이 시점에서 나온 노태우 민정당 대표의 6·29 선언은 민정당 자체의 민주화 의지와는 거리가 먼, 불가피한 국면 전환용 선언이었다고 할 수 있다.

노태우 민정당 대표는 서울 관훈동 민정당 당사에서 기자회견을 통해 6·29 선언을 발표했다. 직선제 개헌 등을 골자로 한 이 선언의 8개 항은 다음과 같다.

1. 여야 합의하에 조속히 대통령 직선제로 개헌하고, 새 헌법에 의해 대통령 선거를 실시해, 1988년 평화적 정부 이양을 실현한다.

2. 직선제로의 변경뿐만 아니라 이를 민주적으로 실천하기 위해 대통령선거법을 개정, 자유로운 출마와 공정한 선거를 보장해 국민의 심판을 받도록 한다.

3. 국민적 화해와 대동단결을 위해 김대중 씨를 사면·복권시키고, 자유 민주주의적 기본 질서를 부인한 반국가 사범이나 살상, 방화, 파괴 등으로 국기를 흔들었던 소수를 제외한 모든

시국 관련 사범을 석방한다.

4. 새 헌법에서는 구속적부심을 전면 확대하는 등 기본권 조항을 강화하고 인권 신장에 힘쓰도록 한다.

5. 현행 언론기본법을 빠른 시일 내에 폐지하고 지방 주재 기자제의 부활, 프레스카드의 폐지 등 언론 자유 창달을 위해 관련 제도와 관행을 획기적으로 개선한다.

6. 지방자치제 및 교육 자율화를 실시한다.

7. 정당의 건전한 활동을 보장한다.

8. 밝고 맑은 사회를 건설하기 위해 과감한 사회 정화 조치를 실시하고, 유언비어의 추방, 지역감정의 해소 등을 통해 신뢰성 있는 공동체를 만든다.

이상과 같은 '항복 선언'으로 당시 국내의 정치적 현안은 일시적으로 해소되었다. 노태우 대표는 이 같은 자신의 구상을 청와대에 건의해 받아들여지지 않을 경우 대통령 후보와 당 대표직을 포함한 모든 공직에서 물러나겠다고 밝혔다. 노태우 대표의 발표 후 민정당은 긴급 의원총회에서 이를 당의 공식 입장으로 추인했다. 야당도 즉각 환영 성명을 발표하면서 정국은 새 국면을 맞게 되었다.

6·29 선언에 이어 여야 합의로 개헌안이 의결되었는데, 이 개헌안은 10월 27일 국민투표에서 93.1퍼센트라는 높은 찬성률로 확정되었다. 이리하여 10월 29일 마침내 제6공화국의 기초 헌법이 탄생했다. 이날 서울 거리는 이 소식을 알리는 신문 호외들로 넘쳐났다. 어느 다방 주인은 '오늘은 기쁜 날, 차 값은 무료입니다'라는 문구를 내걸고 손님들에게 무료로 차를 대접해 신문에 보도되기도 했다.

「서울신문」의 1987년 6월 29일자 호외. 이날 국내 신문들은 거의 예외 없이 호외를 발행했다.

6·29 선언은 작성자를 놓고 더러 논란을 빚기도 했다. 발표 당시에는 노태우 대표가 건의해 작성한 것으로 알려졌으나, 전두환 씨 측은 자기들이 '주인공'이라고 주장하고 나섰다. 전·노 씨 양측 간에 공방이 오간 가운데 1997년 봄, 전 씨의 부인 이순자 씨는 자신의 회고록에서 "6·29 선언은 전두환 씨 측의 작품"이라고 주장했다. 진짜 주인공은 민주화를 열망해온 우리 국민들이 아니었을까?

58

오대양 집단 자살 사건

1987년 8월 29일

희대의 집단 자살극이 경기도 용인군에서 발생했다. 전쟁 중이나 종교 집단에서 대량 살상 행위를 한 것은 더러 기록으로 남아 있지만, 이 사건은 사이비 종교 집단에서 발생한 자살 형태의 변사 사건이어서 우리 사회에 큰 충격을 던졌다.

1987년 8월 29일 경기도 용인군 남사면 북리 (주)오대양 용인 공장에서 이 회사 대표 박순자 여인(당시 48세) 등 32명이 변사체로 발견되었다. 사체가 발견된 곳은 이 공장의 식당 및 다용도실 천장이었다. 이들 가운데 대들보에 목을 맨 채 발견된 공장장 이강수(당시 45세) 씨 이외에는 모두 잠옷 차림으로 반듯이 눕거나 서로 뒤엉켜 포개진 채로 발견되었다. 현장 주변에는 먹다 남은 식빵, 라면 상자, 물통, 약병 등이 흩어져 있어 이들이 이곳에서 집단 도피 생활을 해온 것으로 추정되었다.

경찰의 사체 부검 및 현장 조사 결과, 숨진 사람들은 대부분 손발이 옷가지 등으로 묶여 있고 목이 졸린 흔적이 있었다. 게다가 위장에서 치사량에 이르는 독극물이 발견되지 않아 직접적인 사인은 질식사로 추정되었다. 경찰은 박순자 여인의 사체 경직도가 가장 심하고, 박 여인의 두 아들 이영호(당시 24세), 재호(당시 22세) 군의 목 졸린 상처가 깊어 이들은 목을 매어 죽은 것으로 추정된다고 밝혔다.

이 같은 경찰의 조사 결과를 바탕으로 이들의 사망 과정을 유추해보면 이렇다. 먼저 박순자 여인이 모종의 사건과 관련, 추종자들에게 집단 자살을 요구한 뒤 자신이 먼저 죽었다. 뒤이어 그녀의 두 아들과 공장장 이강수 씨가 나머지 사람들을 모두 죽인 뒤, 각각 목을 매고 자살했다는 것이다. 경찰은 최종적으로 이들이 거액의 빚에 쫓겨 집단 도피 생활을 해온 끝에 약물 복용으로 혼미한 상황에서 집단적으로 자살했다고 결론 내렸다. 하지만 이들이 죽음에 이르는 과정, 사건의 주역인 박순자 여인의 사기 행각, 그리고 이들의 광신적 집단 수용 생활 등이 밝혀지면서 사람들은 한 번 더 충격에 빠졌다.

오대양의 실체는 이보다 앞서 8월 16일 이미 세상에 알려진 바 있었다. 당시 박순자 여인에게 5억여 원을 빌려준 이 아무개 씨가 돈을 받으러 갔다가 오대양 직원들에 의해 감금되어 각서 등을 강요당했다가 풀려나 경찰에 고발했던 것이다. 경찰이 수사에 들어가자 박순자 여인은 세 자녀, 오대양 직원, 학사 수용아 등 1백여 명을 데리고 잠적했고, 이 사실이 알려지자 전국에서 채권자 220여 명이 70여억 원을 박순자 여인에게 빌려주었다고 신고하고 나섰

「일요뉴스」의 1987년 8월 30일자 호외. 사이비 교주 등 32명이 집단 떼죽음한 이 사건은 큰 사건임에도 중앙지에서는 호외를 발행하지 않았다. 주간지인 「일요뉴스」가 이례적으로 호외를 발행했고, 지방지인 「대전일보」도 호외를 발행했다.

다. 이로써 이 사건은 단순 폭행 사건에서 거액 사기 사건으로 급반전되었다. 이 과정에서 평소 박순자 여인이 '오대양교'의 교주처럼 행세한 사실이 세상에 알려졌고, 수사는 새로운 국면을 맞게 되었다.

경찰 수사에 따르면, 박순자 여인은 1984년부터 대전에서 기업체를 운영하면서 평소 지역 유지로 행세했다고 했다. 특히 충남도청의 국장으로 있던 남편의 지위를 배경으로 거액의 사채를 끌어다 쓴 것으로 드러났다. 박 여인은 자신의 사기 행각을 감추기 위해 돈을 빌려다 쓴 사람들의 가족을 취업시키거나, 그 자녀를 맡아 양육하고 취학시켰다. 이렇게 끌어온 이들에게 오대양교를 주입하기 위해 자신을 신격화한 비디오를 보여주거나 철저한 집단생활을 강요한 것으로 밝혀졌다. 결국 이 사건은 광신적인 집단생활을 해온 이들이 채무 관계로 자신들의 실체가 드러나자 도피 생활 끝에 절박한 위기감에 사로잡혀 자살을 택한 것으로 추정되었다. 경찰은 사건 발생 1주일 만에 사이비 종교 집단의 집단 자살극으로 간주하고 수사를 종결했다. 한국판 '인민사원 사건'으로 불리는 이 사건은 현재 영구 미제 사건으로 남아 있다.

59

김현희 KAL기 폭파 사건

1987년 11월 29일

1987년 11월 29일 오후 2시 5분경, 대한한공 소속 858편 보잉 707기가 미얀마 근해 안다만 해역에서 공중 폭발, 추락한 사건이 발생했다. 당시 사고기에는 한국인 승객 93명과 외국인 2명, 승무원 20명 등 모두 115명이 탑승하고 있었으며, 중동에서 귀국하던 근로자가 대부분이었다. 이 비행기는 전날 밤 11시 27분(현지 시각) 이라크의 바그다드를 출발해 아랍에미리트의 수도인 아부다비에 기착한 뒤 방콕을 향하던 중이었다.

29일 오후 2시 1분경, 이 비행기는 미얀마의 벵골만 상공 어디스에서 방콕공항으로 "45분 후 방콕에 도착하겠다. 비행 중 이상은 없다."는 무선 보고를 했다. 그리고 4분 뒤 이 비행기는 폭발 후 인근 해안에 추락했다. 도착 시간이 지나서도 비행기가 도착하지 않자 방콕공항에서는 탑승객들의 가족들이 술렁였다. 날이 저물도록 비행기로부터 소식이 없자 정부와 대한항공 관계자들은 갑작스러운 기상 이변으로 추락한 게 아닌지 예측하기 시작했다.

30일 태국 내무성으로부터 공식 통보를 받고서야 대한항공 사고대책본부는 사고 사실을 공식 발표했다. 그러나 사고 내용에 관한 수사에는 별 진전이 없이 이틀이 지났다. 그러다가 이 비행기에 한국 입국이 금지된 일본인 두 명이 탑승했다는 「동아일보」의 보도가 나오면서 수사가 급진전되었다. 문제의 두 남녀는 하치야 마유미(蜂谷 眞由美, 김현희)와 하치야 신이치(蜂谷 眞一, 김승일)라는 이름의 여권을 갖고 있었다. 이들은 29일 바그다드에서 KAL 858편에 탑승한 뒤 아부다비공항에서 내렸으며, 이 중 마유미는 위조 여권을 소지한 것으로 밝혀져 이 사건의 유력한 용의자로 지목되었다. 수사 당국은 이들이 당시 공산 국가인 유고슬라비아의 베오그라드에서 이라크에 입국한 후 바그다드에서 KAL기에 탑승했다가 사고 직전 기착지인 아부다비에서 내린 것으로 볼 때 수화물에 폭발물을 숨겨 탑승한 뒤 이를 설치해 놓고 내렸을 가능성이 크다고 추정했다.

한편 12월 1일 바레인에 머물던 두 남녀는 요르단으로 탈출하려다 위조 여권이 적발되어 붙잡혔다. 이때 남자는 담배 속에 숨긴 독극물을 먹고 자살하고, 여자는 중태에 빠진 사건이 발생하자 이들이 이 사건의 범인이라는 심증이 더욱 굳어졌다. 수사는 이들이 소지한 여권이 일본 여권이어서 일본 측으로부터 이들의 신원을 밝히는 작업부터 시작되었다. 그러나 일본 측에서는 별다른 내용이 밝혀지지 않자 바레인 당국으로 시선이 쏠렸다. 바레인 당국은 몬트리올 협약에 근거해 문제가 된 여자의 신병을 피해 당사국인 한

「조선일보」의 1988년 1월 15일자 호외. 이날 「조선일보」 호외는 당국의 보도자료를 인용해 당국의 수사 결과와 범인 김현희의 사진과 진술서 내용 등을 게재했다.

국 정부로 인도했다.

한국으로 신병이 인도된 여자는 처음에는 중국어와 일본어를 사용하면서 중국인 행세를 했다. 그러다 8일 만인 12월 23일 심경의 변화를 일으켜 범행 일체를 자백했고, 그렇게 사건 전모가 만천하에 공개되었다.

그의 진술에 따르면, 김정일은 1987년 10월 7일 이들에게 "88 서울 올림픽 참가 신청 방해를 위해 대한항공 여객기를 폭파하라." 고 친필 공작 지령을 내렸다고 한다. 두 사람은 11월 10일 "11월

28일 23시 30분 바그다드발 서울행 대한항공 858기를 폭파하라."
는 최종 지령을 받고 이 비행기를 폭파했다고 한다. 이들은 라디오
에 시한폭탄과 액체 폭약을 몰래 숨겨 탑승한 뒤 9시간 뒤에 폭발
하도록 설치한 후 기착지인 아부다비공항에서 내린 것으로 드러났
다. 이 사건은 소련에 이어 중국까지 서울 올림픽에 참가하기로 결
정했다는 소식이 전해지자 국제 사회에서 고립되었다고 느낀 북한
이 내부 국면 전환용으로 기도한 사건으로 밝혀졌다.

1989년 2월 3일 살인, 항공기폭파치사, 국가보안법 위반 혐의
등으로 불구속 기소된 주범 김현희는 1990년 3월 27일 대법원에
서 최종 사형 판결을 받았다. 그러나 불과 보름 뒤인 4월 12일 노
태우 대통령의 특별사면으로 풀려났다. 이후 당국의 보호를 받으며
지내던 김현희는 이듬해 6월 『이제 여자가 되고 싶어요』라는 수기
를 발간했으며, 1997년 말 자신의 경호를 맡은 전직 안기부 직원
과 결혼했다. 그 후 몇 차례 방송 등에 출연했으며, 일본 정부의 초
청으로 강연을 다녀오기도 했다.

60

5공 청산과 전두환 전 대통령 국회 증언

1989년 12월 31일

제13대 국회가 여소야대로 구성됨에 따라 우리 헌정사에서 의미 있는 신기록이 여럿 수립되었다. 우선 그동안 미국에서나 볼 수 있었던 청문회가 우리 국회에서 처음 선보였다. 또한 미흡하나마 '5공 청산'이라는 역사 청산이 이루어졌다. 이는 해방 후 우리 헌정사에서 모두 처음 있는 일이었다.

1988년 6월 27일 국회 내에 '5·18 광주민주화운동 진상조사특위'와 이른바 5공 특위로 불린 '제5공화국에 있어서의 정치 권력형 비리조사특위'라는 다소 긴 이름의 특별위원회가 구성되었다. 이를 시작으로 제6공화국에 의한 5공 청산 작업이 시작되었다. 주요 내용은 광주민주항쟁 진상 규명 및 군부 책임자 처벌, 김대중 내란 음모 사건 조작 규명, 전두환 전 대통령 친인척 비리 척결, 정경유착 규명, 1980년 언론 통폐합 및 기자 강제 해직 규명 등이었다.

초창기 5공 청산은 국회 차원에서 청문회를 통해 집중 논의되었으나, 점차 제6공화국 정부가 주도하는 양상으로 바뀌었다. 1988년 12월 13일 노태우 대통령의 지시로 검찰 내에 '5공 비리 특별수사부'가 설치되었다. 뒤이어 12월 19일 차규헌 전 교통부 장관을 시작으로 27일에는 청와대 경호실장과 안기부장을 지낸 장세동 씨 등 5공 비리 관련 인사 다수에 대한 사법 조치가 이루어졌다. 이듬해 1월 31일 특별수사부를 해체하면서 검찰은 5공 비리 사건과 관련해 47명을 구속하고 29명을 불구속 입건했다고 밝혔다.

이에 대해 야당은 검찰의 축소 수사를 비난하면서 정호용, 이원조, 이희성, 장세동, 허문도, 안무혁 등 5공 비리의 핵심 6인을 사법 처리해야 한다고 주장했다. 이와 함께 최규하·전두환 두 전직 대통령이 국회에서 증언을 통해 진실을 밝히고 국민에게 사과할 것을 요구했다. 그러나 여당은 이 같은 야당의 주장에 대해 '중간 평가'라는 다소 이색적인 메뉴를 들고 나와 야당의 예봉을 피해 갔다. 이로써 여야 간에는 5공 청산을 놓고 의견 다툼이 일었고, '광주 청문회'와 '5공 청문회'가 여당의 불참 속에 야당 단독으로 진행되는 파행을 낳았다.

5공 청산 정국에 일대 국면 전환이 일어난 것은 이해 3월 25일 문익환 목사의 방북으로 공안 정국이 조성되면서부터였다. 이 사건으로 김영삼·김대중 총재에 대한 안기부의 소환 조사가 이루어졌다. 뒤이어 서경원 의원 밀입북 사건, 동해 선거 후보 매수 사건, 울산 사태 등이 터지면서 정치권은 소용돌이에 휩싸였고, 5공 청산을 주장하는 목소리는 물밑으로 침잠했다.

여야는 다시 협상 테이블로 나섰고, 마침내 여야 14인 중진 회담

「시사저널」은 신년 휴간에도 불구하고 전두환 전 대통령의 국회 증언을 특별호로 제작해 배포했다.

체가 구성되었다. 여기서 야당의 세 총재는 '연내 5공 청산'을 주장하면서 전두환·최규하 두 전직 대통령의 조속한 국회 증언 등 4개 항을 합의, 발표했다. 여야 영수회담 결과, 전두환 전 대통령의 국회 증언 문제 등 11개 항이 합의되었으며, 12월 23일 양대 특위 위원장 및 간사 합동회의에서 전두환 씨 증언은 12월 31일, 질문 사항은 총 125항으로 하기로 결정했다.

12월 31일 새벽, 은둔지인 백담사에서 출발한 전두환 씨는 오전 10시에 국회에 출석해 제5공화국의 통치 전반에 대해 두 시간 정도에 걸쳐 증언했다. 그러나 핵심적인 내용은 전부 비켜 간 데다 자신의 통치 행위에 대한 해명성 답변으로 일관했다. 장석화 의원(민주당)은 전두환 씨의 답변을 두고 "정치인 모두가 전 씨에게 확실한 면죄부를 발부해준 방조범으로 전락했다."고 통분하면서, "전 씨를 증언거부죄, 증인불출석죄, 위증죄로 고발해야 한다."고 촉구했다. 그 무렵에 나온 한 여론조사 결과에 따르면, 전두환 씨의 증언 태도가 불성실했다고 답한 사람이 80.6퍼센트에 달했다.

이로써 헌정 사상 초유의 전직 대통령 증언은 역사 청산이라는 또 하나의 논쟁거리를 낳은 채 막을 내렸다. 1979년 12·12 쿠데타로 권력을 잡은 뒤 1980년대를 풍미했던 전두환 씨는 1980년대 마지막 날 국회에 출석함으로써 '권불십년'이라는 옛말을 무색케 했다.

전 씨가 국회에서 증언한 이날은 신문들이 3일간의 새해 연휴에 들어가는 날이었다. 따라서 몇몇 신문들은 휴간일임에도 불구하고 1990년 1월 1일자로 호외를 발행했다. 시사 주간지인 「시사저널」도 국민적 관심을 감안해 예외적으로 특별호를 발행했다.

61

3당 합당
1990년 1월 22일

    1989년은 5공 청산 문제로 한 해 내내 정국이 어수선했다. 그해 마지막 날에는 헌정 사상 최초로 전직 대통령이 국회에서 증언하는 등 실로 1989년 정국은 '5공 청산'이라는 용어를 떼놓고는 생각할 수 없는 한 해였다. 그러나 1990년 들어 정국은 또 하나의 소용돌이로 술렁거렸다.

    1990년 1월 22일 오전 10시, 민정당 총재인 노태우 대통령은 청와대에서 김영삼 민주당 총재, 김종필 공화당 총재와 회동을 갖고 3당 통합에 의한 신당 창당과 각 당 5인씩 15인으로 창당준비위원회 구성에 합의했다고 발표했다. 약 아홉 시간에 걸친 회담을 끝낸 뒤 이들 세 사람은 청와대 접견실에서 '새로운 역사 창조를 위한 공동선언'을 발표하면서 "통합 신당은 온건 중도의 민족·민주 세력의 통합을 통한 새로운 국민 정당이 될 것"이라고 밝혔다.

이들은 또 발표문을 통해 "민정·민주·공화당은 가칭 '민주자유당'으로 조건 없이 합당한다."고 선언하고, "신당은 앞으로 문호를 개방해 우리의 뜻을 지지한다면 누구라도 환영할 것이며, 특정 정당이나 정파를 결코 배제하지 않을 것"이라고 밝혔다. 이로써 정치권의 보수 대연합이 이루어졌다.

정계 개편에 대한 논의는 1988년 4·26 총선 직후부터 계속 제기되어 왔다. 이 선거에서 전국이 네 지역으로 분할되어 지역 갈등 문제가 심각한 사회 문제로 대두된 데다 5공 청산과 노사 분규로 정국 안정을 위한 정계 개편이 정치권 일각에서 줄기차게 거론되어 왔던 것이다. 그러나 노태우 대통령이 연두 기자회견에서 정계 개편은 신중해야 한다며 조기 개편에 대해 부정론을 피력한 바 있어 이 사건이 정치권에 던진 충격은 더욱 컸다.

3당 합당과 관련해 여론은 유권자들의 투표 결과를 임의로 판단한 것이라며 곱지 않은 시선을 보냈다. 또 성향이 다른 3당이 인위적으로 합당한 만큼 신당의 결속에도 문제가 있을 것이라며 회의적인 의견을 내비쳤다. 이와 함께 신당이 지역성 타파를 기치로 내걸었으나 호남과 비호남의 대결 국면은 더욱 강화될 것이라는 비판도 나왔다.

한편 3당 합당으로 유일 야당으로 남은 평민당은 긴장 속에서 대처 방안을 모색했다. 평민당은 이튿날인 1월 23일 긴급 의원총회를 열고, 임시국회가 끝나면 내각제 개헌 반대 1천만 명 서명운동을 벌이기로 결의했다. 이어 2월 임시국회가 끝나면 국회의원 전원이 사퇴해 총선에서 국민의 의사를 물어야 한다고 주장했다.

3당은 2월 임시국회 공고 직전인 2월 15일까지 신당 창당 등록

3당 합당 소식을 전하는 「한겨레신문」의 1990년 1월 22
일자 호외.

을 마친다는 계획 아래 발 빠르게 움직였다. 우선 3당은 6인 간사
로 구성된 통합추진위원회를 구성하고, 산하에 세 개의 실무 운영
반을 두고 통합을 추진했다. 창당 과정에서는 3인 최고위원이 공동
으로 당을 대표하고, 산하에 60명 이내의 중앙당무위원회를 두었
다. 마지막으로 3당은 합당을 위해 정당법에 따라 1월 말부터 2월
초 사이에 합당 준비 절차를 모두 마치고, 2월 9일 3당의 수임 기
관이 합당을 맡기로 결의했다. 이로써 민주당은 1987년 5월 창당
한 지 2년 9개월 만에, 그리고 민정당은 1981년 1월 창당한 지 9

년 1개월 만에 사실상 해체되었다.

신당은 2월 9일 합당대회를 거쳐 15일 민주자유당으로 중앙선관위에 등록하고 국회에도 단일 원내교섭단체로 등록했다. 이로써 1988년 총선 결과는 온데간데없고, 네 지역 분할 구조는 호남과 비호남의 대립 구조로 일변했다.

3당 합당은 '구국의 결단'이었다는 합당론자들의 주장보다는 당리당략을 앞세운 '정치 쿠데타'라는 평가가 적절해 보인다. 당시 김영삼 민주당 총재는 당 대표최고위원을 거쳐 민자당의 대통령 후보로 선출되어 제14대 대선에서 대통령으로 당선되었다. 김영삼 총재로서는 필생의 꿈인 대통령 자리에 올랐지만, 돌이켜 보면 3당 합당이 그의 '파멸의 시작'이었는지도 모른다. 김영삼의 정치적 기반인 부산·경남(PK)은 과거 야도(野都)로 불렸으나, 3당 합당 이후 보수 성향으로 변모했다.

62

MBC 파업 사태

1992년 9월 2일~10월 21일

    1992년 초 '공정방송' 실현을 둘러싸고 장기간에 걸쳐 계속된 MBC 파업 사태는 결국 노조 측의 승리로 막을 내렸다. 이 사태는 4월 28일부터 MBC 노사 간에 임금 및 단체교섭을 벌여왔으나 사측이 공정방송의 핵심 조항 철폐, 임금 총액 5퍼센트 인상을 일관되게 주장해 무려 37차례의 교섭이 난항을 겪은 데서 비롯했다. 그러던 중 8월 14일 사측이 노조와의 합법적인 협상 절차를 무시한 채 3국장 추천제 폐지, 임금 5퍼센트 일방적 인상, 해고자 복직 거부 입장을 견지하면서 사태는 파국으로 치달았다. MBC 노조는 사측의 태도가 합법 절차를 무시한 채 노조에 정면 도발한 처사라며 쟁의 체제 돌입을 선언했다.

    당시 노조 측은 이러한 사측의 태도가 단순히 사측의 차원을 넘어 정권 차원의 방송 장악 의도를 반영한 것이자 노조 무력화 책동이라며 강경 대처 방침을 결정했다. 8월 17일 쟁의 발생 신고서를 제출한 노조 측은 냉각기간을 거쳐 9월 1일 조합원 92퍼센트가 참석한 파업 찬반 투표에서 84퍼센트의 압도적인 지지로 파업을 결의했다. 파업은 이튿날인 2일부터 시작되었다.

MBC 사측과 노조 측이 첨예하게 대립한 사안은 첫째, 1989년에 노사가 합의한 편성·보도·TV 기술국장 3배수 추천제를 둘러싼 문제였다. 사측은 이것이 인사권에 대한 침해라며 폐지를 요구했다. 둘째, 해고자 복직 문제는 1990년 〈PD수첩〉 불방 사건과 관련, 당시 최창봉 사장이 이에 항의한 안성일 노조위원장과 김평호 사무국장 등 두 명의 노조 간부를 해고한 것을 두고 발생한 것으로, 이들의 복직을 요구한 노조 측에 사측은 완강한 거부로 맞서고 있었다. 마지막으로 임금 문제는 사측이 일방적으로 5퍼센트 인상 방침을 결정해 공표했는데, 이에 대해 노조 측은 임금의 액수를 문제 삼기보다 엄연히 노조가 있는 만큼 노사 간의 합의를 통해 이 문제를 해결해야 한다는 주장을 폈다.

노조 측의 파업으로 파행 방송이 시작되자 사측은 공권력 투입을 요청했다. 10월 2일 경찰 병력 6개 중대 7백여 명이 투입되면서 파업 사태는 극에 달했다. 9일에는 KBS 노조까지 동조 파업을 결의해 MBC 파업 사태는 전 방송계로 확산되었다. KBS 노조는 10월 7일과 8일 전체 조합원 4,250명을 대상으로 동조 파업 여부 찬반 투표를 실시했는데, 전체 조합원의 69.65퍼센트인 2,960명이 투표에 참가하고 78.38퍼센트인 2,320명이 찬성해 단체 행동 돌입을 결의했다. 이 문제는 당시 개회 중이던 정기국회로까지 비화되어 야당 측에 호재로 작용했다.

1996년 3월 발행된 「언론노보」의 호외. MBC 파업 사태는 공정
보도와 관련한 중대한 언론 사건이었음에도 신문들은 이를 보
도조차 하지 않았다. 겨우 「언론노보」나 「기자협회보」 같은 언
론 매체가 실태를 보도했을 뿐이다.

10월 14일 MBC 노사가 파업 후 처음으로 비공식 접촉을 갖고
대화로 문제를 해결하자는 원칙에 합의하면서 해결의 실마리가 보
이기 시작했다. 10월 21일 MBC 노사는 극적으로 타결을 보았다.
이는 22일로 예정된 국회 문공위원회 감사를 앞두고 최창봉 사장
이 '집안싸움'을 해결해야 한다는 심리적 부담감을 느낀 데다 파행
방송에 대한 국민적 비난 여론을 의식한 것으로 분석되었다. MBC

노사는 노조 측이 3국장 추천제를 양보하는 대신 노사 동수로 공정방송협의회에서 3국장의 문책을 표결할 수 있도록 했다. 또 파업 과정에서 구속된 노조 간부 다섯 명에 대해 회사 측이 고소를 취하하는 대신, 노조도 회사 측에 대해 노동조합법 위반 혐의 고소를 취하하기로 합의했다. 이 밖에 해고자 문제 등도 복직을 적극 검토하는 쪽으로 합의를 보았다. MBC 파업 사태는 파업 50일 만에 타결을 보았고, 방송은 22일부터 정상화되었다. MBC 노조는 그해 제5회 '안종필 자유언론상'을 수상했다.

한편 MBC 파업은 이로부터 3년 5개월 만인 1996년 3월 14일 재연되었다. 당시 노조 측은 그동안 논란이 무성했던 강성구 사장이 연임되자 이에 항의해 14일 새벽 5시를 기해 전면 파업에 돌입했다. 강성구 사장은 사생활 문제 등이 공개되면서 결국 사장직에서 물러났다. MBC 파업 사태는 다른 언론에서 침묵으로 일관했다. 전형적인 '동업자 봐주기'라 할 수 있다. 언론 비평 매체인 「언론노보」와 「기자협회보」가 겨우 관련 보도를 냈을 뿐이다. 이들은 MBC 파업과 관련해 수차례에 걸쳐 호외도 발행했다.

63

부산 초원복집 사건

1992년 12월 11일

　해방 후 우리 정치사에서 큰 선거 뒤에는 늘 부정선거 시비가 있었다. 그런 시비 가운데 하나는 집권 여당이 관권을 동원한 불공정 선거였다. 1992년에 실시된 제14대 대통령 선거까지만 해도 관권선거는 우리 사회에 버젓이 남아 있던 관행이었다.

　제14대 대통령 선거 3일 전인 12월 15일 통일국민당의 김동길 선거대책위원장은 특별 기자회견을 갖고 "지난 11일 아침 7시 부산시 대현동 소재 초원복집 지하 밀실에서 김영삼 후보와 동향 출신인 전 법무장관 김기춘 씨 주도하에 김영환 부산시장, 박일룡 부산지방경찰청장, 이규삼 안기부 부산지부장, 김대균 부산기무부대장, 우명수 부산시 교육감, 정경식 부산지검장, 박남수 부산상공회의소 회장, 강병준 부산상공회의소 부회장 등 아홉 명이 참석한 관계기관 대책회의가 있었다."고 폭로하고, 사진과 녹음테이프를 증거물로 제시했다.

이날 통일국민당 측이 밝힌 바에 따르면, 이곳에 모인 사람들은 김영삼 후보의 당선을 위해 지역감정을 자극해야 하고, 신문사 간부들을 매수해 김영삼 후보에게 유리한 편파 보도를 하며, 정주영 후보에 대한 비방을 유포하고, 상공회의소 등 민간단체가 유세장에 인력을 동원하도록 하며, 현대그룹에 대한 탄압 수사를 해야 한다는 등의 의견을 교환했다는 것이다. 통일국민당이 선거 직전에 폭로한 이 같은 충격적인 내용은 당시 정주영 후보와 김영삼 후보의 접전을 더욱 가속화하고, 달아오른 선거 정국을 일대 소용돌이로 몰아넣었다.

이날 모임은 김기춘 전 법무장관이 주선한 것으로 알려졌다. 그는 이 모임에서 지역감정 문제와 관련해 "다른 사람이 되면 부산·경남 사람들 영도다리에 빠져 죽자.", "정주영 운운하는 부산 놈은 쓸개 빠진 놈이다." 등의 발언을 한 것으로 알려졌다. 이 자리에 참석해 이러한 의견을 나눈 김영환 부산시장, 박일룡 부산경찰청장, 이규삼 안기부 부산지부장, 김대균 부산기무부대장 등은 이 날짜로 직위 해제되었다.

선거 후인 12월 22일부터 검찰의 수사가 시작되었다. 검찰은 통일국민당 측이 안기부 직원으로부터 이들의 모임 정보를 제공받아 현대그룹 고위 간부의 지휘하에 문종렬(당시 42세, 통일국민당 부산 지역 선거대책본부의 강원 출신 주민 담당) 씨 등 여섯 명이 도청 작업을 했다고 발표했다. 이들은 8일 부산시 광복동에서 도청 장치를 구입한 뒤 10일 낮 12시께 이곳에서 네 시간에 걸쳐 식사하면서 이 방의 장롱과 창틀 등 두 곳에 도청 장치를 설치했다. 모임 당일인 11

일 새벽부터 초원복집에서 20미터 정도 떨어진 인근 주차장 담 부근에 잠복하고 있던 이들은 오전 7시경부터 두 시간 동안 FM 주파수를 맞춰 대화 내용을 완벽하게 녹음한 것으로 밝혀졌다.

29일 부산지검은 기관장 모임을 주선한 김기춘 전 법무장관을 대통령선거법 위반 혐의로, 통일국민당 정몽준 의원을 도청 관련 범인 도피 혐의로 불구속 기소했다. 또 도청에 참여한 문종렬 씨 등 세 명을 형법 제319조 위반 혐의(주거 침입)로 불구속 기소하고, 사건 직후 해외로 도피한 현대중공업 안충승 부사장을 범인 도피 및 은닉 혐의로 기소 중지했다.

그러나 이미 선거가 김영삼 후보의 승리로 끝난 상황이어서 수사는 묘한(?) 방향으로 진행되었다. 통일국민당 관계자들이 징역 1년을 구형받은 반면, 기관장 대책회의 관련자 가운데서는 김기춘 씨를 제외하고는 모두 사법 처리 대상에서 빠졌다. 김 씨는 대통령 선거법 위반으로 기소되었으나 이 법의 제36조 제1항이 헌법상·표현의 자유와 참정권 등을 지나치게 제한한다며 헌법재판소에 위헌 심판 제청을 신청했고, 헌재가 위헌 결정을 내리면서 공소가 취하되었다.

관련자 가운데 일부는 해임 등 처벌은커녕 오히려 승승장구해 출세가도를 달렸다. 통일국민당 관계자들을 변호한 한 변호사는 이를 두고 "도둑은 안 잡고 고발자만 처벌했다."며 검찰 수사를 맹비난했다. 당초 통일국민당에 유리할 것으로 판단되었던 이 사건은 오히려 여론의 역풍을 맞았다. 이 사건으로 김영삼 후보에 대한 영남 지지층이 결집하는 결과를 낳아 통일국민당 정주영 후보는 결국 선거에서 패배하고 말았다. 통일국민당 측은 선거 3일 전에 이

「통일국민당보」의 호외. 「통일국민당보」가 처음이자 마지
막으로 이 사건을 호외로 보도했다.

사건을 폭로해 국면 전환을 모색했지만, 결과도 신통치 않았을 뿐
만 아니라 오히려 지역감정만 부추기고 말았다.

　통일국민당은 12월 15일 「통일국민당보」를 통해 이 사실을 호외
로 보도했다. 선거를 앞두고 정당에서 당보 호외를 발행하는 경우는
더러 있었다. 대개의 경우 자당의 정책이나 자당 후보 선전이 주목
적이었다. 이 경우처럼 선거 사범 사건을 호외로 보도한 것은 이 호
외가 유일하다.

64

제14대 대통령에 김영삼 후보 당선
1992년 12월 19일

제14대 대통령에 민자당의 김영삼 후보가 41.1퍼센트의 득표율로 당선됨으로써 제2공화국이 막을 내린 지 31년 만에 '문민정권'이 탄생했다. '신한국병 치유', '신한국 건설' 등을 캐치프레이즈로 내건 것이 선거에서 주효한 것으로 분석되었다. 이날 국내 신문들은 새 문민 대통령의 탄생을 알리는 호외를 조·석간 할 것 없이 모두 발행했다.

1992년 12월 18일 실시된 제14대 대통령 선거는 문민정부를 기대하는 국민들의 열망만큼이나 국내외의 비상한 관심 속에서 치러졌다. 선거를 앞두고 정부는 노태우 대통령이 당적을 탈퇴, 중립내각을 구성해 선거를 치르게 했다. 이로써 역대 어느 선거보다도 공정한 선거였다는 평가를 받고 있다. 그러나 결과적으로는 이 선거를 통해 지역감정의 골이 한층 깊어졌다는 지적도 나왔다. 또 이 선거는 '양 김' 중 한 사람은 청와대로 가고, 한 사람은 정계 은퇴(후에 번복함)를 선언하는 정치 생활의 분기점을 만들었다. 이로써 '양 김 시대'의 종언을 고하는 것이 아니냐는 예측을 낳기도 했다.

제14대 대통령 선거에는 모두 7명의 후보가 입후보했다. 민자당의 김영삼 후보, 민주당의 김대중 후보, 통일국민당의 정주영 후보가 종반까지 3파전을 벌였으며, 이 밖에 신정당의 박찬종 후보, 대한정의당의 이병호 후보, 무소속의 백기완 후보와 김옥선 후보 등이 군소 정당의 후보로 출마했다.

중앙선관위가 발표한 최종 집계를 보면, 민자당 김영삼 후보가 997만 표로 41.1퍼센트, 민주당 김대중 후보가 804만 표로 33.4퍼센트, 통일국민당 정주영 후보가 388만 표로 16.1퍼센트를 얻은 것으로 나타났다. 선거 종반에 통일국민당이 폭로한 '부산 지역 기관장 대책회의(이른바 '부산 초원복집 사건')'의 파문은 결과적으로 부산·경남 지역 유권자들로 하여금 동정표를 유발해 김영삼 후보에게 유리한 영향을 준 것으로 나타났다. 김영삼 후보는 부산에서 83.2퍼센트, 경남에서 84.6퍼센트, 경북에서 80.6퍼센트, 대구에서 78.5퍼센트를 얻은 것으로 나타났다. 반면 김대중 후보는 광주에서 89.1퍼센트, 전북에서 85.2퍼센트, 전남에서 85.6퍼센트를 얻은 것으로 나타났다. 결국 김영삼 후보는 호남권에서 불과 4퍼센트를 얻고도 영남권에서 68퍼센트나 획득해 김대중 후보를 190여만 표 차이로 누르고 승리한 셈이다. 이는 양자 간의 정책 대결보다는 지역감정이 선거를 좌우한 결과라고 할 수 있다.

제14대 대선에서 민자당의 김영삼 후보가 대승한 요인은 김영삼 후보가 유세 초반부터 '안정이냐, 혼란이냐'를 내세워 안정 희구

「국민일보」의 1992년 12월 19일자 호외. 이날 국내 신문들은 새 문민 대통령의 탄생을 알리는 호외를 조·석간 할 것 없이 모두 발행했다.

세력을 겨냥한 전술을 구사한 데다 '신한국병 치유', '신한국 건설'이라는 캐치프레이즈가 주효한 것으로 풀이되었다. 반면 민주당의 패인은 영남 지역에서의 막판 지역감정 고조와 통일국민당의 부진 등을 들 수 있다. 또 10퍼센트 이상 확실하게 앞설 것으로 예상했던 수도권에서 겨우 2~3퍼센트 앞서는 데 그친 점도 한 요인으로 꼽혔다. 통일국민당의 경우, 확실한 지역 연고가 없는 데다 선거 막판에 현대그룹 수사와 금권 시비가 불리하게 작용하면서 초반의 상승세를 표로 연결하지 못한 것으로 평가되었다.

후보별로 보면, 민자당의 김영삼 후보는 선거운동에서는 별다른 호응을 얻지 못했으나 안정 희구 세력의 묵시적 동조를 표로 연결시켰다. 반면 민주당의 김대중 후보는 종래의 이미지에서 변신해 '뉴 DJ' 등 새로운 캠페인을 전개했으나 지역의 벽을 넘지 못했다. 통일국민당은 거대한 조직과 자금력으로 초반에 '정주영 돌풍'을 일으켰지만, 정당으로서 자생력이 부족한 한계를 드러냈다. 신정당은 여론조사에서는 늘 10퍼센트 이상의 지지를 받았지만, 기본적인 조직력의 부재로 이러한 지지를 표로 연결시키지 못했다. 무소속의 백기완 후보는 진보 세력이 자리를 잡기에는 아직 시기상조라는 현실을 다시 한 번 확인하게 해주었다.

이번 선거는 역대 선거 사상 가장 공정했다는 평가를 받았다. 선거 후 중앙선관위가 전국의 20세 이상 유권자 1,200명을 대상으로 조사한 바에 따르면, 응답자의 77.3퍼센트가 공정했다고 답했으며, 50.6퍼센트가 그 요인을 '유권자의 의식 향상'으로 꼽았다. 미국의 「월스트리트 저널(The Wall Street Journal)」지는 제14대 대선 결과를 놓고 한국의 선거 문화가 '스위스 수준'이라고 할 수 있을 만큼 훌륭한 분위기를 유지했다고 평가했다. 특히 제14대 대선은 3공 이후 지속된 군사·독재 정권을 종식시키고 새로운 문민정부를 열었다는 점에서 한국 정치사에서 새로운 이정표로 기록되었다.

65

금융실명제 전격 실시
1993년 8월 12일

　김영삼 정부 출범 6개월 만에 '금융계의 혁명'으로 불리는 '금융 실명제' 실시가 전격적으로 선포되었다. 금융실명제는 역대 정권에 서도 논의되기는 했으나, 여러 가지 문제로 그동안 실행이 보류되 어 온 사안이었다. 금융실명제 실시는 한마디로 모든 금융 거래는 실명으로 해야 한다는 것이다. 이는 정부가 자금의 흐름을 한눈에 파악하는 동시에 정확한 과세와 불법 자금 유통 단속에 그 목적을 둔 것이라고 할 수 있다.

　8월 12일 오후 김영삼 대통령은 특별담화문을 통해 '대통령 긴 급재정경제명령권'(헌법 제76조 제1항)을 발동, 금융실명제 실시를 전 격 선포했다. 김 대통령은 담화문을 통해 "금융실명제는 개혁 중의 개혁"이라고 강조하고 "금융실명제 없이는 부정부패의 원천적인 봉쇄와 정치와 경제의 검은 유착을 끊을 수 없으며 분배 정의를 구현하기 힘들어 정치와 경제의 선진화를 위해 금융실명제를 단행하게 되었다."고 실시 배경을 설명했다.

금융실명제는 1982년에 발생한 이른바 '이철희·장영자 사건'을 계기로 시행 방안이 본격 논의되기 시작했다. 그 뒤 몇 차례나 실시 및 연기를 논의하다가 마침내 11년 만에 전격 시행된 것이다. 금융실명제가 발표된 후 일반 국민은 대부분 환영하는 분위기였으나 금융시장에 미친 충격은 적지 않았다. 실시 직후인 13~14일 이틀간 종합주가지수가 59퍼센트 하락했고, 채권 거래는 일시 중단되기도 했다. 또 사채시장은 곧바로 마비 상태에 빠졌다. 일상적인 소규모 금융 거래에도 금융 기관 창구에서 실명 확인을 요구받게 되자 일반 국민의 불만도 생겨났다. 특히 '검은 돈'의 자금 출처 조사와 관련해 불안감을 감추지 못하는 등 금융실명제 실시의 여파가 곳곳에서 나타났다.

전격적으로 실시된 금융실명제는 이 같은 부작용을 최소화하기 위해 몇 가지 유보 사항을 두고 있었다. 우선 김영삼 대통령은 임기 내에는 주식 매매 차익에 대한 과세는 하지 않겠다고 밝혀 주식 투자자들의 부담을 줄여주었다. 또 자금 출처 조사는 조세 징수에 국한하기로 했으며, 2개월 내에 실명 전환을 할 경우 5천만 원 (미성년자는 1,500만 원) 한도에서는 조사를 면제해주었다. 특히 일반인들의 관심이 지대했던 금융종합과세는 국세청의 전산망이 완비된 뒤인 1996년 1월부터 실시하겠다고 밝혔다.

금융실명제 실시 직후 2개월간의 실명 전환 의무 기간 동안 가명 예금의 실명 전환은 총 2조 7,604억 원으로 집계되었다. 이는 전체 가명 예금액 2조 8,342억 원의 97.4퍼센트에 해당하는 규모다. 금융권별로 전환액을 보면, 은행은 가명 예금의 96.8퍼센트인 8,250억 원, 증권은 97.5퍼센트인 1조 4,957억 원, 투신은 89.9퍼센트인 265억 원, 단자는 99.8퍼센트인 3,506억 원, 신용금고는 99.2퍼센트인 167억 원, 기타(농·수·축협의 상호금융, 마을금고, 신협예금 등 9종)는 90.1퍼센트인 459억 원 등이다. 가명에서 실명으로 전환한 계좌의 평균 금액은 580만 원이며, 금융권별로는 단자가 가장 많아 2억 4,010만 원에 달했고, 다음이 증권으로 1억 6,440만 원이었다. 미전환액은 거래가 끊긴 휴면 계좌를 포함해 738억 원으로 집계되었다. 미전환 계좌 가운데 1억 원 이상인 것은 61개에 그쳤으며, 100만 원이 넘는 계좌 수는 7,246개였는데, 미전환 계좌에는 평균 50만 원이 들어 있었던 것으로 조사되었다.

금융실명제 실시 이후 2개월간의 경제 동향에 대해 정부가 발표한 바에 따르면, 우려했던 부동산 등 실물 투기, 주가 폭락, 해외 자금 도피 등은 예방되었으나, 소규모 영세 기업의 경우 사금융 위축으로 어려움이 많은 것으로 나타났다. 금융실명제 실시는 이후 곳곳에서 파급 효과를 가져왔는데, 1995년 노태우 전 대통령의 비자금 사건 때 그 효력이 여실히 증명되었다. 1997년 말 외환위기가 발생하자 전경련 등은 외환위기의 원인이 금융실명제에 있다며 이 제도의 폐지를 강력히 주장하기도 했다.

당초 '금융 정책의 혁명'이라는 평가를 받았던 금융실명제는 김영삼 정권 임기 말에 와서 본질이 서서히 퇴색했다. 강경식 부총리의 경제팀은 금융실명제의 보완을 추진하면서 "차명으로 된 자금을 실명으로 전환할 경우 자금의 출처를 묻지 않겠다."고 밝혔다. 이는 금융실명제의 본질을 뒤흔들 만한 정책적 퇴보로 해석되어

금융실명제 전격 실시를 알리는 「중앙일보」의 1993년 8월 13일자 호외.

적잖은 비판이 제기되었다.

　금융실명제의 실시는 일부 긍정적인 효과에도 불구하고 도입 취지와는 달리 사정(査正) 등 지나치게 정치적인 면을 강조한 나머지 제도 정착에는 실패했다. 금융실명제는 실명 거래, 금융 소득 종합 과세, 주식 매매 차익에 대한 과세 등 세 가지를 갖추어야 완성된다. 그러나 문민정부는 1993년 실명 거래, 1996년 종합과세를 시행했으나 제도의 착근에 실패했다. 게다가 금융실명제는 1997년 말에 이루어진 대체입법('금융실명거래 및 비밀보장에 관한 법률')에서 사실상 막을 내리고 말았다.

66

서해페리호 침몰 사고

1993년 10월 10일

1993년 10월 10일 전북 부안군 위도면 임수도 앞바다에서 여객선이 침몰해 한 마을을 송두리째 폐허로 만들었다. 이 사고는 1974년 2월 22일 충무 앞바다에서 해군 함정이 침몰해 157명의 장병이 사망한 사고 이후 단일 선박 사고로는 최대의 희생자를 낸 사고였다.

당시 「서울신문」은 호외에서 "2백여 명의 탑승자 중 74명 구조, 130여 명 참변"으로 보도했다. 그러나 최종 집계에 따르면, 이 사고로 인한 희생자는 당초 발표의 두 배를 넘는 292명으로 드러났다. 사고 직후 김영삼 대통령은 빈발한 대형 사고에 유감을 표시하면서 유사 사건의 재발 방지를 지시했다. 그러나 김영삼 정권 재임 기간 중 육·해·공에 걸쳐 전국적으로 대형 사고가 잇따라 발생해 이 같은 지시를 무색케 했다.

사고 선박인 서해페리호(선장 백운두, 당시 52세)는 당일 위도의 파장금항을 떠나 격포항으로 가던 110톤급 여객선이었다. 사고 당일, 초속 10~14미터의 강풍과 2~3미터의 파도로 기상 상태가 좋지 않았다. 따라서 이날 이 선박의 출항은 불가능한 상황이었다. 이러한 상황을 감안한 것인지 사고 선박 역시 당초 출발 예정 시간을 40분이나 지나 오전 9시 40분쯤 무리한 항해를 시작했다. 사고 선박에는 일요일을 이용해 육지로 일 보러 가는 위도 주민들과 주말을 맞아 위도에 바다낚시를 왔다가 돌아가는 관광객들이 주로 타고 있었다.

사고는 이 선박이 파장금항에서 머물다 출발을 강행, 15킬로미터 뱃길을 30분 남짓 항해한 뒤인 10시 10분경 격포항을 9킬로미터 남겨둔 지점에서 발생했다. 선장 백운두 씨는 항해가 어렵다고 판단해 위도항으로 되돌아가기 위해 배를 무리하게 위도 쪽으로 돌렸다. 바로 그때 높이 4~5미터나 되는 파도가 선체 옆을 때렸다. 순간 선체가 한쪽으로 기울면서 가라앉기 시작하더니 불과 5분 만에 배가 완전히 가라앉고 말았다. 사고가 나자 갑판과 2층 선실에 있던 승객 60여 명은 구명대나 스티로폼, 널빤지 등을 안고 배에서 뛰어내려 인근을 지나던 선박에 의해 대부분 구조되었으나, 안쪽에 있던 승객들은 화를 면치 못했다. 특히 사고 5분 전 위험하니 선실로 들어가라는 안내 방송을 들은 많은 승객이 선실로 들어가면서 희생이 더 컸던 것으로 조사되었다.

이 사고는 사고 직후부터 정원 초과가 가장 큰 원인일 것으로 지적되었는데, 관계 당국의 조사에서도 정원 초과가 가장 큰 원인으로 드러났다. 여기에 당일 일기가 좋지 않은 상태에서 무리하게

「서울신문」의 1993년 10월 11일자 호외.

출항한 점, 선장의 운항 미숙 등도 사고의 주요 원인으로 분석되었다. 이 선박의 승선 정원은 221명이었는데, 사고 당시 승선 인원은 정원의 절반 이상인 141명이나 초과한 362명이었다. 생존자들의 증언에 따르면, 사고 당시 이 선박은 많은 승객과 함께 수하물이 갑판 부분에 몰려 배의 상부가 무거운 상태였다고 한다. 그래서 배가 한 번 기운 뒤 복원력을 잃고 그대로 침몰하고 말았던 것으로 조사되었다.

이 사고는 서해의 외딴 섬 위도를 거의 파멸로 몰고 간 비참한 사고였다. 인구 4천여 명이 오순도순 모여 살던 위도에서는 졸지에 주민 58명이 떼죽음을 당했다. 사고 후 희생자 가족들은 사고의 악몽을 씻기 위해 속속 섬을 떠났다. 위도면의 경우, 가족을 잃은 25가구 중 13가구가 섬을 떠났다. 사고 발생 후 관계 공무원 38명이 징계 조치를 받았지만, 이런 조치가 유족들의 아픔을 치유할 수는 없었다.

67

북한 김일성 주석 사망

1994년 7월 8일

　북한 정권을 반세기 가까이 통치해온 김일성 주석의 사망 소식은 남북한은 물론 국제 사회에서도 큰 뉴스였다. 특히 이는 북한의 새로운 변화를 예고하는 것으로 받아들여져 단연 톱뉴스로 취급되었다.

　북한은 7월 9일 정오 당 중앙위원회와 중앙군사위원회, 국방위원회, 중앙인민위원회, 정무원 공동 명의로 라디오와 TV 특별 방송을 통해 김일성 사망 사실을 보도했다. 이로써 김일성 주석의 사망은 사망 34시간 만에 공식 확인되었는데, 그 내용은 다음과 같다.

　　우리의 전체 노동 계급과 협동농민들, 인민군 장병들과 청년 학
　　생들, 조선노동당 중앙위원회와 군사위원회, 조선민주주의인민
　　공화국 국방위원회와 인민위원회, 정무원은 조선노동당 총비서

이시며 조선민주주의인민공화국 주석이신 위대한 수령 김일성 동지께서 1994년 7월 8일 2시 급병으로 서거하셨다는 것을 가장 비통한 심정으로 온 나라 인민들에게 알린다.

뒤이어 북한은 김일성의 사인에 대한 '의학적 결론서'를 중앙통신을 통해 밝혔다. 북한이 김일성 주석의 사망에 대해 의학적 진단을 공표한 것은 이례적 일로, 이는 김 주석의 사망을 둘러싼 불필요한 오해를 미연에 방지하려 한 것으로 해석되었다. 그 내용은 다음과 같다.

경애하는 수령 김일성 동지께서는 심장혈관의 동맥경화증으로 치료를 받아오시었다. 겹쌓이는 헌신적인 과로로 인하여 1994년 7월 7일 심한 심근경색이 발생되고 심장 쇼크가 합병되었다. 즉시에 모든 치료를 한 후에도 불구하고 심장 쇼크가 증악되어 1994년 7월 8일 2시에 사망하시었다. 1994년 7월 9일에 진행한 병리 해부검사에서는 질병의 진단이 완전히 확정되었다.

이날 북한은 273명으로 국가장의위원회를 구성하고 김정일, 오진우 등 장의위원의 명단을 발표했다. 장의위원회 20위 이내의 서열은 기존 당 서열과 차이가 없었다. 장의위원장은 별도로 정하지 않았으나, 장의위원 서열 1위는 김정일 비서였다. 이어 북한은 장의위원회 명의로 장의 일정과 관련 행사 계획을 공보를 통해 밝혔는데, 전체 내용은 다음과 같다.

1. 경애하는 수령 김일성 동지의 영구를 금수산의사당에 정중히
   안치한다.
2. 경애하는 수령 김일성 동지를 추모하여 7월 8일부터 17일까
   지를 애도 기간으로 하며, 7월 11일부터 7월 16일 사이에 조
   객들을 맞이한다.
3. 경애하는 수령 김일성 동지를 영결하는 추도대회를 7월 17일
   혁명의 수도 평양에서 엄숙히 거행한다.
4. 애도 기간에 전국의 모든 기관, 기업소들에서 추도 행사를 진
   행하며, 평양시에서 추도대회가 진행되는 시간에 맞추어 각
   도·시·군에서 추도식을 진행한다.
5. 애도 기간에 기관, 기업소들에서는 조기를 띄우며, 일체의 가
   무와 유희, 오락을 하지 않도록 한다.
6. 외국의 조의 대표단은 받지 않기로 한다.

그러나 이 일정은 조문 기간을 2일 연장하면서 차질을 빚었다.
그 결과, 영결식은 7월 19일, 추도대회는 7월 20일 각각 분리해 진
행되었다. 사망 11일 만인 7월 19일 금수산의사당에서 영결식이
치러진 데 이어 다음 날 김일성광장에서 추도대회가 열렸다. 또 사
망 100일째인 10월 16일, 김정일이 참석한 가운데 별도의 '중앙추
모대회'가 열렸다.

한편 북한 김일성 주석의 사망은 우리에게도 적잖은 후유증을
남겼다. 그동안 추진해온 남북 정상회담이 무산되었으며, 특히 김
일성 주석의 애도 기간 중 조문 문제를 두고 논란이 벌어져 남북
관계에 악영향을 끼치기도 했다.

'김일성 사망.' 「조선일보」의 1994년 7월 9일자 호외 제목이다. 거의 2단 크기의 이 제목은 국내 신문 호외 사상 가장 큰 활자로 기록되고 있다.(이로부터 3개월 뒤인 1994년 10월 21일에 발생한 '성수대교 붕괴 사고' 때도 이에 버금갈 만한 크기로 제목을 뽑았다.)

김일성 주석 사망 이후, 그의 아들 김정일 비서가 실질적인 1인자가 되어 북한을 통치했다. 김 주석 사후 원로들의 잇따른 사망으로 혁명 1세대는 거의 사망하거나 일선에서 은퇴해 북한 정권 내부에도 세대교체가 이루어졌다. 이 밖에 거듭된 식량난과 황장엽 비서의 망명(1997) 등으로 북한은 내외적으로 큰 어려움을 겪어야만 했다. 김영삼 정권은 출범 후 남북 정상회담에 공을 들였으나,

김 주석의 돌연한 사망으로 닭 쫓던 개 지붕 쳐다보는 격이 되고 말았다.

한편 국내 신문들은 북한의 공식 발표를 확인한 후 9일자로 호외를 발행했다. 뉴스가 뉴스였던 만큼 일간지는 물론 경제지, 스포츠지, 영자지 할 것 없이 거의 전 매체가 호외를 발행했다. 「조선일보」가 '김일성 사망' 오보 호외를 발행(1986. 11. 17.)한 지 8년 만에 제대로 된 호외를 낸 셈이다.

68
성수대교 붕괴
1994년 10월 21일

출근길 한강 다리가 느닷없이 내려앉아 시민과 학생 32명의 목숨을 순식간에 앗아갔다. 이 사고 소식은 오전 내내 TV를 통해 특별 생방송되었으며, 주요 일간지들은 호외를 발행하기도 했다.

문민정부 들어 발생한 다양한 형태의 대형 사고 중에서 성수대교 붕괴는 가장 충격적이고도 수치스러운 사고로 불리고 있다. 단순히 인명 피해의 차원을 넘어 국가적 체면에 중대한 손상을 가져온 사고로 기록되고 있기 때문이다. 이 사고 소식은 외신을 타고 전 세계에 보도되어 '건설 대국'으로서의 한국의 면모를 하루아침에 무너뜨리고 말았다. 아울러 외견상 멀쩡한 다리가 순식간에 무너져 내림으로써 국민들에게는 극도의 불안과 충격을 주었다.

사고는 1994년 10월 21일 오전 7시 30분경, 한창 출근 시간대인 아침 시각에 발생했다. 서울 강남의 압구정동과 강북의 성수동을 잇는 성수대교의 5번과 6번 교각 사이의 상판 48미터가 돌연 무너져 내린 것이다. 이 사고로 때마침 이 지점을 지나던 승용차 세 대와 승합차 한 대, 16번 시내버스 등이 상판과 함께 강물로 추락해 학생과 시민 32명이 떼죽음을 당하고, 17명은 다행히 구조되었다. 당시 16번 시내버스에는 등교하던 학생들이 타고 있었다. 버스가 상판 위로 거꾸로 떨어져 내리는 바람에 탑승했던 무학여중·고생 9명이 참변을 당했다.

문제의 성수대교는 동아건설이 공사비 115억 8천만 원을 들여 1977년 4월 9일 착공해 2년 6개월 만인 1979년 10월 16일 완공한 다리였다. 서울시가 발주, 대한컨설턴트가 설계한 이 다리는 국내 최초로 철골 구조물 트러스 공법으로 시공했다. 교각 사이가 길고 교각 수가 적어 당시 '미관을 고려한 첫 한강 대교'라는 칭찬을 받았다. 그러나 이처럼 우수한 공법으로 시공한 다리였음에도 많은 문제점을 안고 있었던 것으로 밝혀졌다.

검찰과 대한토목학회가 조사한 바에 따르면, 사고 원인은 시공사 측이 철골 용접 부위를 날림으로 시공한 데다 설계 용량을 무시한 과도한 차량 통과, 그리고 국내 기술 수준을 도외시한 채 외국의 첨단 교량 시공 기술을 도입한 것 등이 복합적으로 작용한 것으로 드러났다. 검찰의 조사 의뢰를 받은 한국강구조학회는 교량 구조물의 부식과 과적 차량의 반복 통행으로 상현재와 수직재를 연결하는 핀 주위가 균열되면서 붕괴한 것으로 보인다고 잠정 결론지었다. 결국 사고 원인은 불량 시공과 서울시의 관리 소홀로 귀결되었다. 그러나 사고 직후 해당 관서인 서울시와 시공사인 동아건설 측은 붕괴 원인을 놓고 서로 책임을 전가하는 등 추태를 보였다.

「동아일보」의 1994년 10월 21일자 호외.

사고 후 한강 다리 시공사와 서울시 당국은 사후약방문 식으로 13개 한강 교량과 지하차도, 고가도로, 준공 20년 된 시민아파트 등에 대한 안전점검을 실시하는 등 요란을 떨었다. 경찰도 대형 화물차량의 한강 교량 통과 제한을 강화했다.

어떤 사고든 일단 터지고 나면 관계자에 대한 문책이 이어졌지만, 이번 사고는 그조차도 부실했다는 지적이 나왔다. 사고 후 이원종 서울시장이 물러나고 후임으로 우명규 시장이 수습 책임을 맡고 부임했다. 그러나 신임 우 시장 역시 이번 사고에 책임이 있다는 주장이 제기되어 한때 구속이 검토되었고, 결국 취임 11일 만에 사퇴했다.

시공사인 동아건설의 최원석 회장에 대해서도 여론이 악화되었으나 서울지검은 불기소 처분하고 말았다. 전 세계의 이목을 집중시켰던 이 사고는 서울시 도로국장 이신영 씨와 당시 현장 소장 신동현 씨 등 하위직 15명만 구속하고 2명은 불구속 기소하는 것으로 마무리되었다. 그러나 이들조차도 1심에서 집행유예(16명)와 무죄(1명)를 선고받고 모두 풀려났고, 야당이 제출한 국무위원 해임안도 부결되었다.

서울시와 동아건설은 희생자 1인당 2억 5천만 원 정도의 보상금을 지급했다. 사고 후 성수대교는 무너지지 않은 부분을 보완해서 사용할 수도 있다는 토목학계의 의견도 있었지만 새로 건설하기로 결정했다. 1995년 4월 26일부터 기존의 성수대교를 헐어내고 새 다리를 짓기 시작해 사고 발생 2년 8개월 만인 1997년 7월 3일 새 성수대교가 완공·개통되었다.

69

대구 지하철 도시가스 폭발 사고

1995년 4월 28일

많고 많은 사고 가운데 상당수는 '인재(人災)'인 경우가 많다. 대구 지하철 도시가스 폭발 사고는 전형적인 인재였다. 사고 당일 현장에서 굴착 공사를 하던 인부들이 가스관이 파손되어 가스가 유출된 사실을 알고서도 이를 방치한 것이 사고의 원인이었다. 여기에 얽히고설킨 지하 매설물에도 한 원인이 있었다. 이 사고로 등굣길 학생 등 101명이 사망하고 202명이 부상당해 적어도 3백 가구 이상에 눈물과 한숨을 남겼다.

사고는 1995년 4월 28일 오전 7시 52분경 대구시 달서구 상인동 대구 지하철 공사 현장에서 발생했다. 가스가 폭발하자 한 개에 무게가 280킬로그램이나 되는 복공판 2천여 개가 한꺼번에 지상 50여 미터 상공으로 치솟았다. 시민과 학생을 태운 출근길 버스는 30미터 아래 땅 속으로 곤두박질쳤고, 주위는 마치 폭격을 맞은 전쟁터를 방불케 할 정도로 참혹했다.

검경 합동 조사에 따르면, 이 사고는 대구백화점 상인점 신축 공사장의 터파기 공사를 맡은 (주)표준개발의 인부 두 명이 사고 당일 오전 7시경부터 공사장 남쪽 8미터 소방 도로에서 천공기로 굴착 작업을 하다가 오전 7시 10분께 1.7미터 아래 묻힌 도시가스관을 파손, 가스가 누출되면서 발생한 것으로 드러났다. 당시 파손된 지름 8센티미터가량의 구멍을 통해 누출된 가스는 초속 674미터의 강한 압력으로 1.4미터쯤 떨어진 곳에 위치한 지름 40센티미터의 빗물관에 난 틈새로 흘러들면서 하수관을 거쳐 순식간에 77미터가량 떨어진 영남고등학교 앞 네거리 지하철 공사장으로 유입되었다. 이 가스는 이로부터 40여 분이 지난 오전 7시 52분께 세 차례에 걸쳐 잇따라 폭발하면서 3백여 명의 사상자를 내는 대형 사고로 이어졌다.

당일 가스 누출 사실을 인지한 인부들은 30분 후에야 이 같은 사실을 대구도시가스 측에 신고했고, 사고 우려가 있는 인근에는 알리지도 않은 채 현장에서 도주했다. 또 가스회사 측도 그 후 30분이 지나서야 가스관 밸브를 완전 차단해 사고를 더욱 크게 만들었다. 사고 발생 초기에 긴급 조치를 취했더라면 대형 사고를 미연에 방지할 수도 있었던 것으로 드러났다.

이번 사고는 우리 국민의 안전 불감증이 한 원인이기도 했지만, 근본적으로는 지하 매설물에 대한 종합적이고 체계적인 통제·관리 체계가 구축되지 않은 데도 큰 원인이 있는 것으로 지적되었다. 공사 관할 구청인 달서구청이 보관하고 있는 지하 매설물 도면에는 (주)표준개발 측의 인부가 파손한 가스관이 표시조차 되어 있지

「중앙일보」의 1995년 4월 28일자 호외.

않은 것으로 확인되었다.

　대부분의 대형 사고가 그러했듯이 이 사고 역시 사고 회사 관계자와 현장 인부 몇 명을 처벌하는 선에서 책임자 처벌을 마무리 지어 유족들로부터 심한 항의를 받았다. 피해자 보상은 사망자에 대해 1인당 평균 법적 보상금 1억 4,500만 원과 특별 위로금 1억 2천만 원이 지급되었고, 부상자들에게는 총 154억여 원이 책정되었다. 이 사고로 인근 주민들도 인적·물적 피해를 입었으며, 이 일대 지하철 82미터 구간의 재시공이 불가피해 국가 예산 낭비는 물론 지역 주민들에게 큰 불편을 초래했다.

70

민선 서울시장에 조순 씨 당선
1995년 6월 27일

5·16 쿠데타 이후 34년 만에 실시된 지방자치단체장 선거에서 야당 후보가 민선 서울시장에 당선되었다. 문민정부의 중간 평가로 불린 이 선거는 결과적으로 1992년 대선 후 붕괴된 3김 체제를 다시 부활시켰다. 개표 현장이 밤새 생중계되면서 일간지들은 호외 발행은 아예 계획조차 세우지 않았다. 「한국경제신문」만이 투표 다음 날 유일하게 선거 결과를 호외로 보도했다.

우리나라에서 근대적 지방자치제의 기원은 한국전쟁 중이던 1952년 임시 수도 부산에서 지방의원 선거를 전격 실시한 데서 찾을 수 있다. 1960년대 들어서는 4·19 직후인 1960년 12월 지방의원과 기초·광역 단체장 선거가 실시되어 처음으로 민선 서울시장과 도지사가 탄생했다. 그러나 이는 6개월도 못 가 5·16 쿠데타로 중단되고 말았다. 이후 제3공화국 헌법은 지방자치를 법률로 위임한 뒤 법률을 제정하지 않았으며, 유신헌법은 통일될 때까지 이를 유보했다. 또 제5공화국 헌법 역시 지방의 빈약한 재정 자립도를 이유로 지방의회 구성을 유보했다. 이로써 이후 30년 동안 지방자치는 우리 헌정사에서 공백 상태로 남아 있었다.

지방자치제가 부활하는 데는 1987년 6·29 선언이 계기가 되었다. 이를 시작으로 우여곡절 끝에 1991년에 기초·광역 의원 선거가 치러졌다. 그러나 단체장 선거는 여전히 유보되어 오다가 문민정부 출범 후인 1994년 3월 4일 국회에서 여야 간에 합의를 보고, 1995년 6월 27일 헌정 사상 최초로 기초·광역 의원과 단체장을 뽑는 4개 선거가 동시에 치러졌다.

1995년 '6·27 지방선거'는 문민정부의 중간 평가라는 점에서 여야 각 당의 한판승부로 불렸다. 그러나 이 선거에서 집권 민자당은 상징적인 자리인 서울시장 자리를 야당인 민주당에 내주었다. 기초단체장 236석(서울과 5개 광역시 구청장 65명, 일반 시의 시장 68명, 103개 군의 군수) 중에서 민자당은 71석에 그쳐 1위 자리를 민주당(84석)에 빼앗겼다. 서울시장과 광역시장, 그리고 도지사를 뽑는 15석의 광역 단체장 선거에서도 민자당은 5석에 그쳐 민주당 4석, 자민련 4석에 비해 별다른 우세를 보이지 못했다.

무엇보다도 서울시장 자리를 민주당에 내줘 전체적으로는 참패를 기록한 셈이 되었다. 정당 공천이 배제된 기초의원을 제외한 광역의원 선거에서도 전체 875석 중 민자당은 286석에 그쳐 민주당의 352석에 크게 못 미쳤다. 특히 민자당은 서울에서 민주당에 참패한 것으로 나타났다. 민자당은 서울 지역의 기초단체장 25석 중 2석(민주당 23석), 광역의원은 133석 중 11석(민주당 122석)을 차지하는 데 그쳤다.

당선율에서도 민자당은 크게 뒤졌다. 정당 공천이 이루어진 3개 선거에서 민주당은 총 750명의 후보를 내 이 가운데 440명을 당선시켜 평균 당선율 58.6퍼센트를 기록했다. 특히 광역의원의 경우 총 583명의 후보 중 352명이 당선되어 60.3퍼센트의 최고 당선율을 보이기도 했다. 반면 민자당은 3개 선거에서 총 1,057명의 후보를 내 이 가운데 361명이 당선됨으로써 평균 당선율 34.1퍼센트라는 저조한 기록을 보였다.

6·27 지방선거는 전체적으로는 종래 우리 선거 문화의 고질적인 문제점을 극복하지 못한 것으로 드러났다. 선거 결과로 확연히 드러난 지역 분할이 한 예다. 또 종친회와 동문회 등 연고 조직을 동원한 점, 그리고 만성적인 부패·타락 구조를 극복하지 못한 점도 함께 지적되었다.

당선자 통계를 보면 민자당·민주당·자민련(자유민주연합) 3당은 각자의 연고지에서 3개 선거를 모두 휩쓸어 이번 선거로 기존 연고주의가 더욱 강화된 것으로 나타났다. 민주당은 광주에서 시장과 5개 구청장, 그리고 시의회 26석(비례대표 포함) 중 25석을 휩쓸었으며, 자민련 역시 충남에서 도지사와 15개 시장·군수, 그리고 도의회 61석 중 51석을 차지했다. 민자당도 연고지인 부산에서 시장과 16개 구청장 중 14개, 광역의회 61석 중 54석을 휩쓴 것으로 나타났다. 결국 이 같은 선거 결과는 당초의 기대를 크게 빗나간 것으로, 지역 간의 대립과 중앙정부와의 갈등 구조를 악화시킬 것이라고 분석되었다. 결국 '풀뿌리 민주주의'를 표방하고 실시된 지방선거는 1992년 대선을 계기로 일시 붕괴되었던 3김 체제를 원상회

개표 현장이 밤새 생중계된 상황에서 일간지들은 호외 발행은 아예 계획조차 세우지 않았다. 「한국경제신문」만이 투표 다음 날 유일하게 선거 결과를 호외로 보도했다.

복시켜 '신 3김 시대'를 여는 결과를 낳고 만 셈이다.

민주당 공천으로 민선 서울시장에 당선된 조순 씨는 서울대 교수, 한국은행 총재, 경제부총리 등을 지낸 경제 전문가 출신으로 시장 취임 후 비교적 무난하다는 평가를 받았다. 그러나 이후 그의 정치적 행보를 놓고는 잡음이 일기도 했다. 1997년 대선 당시 통합민주당 후보로 나왔다가 사퇴한 그는 한나라당으로 당적을 옮겼다. 1998년 재보궐 선거에서 한나라당 후보로 강원도 강릉에서 당선되었으나, 2000년 제16대 총선에서 낙천했다. 그 후 한나라당을 탈당해 민주국민당을 창당했으나, 이 당이 실패하면서 정계에서 은퇴했다.

71

삼풍백화점 붕괴 사고

1995년 6월 29일

출근길 성수대교가 무너진 데 이어 완공된 지 6년밖에 안 된 서울 도심의 최고급 백화점이 한순간에 무너져 내렸다. TV는 모두 정규 방송을 중단하고 특별 생방송을 내보냈다. 사고 현장 주변은 시체와 부상자들의 아우성으로 아비규환이었다. 사망자만 502명을 기록한 삼풍백화점 붕괴 사고는 문민정부에서 발생한 대형 사고의 결정판이었다. 대형 사고가 날 때마다 사고 원인이 '인재'라면서 사전 안전점검을 강조했건만, 이 사고 역시 종래의 대형 사고와 '판박이'였다는 데서 우리 사회에 큰 충격을 던졌다.

사고는 1995년 6월 29일 오후 5시 55분께 서울 서초구 서초동 삼풍백화점 2개 동 5층 건물 중 1개 동(A동)이 순식간에 폭삭 내려앉으면서 발생했다. 사고 순간을 목격한 사람들의 증언에 의하면, 마치 백화점 건물이 파괴 공법에 의해 일시에 내려앉듯이 5층부터

지하 3층까지 차례로 무너져 내렸다고 한다. 사고 당일 이 백화점에서는 오전부터 붕괴 조짐이 있어 자체적으로 점검을 했으나 이를 무시하고 계속 영업을 하다가 참사를 당했다. 사고 당시 붕괴된 A동만 해도 직원과 고객이 2천여 명이나 있었다. 이 건물은 계열사인 삼풍건설이 시공해 1989년 12월 개장했으며, 지상 5층 지하 4층에 연건평이 2만 2천여 평에 이르렀다.

사고가 나자 서울 시내는 물론 인근 경기 지역 경찰관, 소방관과 군인 1천여 명이 총동원되어 구조 작업을 폈다. 무너져 내린 건물 잔해와 부상자들의 아비규환 속에서 구조 헬기, 소방차, 구급차가 뒤섞인 모습은 마치 이승에서 펼쳐진 지옥의 모습과 같았다. 그러나 사고 후 곧 밤이 된 데다 인근 B동의 붕괴 우려가 있었고, 붕괴 현장에 매몰된 생존자를 감안하느라 구조 작업이 지연되었다. 특히 건물의 철골 구조물을 절단·제거하는 작업이 순조롭지 않았다. 며칠간에 걸쳐 TV로 생존자 구조 상황이 생중계되었는데, 생존자가 구조될 때마다 TV 앞에서는 박수가 터졌다.

마지막에 구조된 세 명의 젊은이가 이루어낸 '인간 승리'는 전 국민을 흥분케 했다. A동 지하 1층 에스컬레이터 옆에서 아르바이트를 하던 최명석 군(당시 20세)은 사고 10일 만인 7월 9일 매몰 230시간 만에, 삼풍백화점 직원 유지환 양(당시 18세)은 사고 12일 만인 7월 11일 매몰 285시간 만에, 그리고 역시 직원 박승현 양(당시 19세)은 사고 16일 만인 7월 15일 매몰 377시간 만에 극적으로 구조되었다.

연인원 1만 3,600여 명의 소방대원, 3만 9천여 명의 경찰관과 자원봉사 요원 등 총 8만 2천여 명이 구조 활동에 나섰고, 구급차

삼풍백화점 붕괴 소식을 전하는
「내외경제신문」의 1995년 6월 29
일자 호외.

와 소방차 등 구급 장비도 연 9,400여 대가 동원되었다. 정부는 임시국회에서 재난관리법을 긴급 제정, 7월 19일 삼풍백화점 일대 6만 7,100제곱미터를 특별재해지역으로 선포했는데, 민간 기업의 인재로는 처음으로 정부에서 지원에 나선 사례였다.

고질적인 부실 공사 관행과 공직 사회의 부패, 그리고 국민의 안전 불감증이 어우러져 빚어낸 이 사고는 당초 업주에게 살인죄를 적용해야 한다는 주장도 나왔지만 실제로는 업무상 과실치사상죄가 적용되었고, 부실 공사 과정에서 뇌물을 받은 공무원 등 25명이 모두 1심에서 중형을 선고받았다. 사고 후 5개월간의 마라톤협상 끝에 사망자 1인당 평균 3억 8천여만 원이 지급되었다.

공식 피해 집계에 따르면, 사망 502명(인정사망 31명 포함), 부상 937명, 물품 피해 869건, 차량 피해 310건, 그리고 생존자 구출, 사체 발굴, 잔해 철거 등 복구 작업에 1개월 이상이 소요된 이 사고는 '건국 이래 최대의 참사'라는 오명을 기록했다.

72

노태우 전 대통령 구속

1995년 11월 16일

우리 역사상 전직 대통령이 구속된 사건이 처음으로 일어났다. 노태우 전 대통령은 재임 기간 중 기업체들로부터 4천여억 원에 달하는 거액의 비자금을 조성해 이를 은행에 차명 계좌로 예치했다가 마침내 들통이 나 구속되었다. 박계동 의원의 국회 폭로 이후 연일 신문과 방송은 이를 대서특필했다. 주간지 「일요신문」은 다음 호를 기다리지 못하고 이를 '긴급 속보 호외'로 발행하기도 했다.

사건은 1995년 10월 19일 민주당 박계동 의원이 국회에서 "노태우 전 대통령이 퇴임을 전후해 4천억 원의 비자금을 시중 은행에 분산 예치했으며, 그중 3백억 원이 신한은행 서소문 지점에 예치되어 있다."며 예금 잔고 증명서를 제시하면서 불거졌다. 앞서 8월 9일 서석재 전 총무처 장관 역시 "전직 대통령 중 한 사람의 비자금 4천억 원이 시중 은행에 은닉되어 있다."고 주장한 바 있다. 당시 검찰은

주간 발행인 「일요신문」은 노태우 전 대통령 구속 소식을 '긴급 속보 호외'로 발행했다.

서석재 전 장관의 주장은 '와전'된 것이라며 수사를 종결했으나, 박계동 의원의 물증 제시로 다시 수사가 진행되었다.

박계동 의원의 폭로 다음 날, 검찰은 신한은행 서소문 지점에 문제의 3백억 원이 실존함을 확인하고 차명 계좌의 주인을 찾아 나섰다. 수사 착수 3일 만인 10월 22일 전 청와대 경호실장 이현우 씨가 "문제의 3백억 원은 노태우 전 대통령이 재임 중 '통치자금'으로 쓰고 남은 돈"이라고 밝힘으로써 수사는 급진전되었다. 검찰은 26일까지 비자금 조성액 1,500여억 원과 잔액 990억 원을 밝혀냈다. 이튿날 노태우 전 태통령은 결국 대국민 사과 성명 발표를 통해 이 같은 사실을 인정했다.

이후 검찰은 수사를 통해 비자금 조성액이 3천억 원에 잔액이

1,600억 원에 이른다는 사실을 밝혀내고 11월 1일 노태우 씨를 전격 소환해 16시간 동안 조사를 벌였다. 그러나 노 씨는 구체적인 비자금 조성 경위와 기업인 명단, 사용처, 잔여 은닉 재산 부분에 대해서는 "모른다.", "기억이 안 난다."로 일관했다. 결국 검찰은 기업인 조사와 함께 계좌 추적을 실시했는데, 이 과정에서 기업인 37명이 소환되어 조사를 받았다. 11월 16일 노 씨는 두 번째 조사를 마친 후 서초동 대검찰청에서 구속되었다. 17일에는 노 씨로부터 기업인 독대 주선 대가로 뇌물을 받은 이현우 전 청와대 경호실장이 구속되었다.

12월 5일 검찰은 노 씨가 재임 중 조성한 비자금의 규모가 총 4,189억 원에 이르며 이 중 3,690억 원을 사용한 사실을 밝혀내고, 측근 4인방(이현우, 이원조, 김종인, 금진호), 재벌 총수 8명, 금융실명제 위반자 6명에 대한 사법 처리 방침을 결정했다. 검찰은 노 씨의 경우 재임 중 조성했다고 진술한 4,500~4,600여억 원의 비자금 중 기업체 대표 35명으로부터 받은 2,838억 9,600만 원을 뇌물로 인정해 특정범죄가중처벌법상 뇌물수수 혐의로, 이현우 씨는 뇌물수수를 방조한 혐의와 뇌물수수죄, 그리고 정태수 한보그룹 회장은 뇌물공여와 업무방해 혐의로 구속 기소하고, 기업인 등 12명은 불구속 기소했다. 이로써 노 씨 비자금 사건과 관련해 15명이 재판에 회부되었다.

이들에 대한 첫 재판은 12월 18일 서울지법 417호 대법정에서 형사합의30부(김영일 부장판사) 심리로 열렸다. 재판부는 이날 40초간 관련 피고인들의 뒷모습을 촬영하도록 허락했는데, 국내 각 방송사에서는 아침에 노 씨가 구치소에서 재판정에 출두하는 모습부터 재판정에 선 모습까지 특별 생방송을 했다. 노 씨 구속과 관련해 일간지에서는 별도의 호외를 발행하지 않았으나, 주간지「일요신문」이 이례적으로 11월 22일자로 호외를 발행했다.

　노 씨는 2·3차 공판에서도 거듭해 "기업인들로부터 받은 돈은 뇌물성이 아니었다."고 주장했다. 그러나 검찰은 3차 공판에서 관련 피고인들에게 뇌물수수 또는 공여 혐의가 인정된다며 노 씨를 제외한 14명에게 징역 1년에서 징역 10년을 구형했다. 이 사건은 1995년 11월 1차 공판, 1996년 12월 항소심을 거쳐 대법원으로 넘겨졌다. 대법원은 이 사건을 12·12 사건, 5·18 사건과 같이 처리하면서 1997년 4월 17일 최종 판결에서 노 씨에게 징역 17년을 선고했다.

　노 씨에게 뇌물을 준 삼성그룹 이건희 회장, 대우그룹 김우중 회장 등 재벌 총수 8명을 포함한 기업인 35명이 뇌물공여 혐의로 불구속 기소되었으나, 항소심에서 집행유예와 무죄를 선고받고 모두 풀려났다. 또 정치권 인사로는 이현우 전 경호실장을 비롯해 이원조·금진호 전 의원, 김종인 전 청와대 경제수석, 이태진 경호실 경리과장 등이 기소되어 실형이 선고되었다. 노 씨는 '국민의 정부' 출범을 앞두고 1997년 12월 22일자로 특별사면(잔형 집행 면제)과 함께 복권되었다. 전두환 전 대통령도 이날 함께 사면·복권되었다.

73

전두환 전 대통령 구속
1995년 12월 3일

　노태우 전 대통령의 육사 동기생이자 전임자인 전두환 전 대통령이 노 씨에 이어 구속되었다. 근거는 '5·18 특별법'으로, '성공한 쿠데타도 처벌받는다'는 또 하나의 역사를 기록한 셈이다. 전씨는 첫 공판에서 사형, 항소심에서 무기징역을 선고받았다. '5·18 특별법 제정'을 「광주일보」(1995. 11. 24.)가, '전두환 씨 구속'을 「부산일보」(1995. 12. 3.)가 각각 호외로 발행한 것이 이채롭다.

　1979년 10·26 사건 후 12·12 군사 쿠데타로 권력을 잡은 전두환 전 대통령이 '성공한 쿠데타 17년' 만에 법의 심판대에 올랐다. 노태우 전 대통령이 비자금 사건으로 구속된 데 이어 전임 대통령인 전 씨마저 단죄의 대상이 된 것이다.

　취임 3년차인 1995년 11월 24일 김영삼 대통령은 5·18 특별법을 제정하도록 민자당에 지시했다. 이로부터 10일 만인 12월 3일부로 전두환 씨는 안양교도소에 수감되었다. '12·12 및 5·18 특별수사본부'(11월 30일 발족)는 당일 오전 6시, 전 씨가 머물고 있던 경남 합천으로 수사대를 보내 신병을 확보한 뒤 현지에서 사전구속영장을 집행, 그날로 안양교도소로 압송했다. 국내 방송들은 이날 아침 전 씨가 구속되는 장면을 특별 생방송으로 보도했다.

12·12 사건과 5·18 사건은 발생 후 줄곧 논란을 빚어왔다. 그러나 사건의 주모 당사자들이 최고 집권자여서 그들이 현직에 있을 동안에는 항상 '수면 아래'에서만 논란을 거듭했을 뿐이었다. 두 사건과 관련한 피해자 보상이나 진상 규명은 물론 사건 자체를 거론하는 것 자체도 일종의 '금기'였다. 심지어 해당자들은 정부의 감시와 압력을 받기까지 했다. 대법원에서 최종 판단이 내려지기까지 숱한 우여곡절이 있었던 셈이다.

이들 문제 해결을 위한 첫 시도는 여소야대의 6공 정부에서 열린 광주특위의 청문회였다. 이는 1987년 6·10 항쟁의 희생 위에서 조성된 것으로, 광주 문제의 진상이 규명될 것이라는 기대를 모았다. 그러나 여야 간의 정치적 협상과 국회 측의 노력 부족으로 발포 책임자를 포함한 유혈 진압의 진상을 제대로 규명하지 못한 채 3개월 만에 막을 내렸다. 5·18 항쟁을 불러온 원인인 12·12 쿠데타에 대해서는 거론조차 못하고 지나갔다.

두 번째 시도는 문민정부 출범 후에 나왔는데, 결과는 이전과 마찬가지였다. 1993년 2월에 출범한 김영삼 정부는 12·12 사건을 '하극상에 의한 쿠데타적 사건'으로 규정하고 "현 정부가 광주민주화운동의 연장선상에 있다."고 선언했다. 그러나 문제의 본질에 가서 김영삼 정권은 "진상 규명과 책임자 처벌은 역사에 맡기자."며

5·6공과 야합하는 '한계'를 드러냈다. 이에 분노한 재야 단체가 전두환·노태우 씨를 포함한 신군부 세력을 내란 등의 혐의로 고발하자 검찰은 1994년 10월, 관련자에 대해 '기소유예'를, 1995년 7월, 5·18 관련자들에 대해 '공소권 없음'을 결정했다. 이로써 검찰 차원의 사법적 조치는 막을 내렸다.

두 사건에 대한 진상 규명 노력이 결실을 맺게 된 결정적인 계기는 노태우 씨의 비자금 문제가 국회에서 폭로된 것이었다. 처음에 비리 문제로 불거진 이 문제가 걷잡을 수 없이 증폭되자 김영삼 대통령은 '역사 바로 세우기' 차원에서 이 문제를 검토하게 되었고, 그 후속 조치로 5·18 특별법이 제정되었다. 검찰은 즉시 재조사에 들어가 1996년 2월 전두환·노태우 씨를 포함한 사건 관련자 16명을 내란 및 반란 등의 혐의로 기소했다.

1996년 3월 11일 첫 공판이 시작되었고, 이해 8월 26일 28차 공판에서 법원은 신군부 세력의 반란, 내란, 내란목적살인 혐의 등을 인정해 전두환 씨에게 사형을, 노태우 씨에게 무기징역을 각각 선고했다. 두 주모자가 사법부의 심판대에서 중형을 선고받는 순간이었다. 그러나 뒤이어 열린 항소심에서 법원은 전두환 씨에게 무기징역, 노태우 씨에게 징역 17년을 선고하는 등 종전의 형량을 크게 감형해 국민적 반발을 샀다.

항소심 후 전·노 두 사람은 상고를 포기했다. 물론 그 이면에는 국민적 정서를 이용해 사면을 기대한 심리가 작용했다. 그러나 나머지 피고인들과 검찰의 상고로 대법원은 1997년 4월 17일 이들에 대한 최종 확정 판결을 내렸다. 이 재판에서 전·노 씨를 포함해 관련자 12명이 유죄 판결을 받았다. 또 1·2심에서 무죄가 선

1995년 12월 3일, 전두환 씨 구속 당일의 「부산일보」 호외.

고된 박준병 피고인에 대해서는 무죄를 확정했다. 재판 도중 사망한 유학성 피고인에 대해서는 공소가 기각되었으며, 현직 국회의원이던 허화평 피고인은 유죄 판결을 받아 의원직을 자동으로 상실했다.

사건 발생 17년 만에 법의 단죄를 받게 된 전 씨는 김대중 대통령 당선자의 배려로 1997년 12월 22일 노태우 전 대통령과 함께 사면·복권되었다. 구속된 지 만 2년 만에 그는 감옥에서 풀려나 자유의 몸이 되었다. 그런데 당시 특별사면 내용에 추징금은 포함되지 않았다. 전·노 씨에게 부과된 추징금은 각각 2,205억 원과 2,628억 원이었는데, 전 씨는 지금까지도 추징금을 완납하지 않고 있다. 전 씨는 현재 1,000억 원이 넘는 추징금을 미납 중인데, 그의 일가가 경기도 일산에서 수백억 원대의 부동산 사업을 하고 있다는 사실이 「뉴스타파」(2016. 9. 22.)의 보도를 통해 밝혀진 바 있다.

74

제15대 대통령에 김대중 후보 당선

1997년 12월 19일

'인동초(忍冬草)', '한국의 넬슨 만델라'로 불리는 정치인 김대중은 숱한 역경과 고비 속에서도 오뚝이처럼 일어나 끝내 대통령에 당선되었다. 4차례의 도전 끝에 대통령에 당선됨으로써 그는 한국 정치사상 처음으로 평화적 정권 교체를 이루어냈다고 할 수 있다. 같은 민주화 동지인 김영삼은 1990년 3당 합당을 통해 여권 후보로 출마해 당선되었다. 오랜 군사정권 시대를 끝내고 문민정부를 열었으나 이를 정권 교체라고 볼 수는 없다.

김대중은 1924년 전남 신안군 하의도에서 태어났다. 1943년 목포공립상업학교를 졸업한 뒤 일본인이 운영하던 목포상선에 취직해 근무하다가 이후 「목포일보」 사장, 흥국해운 사장 등을 역임하면서 정치인의 꿈을 키웠다. 1954년 제4대 민의원 선거에 출마했으나 낙선했고, 이후 두 차례 더 낙선했다. 1961년 5월 14일 네 번째로 도전한 제5대 민의원 보궐선거(강원도 인제)에서 민주당 후보로 출마해 당선되었으나, 이틀 후 5·16 쿠데타가 일어나 국회가 강제 해산되는 바람에 의원 등록조차 하지 못했다.

그 후 그는 6·7·8대 국회의원에 잇따라 당선되어 민주당 대변인, 통합 야당 민중당 대변인, 민중당 정책위 의장, 신민당 대변인 등을 지내면서 서서히 정치인으로서 두각을 나타냈다. 그가 전국적인 인물로 등장한 것은 1970년 9월 신민당 전당대회에서 대통령 후보로 공식 지명되면서부터였다. 김영삼·이철승 의원과의 3파전에서 그는 2차 투표에서 이철승 의원의 지지를 얻어 결국 대통령 후보가 되었다. 이듬해인 1971년 제7대 대통령 선거에서 그는 참신한 공약과 호소력 짙은 대중 연설로 큰 인기를 얻었으나, 투표 결과 민주공화당 박정희 후보에게 95만 표 차이로 패배했다.

1972년 신병 치료차 일본에 체류 중이던 그는 10월 유신이 선포되자 귀국을 포기하고 해외에서 유신 반대 운동을 펼쳤다. 이듬해 미국에서 한국민주회복통일촉진국민회의(한민통)를 결성한 데 이어 일본에서도 같은 조직을 결성하려던 중 1973년 8월 8일 일본 도쿄 팰리스 호텔에서 중앙정보부 요원들에게 납치되었으나 구사일생으로 목숨을 건졌다. 이것이 바로 '김대중 납치 사건'이다. 이후 국내에서 재야인사들과 반독재 투쟁을 벌이던 그는 1976년 3·1 민주구국선언에 이름을 올려 긴급조치 9호 위반 혐의로 징역 5년, 자격정지 5년을 선고받고 진주교도소에 수감되었다.

그는 1979년 10·26 사건으로 박정희 정권이 막을 내리자 그해 12월 가택 연금에서 해제된 데 이어 1980년 2월에 사면·복권되었다. 1980년 초 '서울의 봄'을 맞아 그도 정치 활동을 재개했으나,

12·12 쿠데타로 권력을 찬탈한 전두환 신군부 세력에 의해 또다시 영어의 몸이 되었다. 그해 5월 광주 항쟁에 이어 이른바 김대중 내란 음모 사건의 주모자로 몰려 사형 선고를 받고 1981년 1월 대법원에서 사형 확정 판결을 받았다. 국내외에서 구명운동이 일자 전두환 정권은 무기징역으로 감형한 데 이어 1982년 12월 그에게 미국 망명을 허용했다. 미국으로 건너간 그는 한국인권문제연구소를 열어 활동하다 1985년 제12대 총선을 앞두고 전격 귀국했다. 그해 치러진 2·12 총선에서 김영삼과 힘을 합친 결과, 신민당이 돌풍을 일으켜 제1야당으로 부상했다.

총선 결과에 힘입어 대통령 직선제 개헌 투쟁을 본격적으로 전개한 그는 전두환 정권으로부터 6·29 선언을 이끌어냈으며, 사면 복권과 함께 새로운 정치 역정을 맞게 되었다. 그해 12월로 예정된 제13대 대통령 선거는 절호의 기회였다. 그러나 민주정의당 노태우 후보, 통일민주당 김영삼 후보와 함께 3파전 선거에서 어부지리 격으로 노태우 후보가 당선되었다. 양 김 씨는 후보 단일화 실패로 따가운 비판에 직면하게 되었고, 그는 일시적으로 평화민주당 총재직을 사퇴했다. 이듬해(1988) 4월에 치러진 제13대 총선에서 평화민주당이 통일민주당을 제치고 제1야당으로 부상하면서 그에게 재기의 기회가 다시 찾아왔다. 1992년 제14대 대통령 선거에 세 번째 도전장을 던졌으나 결국 실패했고, 그는 정계 은퇴 선언과 함께 1993년 1월 영국행에 올랐다.

영국 체류 2년 반 만인 1995년 7월, 그는 대국민 사과문 발표와 함께 정계 복귀를 선언했다. 그해 9월 새정치국민회의를 창당한 그는 1997년 12월 18일 치러진 제15대 대통령 선거에 도전장을 던졌다. 충청 지역의 맹주 김종필 자민련 총재를 끌어들여 이른바 'DJP 연합'을 성사시킨 그는 한나라당 이회창 후보를 누르고 네 번째 도전 끝에 마침내 대통령에 당선되었다. 김대중 후보는 영남·강원 지역을 제외하고 수도권, 충청, 호남, 제주 등에서 승리했다. 김대중 후보는 1,032만 표(40.3퍼센트), 이회창 후보는 993만 표(38.7퍼센트)를 얻었는데, 표차는 39만 표였다. 국민신당의 이인제 후보는 492만 표를 얻어 19.2퍼센트의 득표율을 기록했다.

김대중 정부(국민의 정부)는 취임 직후부터 IMF 외환위기 극복을 위해 진력했고, 2001년에는 IMF에서 빌린 부채를 전액 상환했다. 국민의 정부는 '햇볕정책'으로 불리는 대북 포용 정책을 추진해 2000년에는 분단 후 처음으로 남북 정상회담을 성사시켰고, 6·15 남북 공동성명을 이끌어냈다. 이를 기반으로 경의선-동해선 연결, 금강산 관광, 개성공단 조성 등 남북 관계를 획기적으로 개선시켰다. 이 밖에도 국민의 정부는 의문사진상규명위원회 설치 등 과거사 청산 작업에도 힘을 쏟았으며, 국민기초생활법 제정, 여성부 및 국가인권위원회 설치, IT 산업 기반 정착 등 인권과 복지 분야에서 큰 업적을 남겼다. 2000년 12월, 그는 한국인으로는 처음으로 노벨 평화상을 수상했다.

퇴임 후에도 그는 국내외에서 왕성한 활동을 했으며, 2009년 7월 13일 흡인성 폐렴 증세로 세브란스병원에 입원했다가 병세가 악화되어 8월 18일 다발성 장기부전으로 86세로 서거했다. 세계 각국의 지도자들이 그의 죽음을 애도하는 전문을 보내왔으며, 장례는 6일장 국장으로 치러졌다. 유해는 동작동 국립서울현충원에 안장되었다. 평소 독서를 좋아했고 장서가이기도 했던 그는 『행동하는 양심으로』, 『대중경제론』, 『김대중 옥중 서신』, 『김대중 자서전』 등 여러 권의 저서를 남겼다. 김 대통령 서거 당일 「동아일보」, 「충청일보」, 「아시아경제」, 일본 「아사히신문」이 호외를 발행했다.

75

남북 정상회담
2000년 6월 13~15일

    국가 간의 현안은 흔히 정상회담을 통해서 풀곤 한다. 역대 한국 대통령은 전 세계 국가 정상들과 회담을 통해 이런저런 문제를 해결하고 협력을 이끌어내기도 했다. 그러나 유독 남북 간에는 정상회담이 쉽지 않았다. 국토 분단 이후 남북이 서로 대치해온 탓이다. 그러나 1970년대 이후 정상회담 시도는 여러 차례 있었다. 박정희 정권 시절에는 이후락 당시 중앙정보부장이 밀명을 띠고 평양에 다녀왔으며, 1985년에도 남북 간에 비밀 접촉을 가졌다. 김영삼 정부 시절에는 정상회담 개최 합의까지 했으나 김일성 주석의 돌연한 사망으로 무산되었다.

    남북 당국 간에 직접 대화의 움직임이 시작된 것은 1980년대 이후부터다. 1981년 1월 12일 전두환 대통령은 "무조건 신뢰를 회복하고 통일의 역사적 계기를 마련하기 위해 남북한 당국의 최고 책임자가 번갈아 서로 방문할 것"을 제의했다. 이에 대해 북한은 조국평화통일위원회 위원장 성명을 통해 거부 의사를 밝히고, 전제조건으로 '현 남한 정권의 퇴진' 등의 내용을 포함한 5개 항을 요구했다. 이후 남한 정부는 '민족화합 민주통일 방안'을 통해 남북한 당국 최고 책임자 회담을 재차 촉구했지만 북한은 이를 거부했다. 그러다가 1980년대 말 국제 정세가 탈냉전 분위기로 변화함에 따라 새로운 전기를 맞게 되었다.

북한 김일성 주석은 1989년 신년사를 통해 "남북 최고위급회담 실현의 조건과 분위기 마련을 위해 노력을 기울일 것"이라고 발표했다. 이에 대해 남한 정부도 '한민족 공동체 통일 방안'을 통해 "남북정상회담이 빨리 열릴 것을 희망한다."고 화답했다. 이러한 움직임은 1990년 한-소 수교를 계기로 가속화되었다. 1994년 북한의 핵확산금지조약(NPT) 탈퇴 선언으로 긴장이 고조된 가운데 남북한은 정상회담에 대한 의지를 보여 마침내 1994년 7월 25일 평양에서 제1차 회담을 개최하기로 합의했다. 그러나 그해 7월 8일 김일성 주석이 돌연 사망함으로써 끝내 무산되고 말았다.

1998년 김대중 정권 출범으로 남북 정상회담에 대한 기대는 한층 고조되었다. 김대중 정권은 남북 화해와 협력을 골자로 하는 햇볕정책을 추진했고, 이는 마침내 남북 정상회담으로 귀결되었다. 남북 정상은 2000년 6월 13~15일 전 세계의 이목이 집중된 가운데 평양에서 분단 후 처음으로 역사적인 남북 정상회담을 가졌다. 양 정상은 회담 마지막 날 남북 관계의 초석이 될 6·15 남북 공동성명을 발표해 국제 사회에 큰 반향을 불러일으켰다. 5개 기본 조항은 다음과 같다.

1. 남과 북은 나라의 통일 문제를 그 주인인 우리 민족끼리 서로 힘을 합쳐 자주적으로 해결해 나가기로 했다.

2. 남과 북은 나라의 통일을 위한 남측의 연합제 안과 북측의 낮은 단계의 연방제 안이 서로 공통성이 있다고 인정하고 앞으로 이 방향에서 통일을 지향해 나가기로 했다.

3. 남과 북은 올해 8·15에 즈음하여 흩어진 가족, 친척 방문단을 교환하며 비전향 장기수 문제를 해결하는 등 인도적 문제를 조속히 풀어 나가기로 했다.

4. 남과 북은 경제 협력을 통해 민족 경제를 균형적으로 발전시키고 사회, 문화, 체육, 보건, 환경 등 제반 분야의 협력과 교류를 활성화하여 서로의 신뢰를 다져 나가기로 했다.

5. 남과 북은 이상과 같은 합의 사항을 조속히 실천에 옮기기 위해 이른 시일 안에 당국 사이의 대화를 개최하기로 했다. 김대중 대통령은 김정일 국방위원장이 서울을 방문하도록 정중히 초청했으며, 김정일 국방위원장은 앞으로 적절한 시기에 서울을 방문하기로 했다.

남북 정상은 회담에서 서로의 기존 체제를 인정하면서도 향후 통일 방안을 모색했다. 2항에서 남측의 '연합제' 안과 북측의 '낮은 단계의 연방제' 안이 공통점이 있다며 이 방향에서 통일을 지향하기로 합의한 점이 그것이다. 남한 정부의 3단계 통일 방안 중 1단계인 '남북 연합'은 남과 북이 독립 국가로서 협력 기구를 제도화하는 것이 골자다. 반면 북한의 '낮은 단계의 연방제'는 '완전한 고려연방제'에 앞서 잠정적으로 지역 정부에 국방과 외교권 등을 부

2000년 6월 평양에서 제1차 남북 정상회담이 개최됨을 알리는 「대한매일」의 호외. 정상회담 관련 호외는 「대한매일」이 유일하다.

여하는 것으로, '1민족 2체제 2정부'는 같지만 '1국가'를 표방하고 있다는 점이 차이점이라고 할 수 있다.

회담에 앞서 남측이 준비한 의제는 크게 네 가지로, 화해와 통일 문제, 긴장 완화와 평화 문제, 교류·협력의 활성화 문제, 이산가족 문제 등이었다. 이 가운데 가장 기본이 되는 것은 화해와 통일 문제였다. 1항은 별 이견이 없었다. 반면 2항의 '연합', '연방' 표현을 놓고는 뜨거운 토론이 벌어졌다. 남측이 제안한 '연합제'와 북측이 제안한 '낮은 단계의 연방제'를 놓고서였다. 이 둘이 서로 상치되지 않는다는 점은 서로가 인정했다. 그런데도 표현을 둘러싸고 쉽게 합의가 이루어지지 않은 것은 연방제라는 말의 역사 때문이었다. 연방제는 김일성이 1960년 8·15 경축대회에서 제기한 이래 북한의 평화통일론으로 유지되어 온 주장이었기 때문이다.

양 정상은 체류 기간에 두 차례의 정상회담을 더 진행해 '6·15 남북 공동선언'을 발표했다. 이후 남북은 장관급 회담을 비롯한 다양한 분야에서의 회담을 통해 교류 협력 활성화의 물꼬를 열었다.

노무현 정부 들어 제2차 남북 정상회담이 성사되었다. 2007년 2·13 합의 이후 북핵 문제의 진전이 가시화되면서 남북 관계도 정상화되어 제20차 장관급 회담(2007. 2. 27.~3. 2.)이 개최되는 등 분위기가 호전되었다. 이런 가운데 당시 김만복 국정원장이 대통령 특사 자격으로 방북해 8월 28일부터 30일까지 제2차 정상회담을 평양에서 개최한다는 데 합의하고 8월 8일 남북에서 이를 동시에 발표했다. 그러나 준비 기간 중 북한의 수해로 일정이 10월 2일에서 4일까지로 연기되었다. 10월 2일 노무현 대통령은 총 3백 명으로 구성된 대표단과 함께 휴전선을 넘어 육로로 북한을 방문했고, 10월 3일 두 차례의 정상회담 끝에 10월 4일 '남북 관계 발전과 평화 번영을 위한 선언'을 발표했다. 총 8개 항으로 된 10·4 선언의 내용은 다음과 같다.

1. 남과 북은 6·15 공동선언을 고수하고 적극 구현해 나간다.
2. 남과 북은 사상과 제도의 차이를 초월하여 남북 관계를 상호 존중과 신뢰 관계로 확고히 전환시켜 나가기로 했다.
3. 남과 북은 군사적 적대 관계를 종식시키고 한반도에서 긴장 완화와 평화를 보장하기 위해 긴밀히 협력하기로 했다.
4. 남과 북은 현 정전 체제를 종식시키고 항구적인 평화 체제를 구축해 나가야 한다는 데 인식을 같이하고, 직접 관련된 3자 또는 4자 정상들이 한반도 지역에서 만나 종전을 선언하는

문제를 추진하기 위해 협력해 나가기로 했다.

5. 남과 북은 민족 경제의 균형적 발전과 공동의 번영을 위해 경제 협력 사업을 공리공영과 유무상통의 원칙에서 적극 활성화하고 지속적으로 확대 발전시켜 나가기로 했다.

6. 남과 북은 민족의 유구한 역사와 우수한 문화를 빛내기 위해 역사, 언어, 교육, 과학기술, 문화 예술, 체육 등 사회·문화 분야의 교류와 협력을 발전시켜 나가기로 했다.

7. 남과 북은 인도주의 협력 사업을 적극 추진해 나가기로 했다.

8. 남과 북은 국제무대에서 민족의 이익과 해외 동포들의 권리와 이익을 위한 협력을 강화해 나가기로 했다.

2000년 제1차 정상회담이 분단 반세기 만에 최초로 남북 정상이 만나 불신과 반목의 남북 관계를 화해와 협력의 관계로 바꾸었다면, 2007년 제2차 정상회담은 남북 간 공동 번영을 위한 경제 협력 확대 및 한반도 평화 증진과 공동 번영의 선순환 관계를 형성했다는 데 의의가 있다고 할 수 있다. 두 차례의 정상회담을 통해 남북 간에는 신뢰 회복과 그를 통한 화해 분위기가 조성되었다. 그러나 이후 들어선 이명박·박근혜 정권하에서 다시 남북한은 긴장과 대결 관계로 되돌아가고 말았다.

한편 제2차 남북 정상회담 대화록을 놓고 정쟁이 일기도 했다. 2012년 제18대 대통령 선거 과정에서 새누리당 정문헌 의원은 2007년 남북 정상회담에서 노무현 대통령이 NLL을 포기하는 발언을 했다고 주장해 논란이 되었다. 김무성 당시 새누리당 선대위원장은 12월 14일 부산 선거 유세에서 대화록 일부를 낭독하기도 했다. 민주당은 정문헌 의원을 고발했으나, 대선 이후 검찰은 국정원이 만든 발췌본을 확인해 정문헌 의원을 무혐의 처리했다. 2013년 10월 국방부에 의해 노무현 대통령이 북방한계선 수호 원칙을 승인했다는 사실이 공식 확인되면서 사태는 진정되었으나, 정상회담 대화록 폐기 의혹을 놓고 또 한 차례 논란이 일기도 했다.

남북 정상회담과 관련한 호외는 정부가 대주주인 「대한매일」(현 「서울신문」)에서 발행한 제1차 정상회담 호외가 유일하다. 제2차 정상회담 때는 호외가 나오지 않았다.

76

월드컵 4강 신화

2002년 6월

한국인이 좋아하는 구기 종목 가운데 하나로 축구를 들 수 있다. 대한민국 축구 역사에서 절대 빼놓을 수 없는 사건은 2002년 월드컵 4강 신화다.

한국이 월드컵에 처음 출전한 것은 1954년 스위스 월드컵이다. 그 전에 열린 대회에는 일제 치하에 있었던 탓에, 또는 세계대전이나 한국전쟁 등으로 인해 참가할 수 없었다. 스위스 월드컵 참가이후 한국은 다섯 차례나 출전했지만 성적은 매우 초라했다. 1954년 2패, 1986년 1무 2패, 1990년 3패, 1994년 2무 1패, 1998년 1무 2패를 기록하며 44년 동안 단 한 번도 승리하지 못했다. 한국은 2002년 일본과의 공동 대회 유치를 앞두고 축구 전용 경기장 일곱개를 새로 건립하면서 착실하게 대비했다. 2000년 말에는 월드컵에서 우수한 성적을 거둔 네덜란드 출신의 거스 히딩크 감독을 영입해 과학적인 훈련과 체력 증진에 힘썼다.

2002년 월드컵 본선행을 놓고 총 199개국이 경합을 벌였다. 1999년 12월 7일 도쿄에서 예선 조 추첨식이 거행되었는데, 전 대회 우승국 프랑스와 공동 개최국 한국과 일본은 자동 출전권을 획득해 예선전에서 빠졌다. 치열한 예선전 끝에 본선 진출국이 가려졌다. 월드컵에서 우승한 전적이 있는 7개국(우루과이, 이탈리아, 독일, 브라질, 잉글랜드, 아르헨티나, 프랑스) 모두 본선 진출에 성공했는데, 이들이 모두 출전한 대회는 1986년 대회 이후 처음이었다.

조 편성에서 공동 개최국인 한국은 폴란드(38위), 미국(13위), 그리고 포르투갈(5위)과 함께 D조에 들어갔다. 6월 4일 오후 8시 30분, 부산월드컵경기장에 5만여 관중이 꽉 들어찬 가운데 축제의 막이 올랐다. 한국의 첫 상대는 폴란드. 전반 26분 이을용이 상대 진영 왼쪽에서 낮고 빠른 왼발 크로스를 올리자 황선홍이 상대 수비수를 비집고 비호처럼 달려들어 선제골을 획득했다. 후반 들어 한국의 유상철이 한 골을 보태 2 대 0으로 완승을 거두었다. 월드컵 출전 사상 첫 승리이자, 1954년 스위스 월드컵에 첫 출전한 뒤 48년 만에 거둔 감격의 1승이었다. 히딩크 감독은 트레이드마크인 어퍼컷 세리머니를 연발했고, 우리 국민들은 감격해 마지않았다.

다음 날 수원에서 열린 경기에서 미국은 포르투갈을 3 대 2로 손쉽게 제압했다. 10일 한국은 대구에서 미국과 결전을 펼쳤는데, 1 대 1로 비겨 승점을 나누어 가졌다. 조별 리그 최종전은 14일 인천(포르투갈-대한민국)과 대전(폴란드-미국)에서 동시에 열렸다. 한국은 경기 개시 70분경에 터진 박지성의 골에 힘입어 포르투갈에 승리를 거두었고, 폴란드는 미국과의 경기에서 3 대 1로 완승을 거두었

월드컵 4강 진출 소식을 전하는 2002년 6월 22일자 「문화일보」 호외.

다. 대한민국은 승점 7점으로 사상 처음으로 조 1위를 차지했고, 미국은 승점 4점으로 그 뒤를 따랐다. 승점을 3점씩 가져간 포르투 갈과 폴란드는 각각 조 3위와 4위를 차지했다.

16강전은 서귀포에서 독일이 올리버 뇌빌의 결승골로 파라과이에 1 대 0 신승을 거두는 것으로 막이 올랐다. 18일 한국은 대전에서 이탈리아(6위)와 연장전까지 가는 승부를 펼친 끝에 안정환의 골든골로 2 대 1로 역전승을 거두었다. 한국이 8강에 합류하면서 월드컵 사상 처음으로 유럽, 북아메리카, 남아메리카, 아프리카, 그리고 아시아 대륙의 국가들이 8강에 이름을 동시에 올렸다.

8강전은 22일 광주에서 열렸는데, 스페인(8위)과의 경기에서 120분의 연장 사투 끝에 득점 없이 비긴 뒤 승부차기에서 5 대 3으로 이겨 사상 초유의 '4강 신화'를 이루어냈다. 25일 열린 준결승전은 두 경기 모두 1 대 0의 접전이었다. 서울에서 열린 첫 준결승전에서 한국은 독일(11위)에 패했다. 29일 대구에서 열린 3·4위전에서 터키는 하칸 쉬퀴르가 상대의 킥오프를 가로채 10.8초 만에 선제골을 기록했는데, 이는 월드컵 역사상 역대 최단 시간 득점이었다. 최종적으로 터키는 한국을 3 대 2로 이겨 대회 3위를, 한국은 4위를 기록했다. 당시 FIFA 랭킹 40위인 한국은 7전 3승 2무 2패라는 뛰어난 성적으로 월드컵 사상 최대의 이변을 기록했다. '꿈★은 이루어진다'는 슬로건은 마침내 이루어졌다.

한편 2002년 월드컵은 한국 역사상 가장 강력한 참여 열기를 끌어낸 자발적 축제였다는 평가를 받고 있다. 대회가 열리는 동안 온 국민은 한국 축구 대표팀의 공식 응원단인 '붉은 악마'를 중심으로 열광적인 응원을 펼쳤다. 경기가 있는 날 시민들은 붉은색 티셔츠를 입고 서울 광화문광장 등에 모여 "대~한민국!"을 연호했다. 길거리 응원은 지방은 물론 해외에서까지 이어졌다. 1997년 PC통신을 통해 조직된 '붉은 악마'는 인터넷 보급 덕분에 월드컵 대회 중에 회원 수가 20만 명에 달했다.

77

제16대 대통령에 노무현 후보 당선

2002년 12월 19일

　노무현 대통령은 1946년 경남 김해 봉하마을에서 태어났다. 부산상고 졸업 후 독학으로 사법시험에 합격해 대전지방법원 판사로 1년간 근무했으며, 이후 변호사로 활동하면서 당시 부산에서 시국 사건 변호를 도맡아 인권변호사로 활동했다. 그는 '부산판 학림 사건'으로 불리는 '부림 사건' 변호인으로 활동했는데, 2013년 12월에 개봉되어 선풍적 인기를 모은 영화 〈변호인〉(송강호 분)을 통해 그의 활동상이 세상에 널리 알려진 바 있다. 1987년 당시 그는 '민주헌법쟁취 국민운동본부' 부산 본부 상임 집행위원장을 맡아 6월 민주항쟁에도 앞장섰다.

　그는 부산·경남을 지역 기반으로 한 김영삼 통일민주당 총재의 추천으로 정치에 뛰어들었다. 1988년 4월 26일 치러진 제13대 총선에서 부산 동구에 출마한 그는 첫 출마에서 금배지를 거머쥐었다. 그는 등원 후 국회 노동위원회에서 활동하면서 같은 당의 이해찬·이상수 의원 등과 함께 '노동위원회의 3총사'로 불렸다. 그를 세상에 널리 알린 것은 1988년 11월에 열린 '제5공화국 비리 특별조사위원회 청문회'였다. 그는 헌정 사상 최초로 TV로 생중계된 청문회에서 '죄가 없다'고 강변하는 전두환 전 대통령을 향해 국회의원 명패를 집어 던지는 등 혈기 넘치는 행동으로 주목을 끌었다.

그의 정치적 은인인 김영삼과의 인연은 그리 오래가지 않았다. 1990년 1월 22일 김영삼은 집권을 위해 3당 합당을 선언하며 민자당을 창당했다. 노무현은 3당 합당을 '밀실 야합'이라고 비난하며 김영삼과 결별한 후 통일민주당 잔류 세력들과 함께 '꼬마 민주당'을 창당했다. 이후 그의 정치 역정은 순탄치 않았다. 1992년 민주당 후보로 부산 동구에 출마했다가 낙선하면서 재선에 실패했고, 1995년 민주당 후보로 부산광역시장 선거에 출마해 36.7퍼센트의 득표율을 얻었으나 지역감정의 벽을 넘지 못한 채 또다시 낙선했다. 1996년 제15대 총선 때는 통합민주당 후보로 서울 종로에 출마했으나 이 역시 실패했다. 1997년 제15대 대선을 앞두고 그는 김정길, 김원기 등과 함께 김대중의 새정치국민회의에 입당했다.

그가 다시 금배지를 단 것은 1998년 7월 국회의원 재보궐 선거에서였다. 당시 한나라당 이명박 의원이 서울시장 경선에 출마하면서 의원직을 자진 사퇴하자 7월 21일 치러진 재선거에서 서울 종로구에 출마해 당선되었다. 2000년 4월, 제16대 총선이 다가왔다. 그는 이미 터를 잡고 있던 서울 종로를 버리고 부산으로 내려갔다. 지역주의의 벽을 넘어보겠다는 소신 때문이었다. 그러나 그는 결국 낙선했다. 이때 네티즌들은 그의 소신을 높이 평가하면서 '노무현을 사랑하는 사람들의 모임(노사모)'을 조직해 후원하기 시작했다. '바보'라는 별명은 이때 얻었다.

국회의원 선거에서 떨어진 그는 2000년 8월부터 이듬해 3월까지 8개월간 국민의 정부에서 해양수산부 장관을 지냈다. 2002년 제16대 대선을 앞두고 재충전하기에 좋은 기회였다. 2002년 대선은 사상 처음으로 국민경선으로 치러졌다. 새천년민주당의 국민경선은 2002년 3월 9일부터 제주를 필두로 전국 16개 시도를 돌면서 당원(50퍼센트)과 국민(50퍼센트)이 직접 투표하는 방식으로 진행되었다. 국민경선에는 노무현을 비롯해 김근태, 김중권, 유종근, 이인제, 정동영, 한화갑 등이 후보로 출마했다. 국민경선이 도입되기 이전에 민주당 후보 가운데 부동의 1위는 김영삼의 지지를 등에 업은 이인제 후보였다. 당시 노무현은 군소 후보 가운데 한 명으로, 지지율은 10퍼센트 미만이었다. 그러나 경선이 시작되면서 상황이 바뀌었다.

첫 경선이 치러진 제주에서는 한화갑 후보가 조직을 기반으로 1위를, 노무현은 3위를 기록했다. 노동자들이 많은 두 번째 울산 경선에서 노무현은 1위로 치고 올라왔다. 이후 여론조사에서도 노무현은 한나라당 이회창 후보와 양자 대결 구도를 형성하면서 서서히 부각되었다. 결정적인 것은 3월 16일 치러진 광주 경선이었다. 노무현은 김대중의 정치적 기반인 광주에서 1위를 기록하면서 기염을 토했다. 당시 부산 지역 노사모 회원들은 광주 시민들에게 편지를 보내 노무현 지지를 호소하기도 했다. 제16대 대선은 인터넷이 선거에 영향을 미치기 시작한 초창기라 할 수 있는데, 그의 연설은 네티즌들로부터 큰 호응을 얻었다. '주말 정치 드라마'로 불린 국민경선 역시 노무현의 선전에 한몫했다.

이후 경선에서 노무현은 줄곧 1위를 기록하며 노풍(盧風, 노무현 바람)을 일으켰다. 2002년 4월 26일 최종 서울 경선에서 그는 새천년민주당의 제16대 대선 후보로 공식 선출되었다. 경선이 끝난 4월 말, 노무현의 지지율은 당시 역대 대통령 후보 가운데 최고치인 60퍼센트를 기록했다. 그는 대선 후보로 선출된 직후 '민주 세력 대통합론'을 주장했다. 그런데 호사다마라고 했던가. 임기 말에 김대중 대통령 자녀들의 비리가 터지면서 그 파장이 그의 지지율 하락으로 이어졌고, 지방선거에서 참패하면서 후보 재신임 문제까지 불거졌다. 그 무렵 2002년 한일 월드컵 바람을 타고 출마한 국민통합21의 정몽준 후보가 돌풍을 일으키자 당내에서는 후보 교체론까지 등장했다. 결국 노무현은 자신에게 불리한 여론조사를 통한 단일화를 제안했고, 11월 24일 여론조사 결과 극적으로 최종 승리했다.

그러나 넘어야 할 산은 또 있었다. 노무현과 후보 단일화를 이룬 정몽준 후보가 선거 하루 전날 밤 돌연 후보 단일화를 파기한 것이다. 그 이유를 두고 여러 주장이 전해 오고 있으나 다분히 감정적인 처사였던 것으로 알려져 있다. 노무현은 심야에 정몽준 자택을 방문해 설득에 나섰으나 정몽준은 노무현을 만나주지도 않았다. 선거 당일 아침 「조선일보」는 '정몽준, 노무현을 버렸다'라는 사설을 통해 노골적으로 방해 공작을 폈다. 그러나 개표 결과 노무현 후보가 한나라당 이회창 후보를 57만 표 차로 꺾고 마침내 제16대 대통령에 당선되었다.

노무현 대통령은 정부 출범 후 새 정부의 명칭을 '참여정부'라고 명명했다. 평소 토론과 대화를 즐겨 했던 그는 국정 수행 과정에 이를 적극 반영해 TV 토론이나 기자회견, 국민과의 대화 등을 마다하지 않았다. 대화 도중 '이쯤 되면 막가자는 것이지요?'라는 말로 구설수에 오르기도 했던 '검사와의 대화'가 그 한 예다. 참여정부의 공과를 두고는 이런저런 평가가 있다. 자세한 내용은 '노무현 대통령 탄핵안 국회 가결' 편에서 다루기로 한다.

78

노무현 대통령 탄핵안 국회 가결

2004년 3월 12일

　대한민국에서 고위공직자에 대한 탄핵은 헌법 제65조에 규정되어 있다. 헌법 제65조 제1항은 "대통령·국무총리·국무위원·행정 각부의 장·헌법재판소 재판관·법관·중앙선거관리위원회 위원·감사원장·감사위원 기타 법률이 정한 공무원이 그 직무 집행에 있어서 헌법이나 법률을 위배한 때에는 국회는 탄핵의 소추를 의결할 수 있다."고 규정하고 있다. 탄핵은 탄핵소추와 탄핵심판으로 나뉜다. 탄핵소추는 국회에서, 탄핵심판은 헌법재판소에서 담당한다. 헌법 제113조 제1항은 "헌법재판소에서 법률의 위헌 결정, 탄핵의 결정, 정당 해산의 결정 또는 헌법소원에 관한 인용 결정을 할 때에는 재판관 6인 이상의 찬성이 있어야 한다."고 규정하고 있다.

　대한민국 임시정부 시절까지 포함하면 첫 탄핵 사례는 이승만 대통령이다. 1919년 9월 상해에서 출범한 대한민국 임시정부의 초대 대통령(실제 명칭은 집정관 총재)에 선출된 이승만은 임정이 출범한 지 1년이 되도록 미국에 체류한 채 상해로 오지 않았다. 이에 임정의 차장급 소장파들은 이승만에 대한 불신임안을 임시의정원에 제출했으며, 이후 이승만이 미국에 위임통치를 건의한 사실이 알려지면서 탄핵이 거론되었다. 임시의정원은 결국 1925년 3월 23일 이승만을 탄핵·면직하고 박은식을 임시대통령으로 선출했다. 이승만 탄핵의 직접적인 원인은 위임통치 청원 사건과 정치적 무능 때문이라고 할 수 있다.

정부 수립 이후 첫 탄핵은 제16대 대통령 노무현이다. 탄핵 이유는 노 대통령이 '정치적 중립성'을 훼손했다는 것이었다. 문제의 발언은 두 건이었다. 2004년 2월 18일 경인 지역 6개 언론사와 가진 합동 회견에서 노 대통령은 "(17대 총선에서) 개헌 저지선까지 무너지면 그 뒤에 어떤 일이 생길지는 나도 정말 말씀드릴 수가 없다."라고 발언했는데, 이 발언이 선거를 앞두고 특정 정당 지지를 유도한다는 논란을 불러일으켰다.

이어 2월 24일 방송기자클럽 초청 기자회견에서 노 대통령은 "국민들이 총선에서 열린우리당을 압도적으로 지지해줄 것을 기대한다."며 "대통령이 뭘 잘해서 열린우리당이 표를 얻을 수만 있다면 합법적인 모든 것을 다하고 싶다."라고 발언했다. 이날의 발언을 두고 대통령이 선거 중립 의무를 위반했다는 논란이 가속화되었다. 3월 3일 중앙선거관리위원회는 노 대통령에게 공직선거및선거부정방지법을 위반했다고 판정하고, 중립 의무 준수를 요청했다. 이에 대해 노 대통령은 "선관위의 결정을 납득할 수 없다."고 밝혔다.

논란의 불씨는 정치권으로 옮겨 붙었다. 제일 먼저 탄핵 깃발을 올린 곳은 노 대통령이 대선 후보로 선출되었으나 대통령 당선 후 탈당하면서 야당이 된 새천년민주당이었다. 3월 5일 노 대통령의 발언과 관련해 새천년민주당은 긴급 의원총회를 열고 노 대통령이 선거법 위반 및 측근 비리 등에 대해 사과하고 재발 방지를 약속하지 않으면 탄핵을 발의하겠다고 선언했다. 또한 같은 야당인 한나라당과 자유민주연합에 탄핵안에 협조해줄 것을 요청했다. 이에 대해 이튿날 청와대는 부당한 정치적·정략적 압력이라며 사과를 거부했다.

사태는 악화일로를 걷기 시작했다. 3월 9일 한나라당 의원 108명과 새천년민주당 의원 51명이 서명한 '대통령 (노무현) 탄핵소추안'이 발의되었다. 자유민주연합은 동의하지 않았지만 재차 대통령의 사과를 요구했다. 3월 10일 한나라당과 새천년민주당 국회의원들은 탄핵안 처리를 시도했으나 열린우리당의 반발로 실패했다. 이튿날 노무현 대통령은 특별 기자회견을 열고 사과 요구를 거부하며 남상국 대우건설 사장을 비난하는 발언을 했다. 그런데 이날 남상국 사장이 서울 한남대교에서 투신자살하자 자유민주연합이 탄핵안 처리에 가세하고 나섰다.

3월 12일 오전 11시 3분, 한나라당 소속 박관용 국회 의장은 경호권을 발동해 국회(임시회) 제2차 본회의를 개회했다. 박 의장은 탄핵안을 상정했고, 한나라당, 새천년민주당, 자유민주연합 소속 의원 등 총 195명이 투표에 참가했다. 투표 결과 찬성 193명, 반대 2명으로 탄핵안이 가결되었다. 당시 열린우리당 의원들이 의회 단상을 점거하고 저항했지만 역부족이었다. 오후 3시 국회는 소추결의서 정본을 헌법재판소에 송달했다. 당시 창원의 로템사를 방문 중이던 노 대통령은 탄핵소추안 통과 소식을 전해 듣고 "지금 이 과정은 새로운 발전과 도약을 위한 진통이라고 생각하며 그저 괴롭기만 한 소모적 진통은 아닐 것"이라고 말했다.

당시 국회는 탄핵소추 사유서에서 "노 대통령은 국가 원수로서의 본분을 망각하고 특정 정당을 위한 불법 선거운동을 계속해왔고, 본인과 측근들의 권력형 부정부패로 국정을 정상적으로 수행할 수 없는 국가적 위기 상황을 초래했으며, 국민 경제를 파탄시켰다."고 밝혔다. 그러나 노 대통령 탄핵에 대한 국민 여론은 대체로 부정적이었다. 탄핵안이 발의된 3월 9일 실시된 여론조사 결과, 탄핵 반대는 65.2퍼센트, 찬성은 30.9퍼센트였다. 다만 노 대통령이 사과해야 한다는 의견은 60.6퍼센트, 사과가 필요 없다는 의견은 30.1퍼센트로 엇갈렸다. 국회에서 탄핵이 통과되자 노 대통령의 대통령 직무는 당일로 정지되었고, 헌법에 따라 고건 총리가 대통령 권한대행을 맡게 되었다.

한편 국회의 탄핵안 가결을 전후하여 전국에서는 수많은 국민들이 모여 광화문 일대 등에서 탄핵 반대 촛불시위를 벌였다. 처음 촛불을 든 곳은 '노사모'였다. 3월 7일 노사모 회원 170여 명이 여의도에 모여 첫 '탄핵 무효' 집회를 열었다. 5일 뒤인 3월 12일 국회에서 탄핵안이 가결되자 참여 인원은 급격히 늘어나 가결 당일 1만 2천여 명, 다음 날은 7만여 명이 거리로 나왔다. 3월 20일 광화문에서 열린 '대통령 탄핵 반대' 촛불집회에는 시민 20여만 명(주최 측 추산)이 참가했다. 참여연대 등 전국의 550여 개 시민사회단체들은 탄핵소추안 가결을 야 3당의 '3·12 쿠데타'로 규정하고 탄핵안 철회운동에 돌입했다. 민주사회를 위한 변호사모임과 대한 변호사협회 등 변호사 단체들도 탄핵 철회 촉구 결의문을 채택하는 등 전국이 탄핵 사태로 들끓었다.

탄핵안 가결에 대한 국민적 분노는 4월 15일 치러진 제17대 총선에 직접적인 영향을 끼쳤다. 열린우리당은 과반이 넘는 152석을 차지한 반면, 제1당이던 한나라당은 121석을 얻어 제2당으로 전락했다. 제2당이던 새천년민주당은 9석, 자유민주연합은 4석을 얻는 데 그쳤다. 이른바 '탄핵 5인방'으로 불린 박관용 국회 의장, 한나라당 최병렬 대표, 홍사덕 총무, 새천년민주당 조순형 대표와 유용태 원내총무는 정계에서 물러났다. 또 총선 때 삼보일배를 한 새천년민주당 추미애 선대위원장도 총선에서 낙마하는 등 탄핵 후유증을 톡톡히 겪어야만 했다.

모두 일곱 차례의 변론을 마치고 4월 30일 최후 변론이 종결된 뒤 헌법재판소는 2주일 동안의 집중 평의를 거쳐 결정문 작성에 들어갔다. 마침내 5월 14일 헌법재판소는 노 대통령 탄핵소추안 기각 결정을 내림으로써 두 달 동안 계속된 탄핵 사태는 종결되었다. 야 3당이 정치적 목적을 가지고 무리하게 밀어붙인 대통령 탄핵안은 결국 야 3당에 부메랑이 되어 돌아온 셈이 되었다.

헌정 사상 초유의 대통령 탄핵이라는 대형 사건을 맞아 언론들은 종일 분주한 하루를 보냈다. 헌재의 선고 당일 KBS, MBC, SBS 등 지상파 3사와 뉴스 채널 YTN이 심판 과정을 생중계했다. 「경향신문」, 「국민일보」 등 일부 조간신문은 당일 오후 호외를 발행했으며, 지방지 중에서는 청주에서 발행되는 「동양일보」가 이날 호외를 발행했다.

석간 「헤럴드경제」는 뒤늦게 판갈이를 해 광화문 일대에서 '헌정

노무현 전 대통령의 탄핵 가결을 알리는 「오마이뉴스」의
호외.

사상 첫 대통령 직무 정지'라는 제목의 1면 기사가 담긴 12일자
신문을 무료로 배포했다. 「문화일보」는 인쇄 중인 윤전기를 세운
뒤 낮 12시 30분에 마감하고 늦게 신문을 발행했다. 또 스포츠지
들도 평소와 달리 여러 면을 스포츠나 연예 뉴스가 아닌 대통령
탄핵 관련 뉴스로 채워 '파격 편집'이라는 평가를 받았다.

　인터넷 매체들은 네티즌들의 접속 폭주로 홈페이지 접속이 되지
않거나 접속 시간이 늦어지는 사태가 발생했다. 「오마이뉴스」는 12
일 접속자 폭주로 사이트 자체가 제대로 열리지 않자 탄핵안 가결

특별게시판을 운영하는 등 임시 축약판을 띄웠다. 또 인터넷 한겨레의 경우 접속자 수가 평소보다 두 배 이상 늘어났고, 조선닷컴은 초기화면에서 광고와 그래픽을 모두 제거한 뒤 필요한 기사를 텍스트로만 제공하는 '다이어트 모드'를 운영하기도 했다. 포털 사이트 역시 이날은 탄핵 관련 정치 기사에 대한 수요가 다른 뉴스를 압도한 것으로 나타났다.

79

노무현 전 대통령 서거

2009년 5월 23일

노무현 전 대통령은 퇴임 후 고향으로 내려간 첫 대통령이었다. 2008년 2월 25일 그가 퇴임할 당시 전두환, 노태우, 김영삼, 김대중 등 네 명의 전직 대통령이 생존해 있었으나 전부 서울에 기거했다. 그의 귀향은 많은 사람에게 신선한 감동을 주었고, 이 때문에 지지자들을 포함해 전국에서 수많은 관광객이 봉하마을을 찾았다. 귀향 후 그는 오리 쌀 농법과 화포천 정화, 생태숲 조성 등 친환경·친농촌 생태 사업에 깊은 관심을 보였다. 퇴임 직후만 해도 보통 시민으로 돌아온 그의 귀향 생활은 행복해 보였고, 많은 사람들은 전직 대통령의 그런 모습에 기뻐했다.

그러나 그의 그런 소박한 행복은 오래가지 않았다. 후임 이명박 정권은 퇴임한 그와 그의 주변에 압박을 가했다. 2008년 5월부터 미국산 쇠고기 협상 반대 시위와 광우병 괴담 파동으로 이명박 정부 출범 초기 국정 운영에 큰 차질을 빚게 된 것이 직접적인 계기가 되었다. 이명박 정권은 사태의 배후에 친노 세력이 있다는 정황이 포착되자 박연차 태광실업 회장 등 그의 주변 인사들에 대한 강도 높은 세무조사를 진행했다. 그 과정에서 부인 권양숙 여사와 자녀 등이 그가 퇴임한 후 금품을 수수한 혐의로 검찰 수사를 받게 되었다. 노무현 전 대통령은 이런 사실을 몰랐다고 주장했지만, 이른바 '포괄적 뇌물죄' 혐의로 그 역시 검찰 수사를 받게 되었다.

2009년 4월 12일, 부인 권양숙 여사와 아들 건호 씨가 뇌물수수 혐의로 검찰에 소환되어 조사를 받았다. 4월 22일 검찰은 노무현 전 대통령에게 박연차 회장의 정관계 로비 의혹 수사와 관련된 서면 질의서를 발송했고, 노 전 대통령은 4월 25일 이메일을 통해 답변서를 제출했다. 5일 뒤인 4월 30일 그는 '포괄적 뇌물죄' 피의자 신분으로 검찰에 출석해 열 시간 정도 조사를 받았다. 이날 아침 그는 김해 봉하마을에서 버스를 타고 서울 서초동 검찰청사에 출두했다. 검찰 조사실로 들어가기 전에 그는 다른 피의자들처럼 포토라인에 섰는데, 전직 대통령으로서 몹시 수치스러웠을 것이다.

검찰 조사를 받는 과정에서 그는 온갖 수모와 구설에 시달렸다. 당시 검찰에서 그를 조사한 사람은 '우꾸라지'로 불리는 우병우 전 청와대 민정수석이었다. 일설에 의하면 그는 우병우 검사로부터 모욕에 가까운 언사를 들었다고 한다. 이 밖에도 검찰은 그가 회갑 선물로 받은 1억 원짜리 시계 두 개를 논두렁에 버렸다는 이야기를 언론에 흘려 망신을 주었는데, 이는 국정원의 공작이었음이 나중에 밝혀졌다. 4월 7일 개인 홈페이지 '사람 사는 세상'에 올린 글에서 그는 "저와 제 주변의 돈 문제로 국민 여러분의 마음을 불편하게 해드리고 있습니다. 송구스럽기 짝이 없습니다."라고 사과했다. 4월 22일에는 홈페이지를 폐쇄하고 절필을 선언하면서 "나를 버려라."고도 했다.

그로부터 한 달여 뒤인 5월 23일 일요일 아침, 방송을 통해 비보가 전해졌다. 이날 오전 6시 40분께 경호원과 함께 봉하마을 뒷산으로 등산을 갔다가 벼랑에서 떨어져 참변을 당했다는 것이다. 7시경 인근 김해 세영병원과 양산 부산대병원으로 호송되었을 때 그는 이미 소생할 수 없는 상태였다. 사고 직후 처음에는 실족사로 알려졌으나, 얼마 뒤 유서가 공개되면서 자살로 추정되었다. 사후 한동안 그의 사인을 두고 투신자살이냐, 타살이냐 하는 논란이 일었다. 그가 투신하기 전에 남긴 유서의 전문은 다음과 같다.

너무 많은 사람들에게 신세를 졌다.
나로 말미암아 여러 사람이 받은 고통이 너무 크다.
앞으로 받을 고통도 헤아릴 수가 없다.
여생도 남에게 짐이 될 일밖에 없다.
건강이 좋지 않아서 아무것도 할 수가 없다.
책을 읽을 수도 글을 쓸 수도 없다.

너무 슬퍼하지 마라.
삶과 죽음이 모두 자연의 한 조각 아니겠는가?
미안해하지 마라.
누구도 원망하지 마라.
운명이다.

화장해라.

그리고 집 가까운 곳에 아주 작은 비석 하나만 남겨라.

오래된 생각이다.

비록 그가 스스로 몸을 던져 목숨을 잃었다고 해도 이는 보통의 투신자살과는 분명히 다른 것이다. 귀향 후 다양한 사업을 펼치며 제2의 인생을 꿈꾸던 그가 목숨을 버린 데는 검찰 수사 과정에서의 인간적인 모욕과 주변 사람들에 대한 부담 등이 복합적으로 작용한 것으로 보인다. 천정배 의원은 "노무현 전 대통령의 서거는 권력 기관의 사유화와 보수 언론의 탐욕이 만들어낸 재앙"이라며 검찰과 보수 언론에 책임을 돌렸다. 혹자는 그의 죽음을 두고 '정치적 타살'이라고 부르기도 한다. 그의 죽음에 대해 국내외에서 애도의 물결이 이어진 것은 아마도 이 때문이었을 것이다.

그의 장례는 국민장으로 치러졌다. 그의 시신은 서거 당일 봉하마을 마을회관으로 옮겨져 그곳에 빈소가 마련되었다. 이날 밤부터 조문객이 봉하마을을 찾았고, 전국 각지에 분향소가 마련되었다. 서울 덕수궁 대한문 앞에 마련된 분향소에는 며칠째 밤이 늦도록 조문객의 발길이 끊이지 않았다. 장례 기간 중 봉하마을을 찾은 조문객은 100만 명이 넘었으며, 전국적으로 500여만 명이 조문한 것으로 추산되었다. 영결식은 5월 29일 경복궁 흥례문 앞뜰에서 거행되었다. 이어 시청광장에서 노제를 마친 후 수원 연화장에서 화장된 그의 유해는 봉하마을에 납골 형태로 안장되었다.

대통령 노무현과 참여정부에 대한 평가는 다양하다. 서민적 풍모와 친근함, 권위주의 청산과 인권 옹호, 지역주의 타파와 법치주

노무현 전 대통령의 서거 소식을 전하는 2009년 5월 23
일자「경향신문」호외.

의 확립 등에 대해서는 긍정적인 평가를 받았다. 반면 대북 송금
특검 실시, 부동산 정책 실패, 한미 FTA 추진, 양극화 심화 등을
두고는 비판적인 평가도 많다. 민주주의를 퇴보시킨 이명박·박근
혜 정권 10년을 거치면서 그에 대한 평가는 갈수록 긍정 쪽으로
기울고 있다.

그의 돌연한 죽음을 맞아 대다수의 국내 신문은 호외를 발행했
다.「경향신문」등 주요 중앙일간지는 물론「경인일보」,「대전일
보」,「충청일보」,「국제신문」,「경남도민일보」,「광주일보」등 지방

지, 그리고 「매일경제」, 「아시아경제」 등 경제지도 가세했다. 시사주간지 「한겨레21」, 「위클리 경향」, 「시사인」 등은 추모 특별판을 제작해 배포했다. 「국민일보」는 호외 제목을 '노무현 前 대통령 자살'로 뽑았다가 호된 비난을 사기도 했다.

80

연평도 포격 사건

2010년 11월 23일

북방한계선은 1953년 8월 30일 유엔군 사령관이 일방적으로 선언한 해상 경계선으로, 현재까지도 북한은 서해 북방한계선을 공식 인정하지 않고 있다. 이 때문에 서해 북방한계선에 인접한 서해 5개 도서와 그 주변 해역은 남북 간 군사적 충돌이 빈번했다. 1999년 6월 15일, 북한의 경비정이 연평도 인근의 북방한계선을 넘어오자 한국 해군은 고속정과 초계함을 동원해 선체를 충돌하는 방식으로 밀어내기를 했다. 이 과정에서 남북 간에 교전이 벌어져 양측 모두 인적·물적 피해를 입었다. 흔히 이를 '제1연평해전'이라고 부른다.

이로부터 3년 뒤인 2002년 6월 29일, 북한 경비정 두 척이 연평도 인근의 북방한계선을 넘어와 다시 충돌이 빚어졌다. 25분간 이어진 교전으로 윤영하 대위를 포함해 해군 6명이 전사하고 19명이 부상당했다. 이 '제2연평해전'을 계기로 해군은 기존의 소극적 대응을 적극적 응전 개념으로 수정했다. 즉 '경고방송-시위기동-차단기동(밀어내기 작전)-경고사격-조준격파사격'의 5단계 대응에서 '시위기동-경고사격-조준격파사격'의 3단계 대응으로 수정했다. 서해 5도 일대는 언제라도 터질 수 있는 일종의 화약고가 되었다.

천안함 침몰 사고 8개월 뒤인 2010년 11월 23일 오후 2시 30분 경, 북한군은 연평도 일대에 포격을 가해왔다. 북한군이 해상이 아닌 육지에 포격을 가해 민간인에게 피해를 입힌 것은 휴전협정 조인 이후 처음 있는 일이었다. 이로 인해 해병대원과 민간인이 각각 두 명씩 사망했으며, 중경상자와 각종 시설·가옥 피해도 발생했다. 이후 해병대의 대응 사격으로 북한군도 한 명이 죽고 두 명이 중상을 입은 것으로 알려졌다.

사건의 발단은 해군의 포 사격 때문이었다. 당일 오전 8시 20분, 북측은 '북측 영해에 대한 포 사격이 이루어질 경우 즉각적인 물리적 조치를 경고한다'는 통지문을 발송했다. 이에 대해 국방부는 훈련 중단 요청을 거절하고 예정대로 훈련을 진행했다. 연평도 주둔 해병대는 오전 10시 15분부터 오후 2시 24분까지 네 시간 동안 3,657발의 사격 훈련을 실시했다. 이로부터 10분 뒤인 오후 2시 34분부터 북한군은 개머리 해안 부근 해안포 기지로부터 76.2밀리 평사포 등으로 연평도 군부대 및 인근 민가를 향해 무차별 포격을 시작했다. 이와 관련해 국방부는 "군이 연평도 일대에서 실시한 훈련은 호국 훈련이 아니라 단순히 주기적으로 실시되는 사격 훈련"이며 "'호국 훈련'에 대한 반발이 아닌 의도적 도발"이라고 주장했다. 반면 북측은 "남측이 먼저 우리 영해에 포탄을 발사했다."면서

"이번 조치는 자위적 조치였다."고 맞섰다.

연평도 포격 사건은 적잖은 후폭풍을 가져왔다. 일단 김태영 국방장관이 물러나고 후임으로 김관진 전 합참의장이 취임했다. 정부는 또 사건 발생 당일 밤 11시부로 경기 북부와 강원 동부 지역을 중심으로 군에서 대북 전단을 살포하기 시작했으며, 확성기를 이용한 대북 심리전 방침도 밝혔다. 이명박 대통령은 "서해 5도를 포함하는 (안보) 취약 지역에 국지전과 비대칭 전투에 대비해 세계 최고의 군사 장비를 갖춰서 대응하라."고 지시했다. 사건 발생 이틀 뒤인 11월 25일, 국회는 본회의를 열어 북한의 연평도 무력도발 사건에 대한 규탄 결의문을 채택했다.

훗날 밝혀진 바에 따르면, 당시 이명박 대통령은 보복 공격을 적극 검토했으나 미국 측의 만류로 무산되었다고 한다. 사건 발생을 보고받은 이명박 대통령은 청와대 지하 벙커에서 주한미군에 사전 통보 없이 대구 공군 기지의 F-15K 네 대를 출격시켰다. 보복 공격을 위해서였다. F-15K는 이륙하기 전 반드시 미군에 사전 통보하는 것이 의무로 규정되어 있는데, 이를 어긴 셈이다. 그러나 당시 김태영 국방장관이 대통령에게 전투기 공습 명령권이 없다며 반대함으로써 보복 공격은 이루어지지 못했다. 이는 훗날 정치권 등에서 논란이 되었다.

사건 발생 일주일 뒤인 11월 30일 여론조사 결과, 정부의 대응 방식을 두고 국민의 72퍼센트는 잘못되었다고 생각한다고 답변했다. 잘했다는 의견은 24.1퍼센트였다. 전투기로 폭격했어야 한다는 응답은 39.3퍼센트였으며, 전투기 폭격을 자제한 것은 적절했다고 답변한 사람은 56.6퍼센트였다. 또 이번 사건이 지난 정부의 햇볕

東亞日報 호외

dongA.com

北, 연평도에 해안포 공격

오늘 오후 2시34분부터 200여발 발사… 해병 1명 전사, 13명 중경상

軍 80여발 대응 사격… 서해5도 최고군사대비태세 '진돗개 하나' 발령

민가도 60여채 불타… 인명피해 늘 듯

李대통령, 긴급 안보장관회의 소집

"단호히 대응하되 확전되지 않게 만전"

연평도 포격 사건을 전하는 2010년 11월 23일자 「동아일보」 호외.

정책 때문이라고 답변한 사람은 39.4퍼센트, 현 정부의 대북 강경책 때문이었다는 답변은 51.3퍼센트였다. 미국의 「워싱턴 포스트(The Washington Post)」는 이명박 정부의 대북 강경 노선에 대해 "과도한 강경 노선은 자칫 '골칫거리'가 될 수 있다."라며 우려를 표명했다.

외신 가운데 이 사건에 가장 큰 관심을 보인 것은 일본 언론으로, 정규 방송을 중단하고 속보를 내보냈다. 「닛케이신문(日經新聞)」은 이를 호외로 보도했다. 극우 성향의 「산케이신문(産經新聞)」은 "조선민주주의인민공화국의 연평도 공격과 대한민국의 반격 과정에서 대한민국 국군이 뜻밖에 약하다는 점이 드러났으며, 전 정권의 햇볕정책 때문에 군인들의 대북 적개심이 크게 줄었고, 지휘관들도 무사안일주의에 빠졌다."고 힐난했다. 영국의 BBC는 "천안함 사태를 비롯한 조선민주주의인민공화국의 도발은 김정일 국방위원장의 후계자 김정은에게 힘을 실어주려는 것"이라고 분석했다.

연평도 포격 사건으로 사망한 서정우 하사와 문광욱 일병의 장례는 11월 27일 오전 10시 국군수도병원에서 해병대장으로 치러졌다. 영결식 이후 두 사람의 유해는 성남 시립화장장에서 화장된 뒤 국립대전현충원에 안장되었고, 화랑무공훈장이 추서되었다.

81

북한 김정일 위원장 사망

2011년 12월 17일

    북한 김정일 국방위원장은 1970년대부터 김일성 주석의 후계자로 지목되어 20년 넘게 후계 수업을 받았다. 1994년 7월 8일 부친 김일성 주석이 사망하자 북한의 최고 권력자가 된 그는 2011년 12월 17일 사망할 때까지 17년간 북한을 통치했다. 그의 사망은 북한의 2대 세습통치가 막을 내리는 동시에 3대 세습통치를 예고하는 것이기도 했다. 실제로 그의 셋째 아들 김정은이 대를 이어 북한의 실권자로 자리매김했다.

    1941년 2월 16일 김일성과 김정숙 사이에서 장남으로 태어난 김정일은 김일성종합대학 정치경제학과를 졸업했다. 1961년 7월 조선노동당에 입당해 사실상 정치 활동을 시작한 그는 이후 당에서 간부를 맡아 활동했다. 1980년 10월에 열린 제6차 당 대회에서 공식 후계자로 확정된 그는 이때 처음으로 대중 앞에 모습을 드러냈다. 1990년 5월 국방위원회 제1부위원장을 거쳐 이듬해 12월 조선인민군 최고사령관직에 올랐으며, 1993년 4월 국방위원회 위원장에 내정되면서 실권을 거머쥐게 되었다. 그는 이 과정에서 숙부이자 자신의 잠재적 경쟁자였던 김영주와 이복동생 김평일, 김영일을 모두 제거한 후 마침내 권좌에 올랐다.

1994년 김일성 주석이 사망하자 3년간 '유훈(遺訓)통치'를 발표했으나, 사실상 김정일이 통치했다. 이듬해 그는 주석이 아닌 당 총비서에 취임했다. 1998년 최고인민회의 10기 제1차 회의에서 헌법 개정을 통해 주석제를 폐지했는데, 이는 김일성을 공화국의 '영원한 주석'으로 추대한다는 의미에서였다. 명목상 국가원수직은 최고인민회의 상임위원장이 맡았으나, 김정일 자신은 군사권을 장악한 국방위원장에 재추대되었다. 이어 2003년과 2009년 국방위원장에 재추대되었고, 2010년 제3차 당대표자회에서 당 총비서, 당 정치국 상무위원, 당 정치국 위원, 당 중앙군사위 위원장, 당 중앙위 위원 등에 선임되었다. 감투에 관계없이 그는 사실상 북한의 최고 권력자였다.

그의 집권을 전후해 북한 안팎의 상황은 그리 좋지 않았다. 1990년 베를린 장벽 붕괴, 1992년 소련 해체로 공산권이 붕괴된 데다 1993년 사상 유례없는 자연재해 등으로 북한은 최악의 경제난과 식량난을 겪었다. 약 6년간에 걸친 이 시기를 흔히 '고난의 행군'이라고 부르는데, 이 기간에 북한 주민 33만여 명이 굶어 죽은 것으로 알려졌다. 김정일은 중국과 러시아, 미국, 한국 등과의 외교를 통해 식량과 비료 원조를 받아 겨우 고비를 넘겼다.

국제 정세의 급변은 북한 내부에도 적잖은 변화를 가져왔다. 그는 나진·선봉의 무역 지구를 대폭 확대했으며, 남북 경협의 일환으로 개성공단 설립에 나섰다. 1998년 이후에는 중국의 경제특구제를 도입해 4개 경제특구를 지정하기도 했다. 1998년 11월 현대그룹의 정주영 명예회장과 평양에서 회담을 가졌으며, 2000년에는 김대중 대통령과 분단 후 처음으로 남북 정상회담을 가졌다. 북한은 개성공단과 금강산 관광을 통해 적지 않은 경제적 이득을 얻었다. 경제난을 타개하기 위해 북한은 2010년에 화폐 개혁을 실시했는데, 이는 실패했다는 평가가 지배적이다.

남북이 극한 대립을 하던 시기, 김정일에 대한 남한의 평가는 매우 비판적이었다. 그는 영화광에 '기쁨조'를 둔 괴팍한 성격의 소유자로 인식되었다. 그러나 그는 청소년기부터 문학과 영화, 역사학 등에 관심이 많았으며, 직접 시나리오를 쓰거나 영화 연출을 할 정도로 예술 분야에 조예가 깊었던 것으로 알려졌다. 물론 여성 편력과 정적 제거 등에 대해서는 비판적 견해가 많은 것이 사실이다. 그는 조선노동당 간부의 딸 김영숙과 정식 결혼한 이래 총 다섯 명의 아내를 두었다.

남북문제와 관련해 그가 직접 지시했거나 연루된 대형 사건도 적지 않았다. 최은희·신상옥 씨 납북 사건(1978), 미얀마 아웅산 테러 사건(1983), 김현희 KAL기 폭파 사건(1987) 등은 배후에서 조종한 혐의를 받고 있다. 또 2006년과 2009년 두 차례에 걸친 핵실험 강행과, 1999년과 2002년의 제1·2연평해전, 2010년의 연평도 포격 사건 등으로 남북 간에 지속적으로 긴장을 고조시키기도 했다.

김정일의 건강 이상설이 처음 나돈 것은 2008년이었다. 그해 9월 9일 건국 60주년 9·9절 기념행사에 불참하면서 그의 건강에

김정일 위원장의 사망 소식이 전해진 2011년 12월 19일, 신문 호외를 보고 있는 시민들.

이상이 있다는 소문이 나돌았다. 이어 2009년 3월 19일 북한 조선 중앙통신이 보도한 사진에 그가 야윈 모습으로 등장하면서 건강 이상설이 증폭되었다. 그 무렵 그는 고영희와의 사이에서 낳은 김 정은을 후계자로 내정했고, 2010년 당 중앙군사위원회 부위원장에 선임되게 함으로써 후계 구도를 확정했다.

건강 이상설이 끊임없이 나도는 가운데 그는 2011년 12월 17일 오전 8시 30분 희천발전소 현지 지도 방문차 탑승한 열차에서 사 망했다. 이틀 뒤인 12월 19일 조선중앙방송은 김정일이 과로로 인 한 중증 급성 심근경색과 심장 쇼크로 사망했다고 공식 발표했다. 영결식은 12월 28일 평양에서 치러졌으며, 그의 시신은 부친 김일 성의 시신이 안치된 금수산 기념궁전에 함께 안치되었다. 그의 뒤 를 이어 김정은이 권좌에 오르면서 북한은 '3대 세습'이라는 새로 운 기록을 세웠다.

김정일 위원장의 사망 소식이 전해진 19일 국내 신문들은 호외를 발행하거나 홈페이지 '비상 편집'으로 분주했다. 「동아일보」, 「국민일보」, 「매일경제」는 이날 호외를 발행했다. 여타 신문들은 각자 논조는 달랐지만 홈페이지에서 이를 머리기사로 다루었다.

외신들도 이 사실을 1면 뉴스로 비중 있게 다루었다. 일본의 「마이니치신문」, 「산케이신문」은 19일자로 호외를 발행했으며, 쿠바의 「그란마 인터내셔널(Granma International)」, 베트남의 「베트남 뉴스 (Viet Nam News)」, 인도네시아의 「자카르타 포스트(The Jakarta Post)」 등은 자국 정부의 공식 조의 표명을 보도했다. 특히 쿠바는 3일간의 공식 애도 기간을 선포하고 모든 공공건물과 군 시설에 조기를 게양하라는 명령을 내리기도 했다. 미국 「뉴욕타임스(The New York Times)」는 'Death of a Dictator(독재자의 죽음)'라는 제목의 사설에서 미국과 그 동맹국들이 북한에게 대화할 준비가 되어 있다는 것을 분명히 보여주어야 한다고 주장했다.

82

'박근혜 세월호 7시간'과
「산케이신문」 서울 지국장 명예 훼손 사건

2015년 12월 17일

「산케이신문」은 일본 내 우익 세력을 대변하는 극우 성향의 신문으로 분류된다. 평화헌법을 개정해 일본이 '보통국가'로 거듭나야 한다고 주장하는 것은 기본이요, 일본 보수 정치인들의 야스쿠니 신사 참배를 적극적으로 보도했고, 최근에는 일본군 위안부의 존재를 인정한 고노 담화를 비판하기도 했다. 이 신문은 일본 제국주의의 만행을 비판하는 일본 내 양심 세력들을 향해 '자학사관' 운운하며 경멸해왔으며, 과거사 청산에 비판적인 우익은 물론 일본 내의 혐한(嫌韓) 논조를 대변해오고 있다.

「산케이신문」은 2015년 12월 17일 다소 색다른 내용의 호외를 발행했다. 자사의 서울 지국장이 한국 법원에서 무죄 판결을 받은 사실을 다룬 것이었다. 언론사 특파원은 민간인 신분이지만 직무의 특성상 특별한 대우를 받는 것이 보통이다. 대체 「산케이신문」 서울 지국장이 한국 검찰에 기소된 이유는 무엇이며, 또 법원에서 그를 무죄로 풀어준 이유는 무엇일까?

「산케이신문」의 가토 다쓰야(加藤達也, 당시 48세) 서울 지국장은 2014년 8월 3일자 본지에 세월호가 침몰한 당일 7시간 동안 박근혜 대통령의 행적이 묘연하다는 내용 및 사생활 루머를 다룬 칼럼을 실었다. 기사가 나간 지 이틀 뒤인 8월 5일 사단법인 영토지킴이 독도사랑회 등 보수 시민단체에서 가토 지국장을 박근혜 대통령과 측근 정윤회 씨의 명예를 훼손한 혐의로 검찰에 고발했다. 이에 대해 청와대는 「산케이신문」보도와 관련해 "엄정 대응할 것"이며, "민·형사상 책임을 반드시 끝까지 묻겠다."고 밝혔다. 법무부는 이날로 즉시 가토 지국장에 대해 출국 금지 조치를 내렸다.

가토 지국장의 문제의 칼럼은 2014년 7월 7일 국회 운영위원회에서 새정치민주연합(현 더불어민주당) 박영선 당시 원내대표가 박근혜 대통령의 사고 당일 행적과 관련해 김기춘 당시 청와대 비서실장과 조윤선 정무수석을 상대로 질의한 내용으로 시작한다. 이어 7월 18일자 「조선일보」에 게재된 '최보식 칼럼('대통령을 둘러싼 風聞')'과 증권가 소식지를 인용해 사고 당일 박 대통령과 정윤회 씨의 밀회를 암시하는 듯한 내용을 실었다. 해당 부분을 번역하면 다음과 같다.

> 증권가 소식통에 의하면, 그것은 박 대통령과 한 남성의 관계에 관한 것이다. 상대는 대통령의 모체, 새누리당의 측근으로 유부남이었다고 한다. 하지만 이 소식통은 더 이상 구체적으로는 말하지 않았다. 게다가 "이 소문은 이미 한국의 인터넷 등에서는

사라지고 읽을 수도 없게 되었다."라고도 말했다. 일종의 '도시 전설화'된 것이다.

칼럼에서는 해당 소문을 박 대통령을 둘러싼 남녀 관계에 관한 것이라고 확실하게 기술하지 않았다. 기자는 단지 "그런 느낌으로(저속한 것으로) 취급되던 소문이 사적인 자리의 단순한 잡담이 아닌 제도권 언론에서 뉴스 자격으로 다루어지고 있는 것"이라고 밝히고 있다. 아마 대통령과 남성의 이야기는 한국 사회 여기저기에서 화제가 되고 있었을 것이다.

앞에서 언급했듯이 가토 지국장은 7월 18일자 「조선일보」 '최보식 칼럼' 내용을 주로 인용해 작성했다. 차이점이라면 '證券街의 關係筋(증권가 소식통)', '男性의 關係(남성의 관계)', '妻帶者(유부남)' 등의 어휘를 추가한 정도다. 이 세 문장을 제외하면 그의 칼럼은 대체로 박 대통령의 통치 스타일을 다룬 것이라고 할 수 있다.

그런데 고발인이나 청와대는 사건의 단초가 된 '최보식 칼럼'은 전혀 문제 삼지 않았다. 「산케이신문」은 10월 10일 김진태 당시 검찰총장과 김수남 서울중앙지검장에게 각각 항의문을 제출해 "(가토 지국장을 기소한 것은) 언론 자유에 대한 중대하고 명백한 침해"라고 주장했다.

진보·보수를 막론하고 국내외 대부분의 언론이 검찰의 가토 지국장 기소에 대해 비판적인 견해를 밝혔다. 일본 내 대표적인 진보 성향 신문인 「아사히신문」은 10월 10일자 사설에서 "보도 내용이 마음에 들지 않는다고 정권이 힘으로 팔을 비트는 폭거"라고 비판했다. 또 '국경 없는 기자회'와 '서울외신기자클럽' 등 기자 단체들도 비판 대열에 가세했다. 「뉴욕타임스」, 「월스트리트저널」, 「가디언(The Guardian)」, 「AP」 등 주요 외신들은 일제히 가토 지국장 기소 사실을 자세히 보도했다.

문제의 칼럼이 실린 지 보름 뒤인 8월 18일, 검찰은 가토 지국장을 소환 조사했다. 25일 검찰은 정윤회 씨를 참고인으로 불러 조사했는데, 정 씨는 검찰 조사에서 "4월 16일 청와대에 가지 않았다."고 진술했다고 한다. 사건의 발단이 된 칼럼을 쓴 「조선일보」 최보식 선임기자는 9월 17일 서울중앙지검 출입기자단에게 배포한 보도자료에서 "(「산케이신문」의 보도는) 언론인 상식으로는 이해하기 어려운 선정성 저급 보도"라며 가토 지국장의 칼럼을 비판했다. 이로부터 나흘 뒤 검찰은 가토 지국장의 칼럼을 번역해 실은 외신 번역 전문 사이트 '뉴스프로'의 해당 기자 집을 압수 수색했다. 이를 두고 언론계에서는 언론 탄압이라며 강하게 비판했다.

한편 가토 지국장의 처벌 수위를 고심하던 검찰은 10월 8일 정보통신망법상 명예 훼손 혐의를 적용해 가토 지국장을 불구속 기소했다. 이날 「산케이신문」은 가토 지국장의 불구속 기소 결정에 항의하며 처분 철회를 요구했다. 이튿날 일본 외무성은 주일 한국 공사에게 '유감'을 표했다. 가토 지국장 기소는 한일 간에 외교 문제로 비화되었다. 10일 법원은 이 사건을 단독재판부가 아닌 형사합의부로 배당했으며, 14일 검찰은 가토 지국장에게 추가 3개월 출국 금지 조치를 내렸다. 이튿날 일본 관방장관은 가토 지국장의 출국 금지 연장에 대해 비판 성명을 냈다.

재판은 해를 넘겨 계속되었다. 1월 19일 재판에 증인으로 출석한 정윤회 씨는 "가토 지국장의 칼럼은 허위 보도"라며 처벌을 촉

가토 지국장의 무죄 판결 소식을 전하는 2015년 12월 17일자 「산케이신문」 호외.

구했다. 2월 6일 가토 지국장은 출국 금지 연장처분 취소소송 및 효력 정지 신청을 제출했는데, 서울행정법원은 이를 기각했다. 3월 30일 열린 4차 공판에서 가토 지국장 기사의 명예 훼손 여부를 놓고 논쟁을 벌인 가운데 4월 14일 검찰은 가토 지국장의 출국 금지를 해제했고, 그는 당일 오후 일본으로 귀국했다. 이어진 공판에서 참고인으로 출석한 외국 기자들은 "검찰의 기소는 과도한 처분"(미국 프리랜서 기자), "형사 소추 대상이 아니다"[일본 「니시니폰신문(西日本新聞)」 서울 지국장] 등의 의견을 피력했다.

10월 19일 검찰은 가토 지국장에게 징역 1년 6개월을 구형했다. 앞서 「산케이신문」은 14일 가토 지국장이 유죄 판결을 받는다면 한국은 국제 사회로부터 "혹독한 질책을 받을 것"이라고 경고했다. 이런 가운데 법원은 12월 17일 가토 지국장에게 무죄를 선고했다. 이로써 사건 발생 1년 4개월 만에 가토 지국장 칼럼 사건은 종결되었다.

「산케이신문」은 가토 지국장 무죄 선고 소식을 호외로 보도했다. 베테랑 외신 기자인 돈 커크(Don Kirk)는 「월스트리트저널」 기고문을 통해 "이번 판결이 한국의 언론 자유에 작은 승리를 가져다주었다."며 "일본과의 갈등을 피했으며, 한국 사법부의 독립성을 재확인해주었다."고 평가했다. 검찰의 무리한 기소로 한국 정부는 국제 사회에 웃음거리가 되고 말았다.

단원고 학생 325명을 포함해 총 476명의 승객을 태운 세월호가 인천을 출발해 제주도로 가던 도중 2014년 4월 16일 오전 전남 진도 앞바다에서 침몰해 304명(사망자 299명, 미수습자 5명)이 목숨을 잃는 사고가 발생했다. 세월호 참사가 발생하자 국내 방송들은 당일부터 한동안 사고 현장인 진도 팽목항에서 생중계했고, 종이 신문, 인터넷 신문 할 것 없이 연일 참사 관련 기사로 지면을 도배하다시피 했다. 따라서 세월호 참사 때 호외를 발행한 신문은 없었다. 「산케이신문」 호외는 세월호 참사와 관련해 나온 거의 유일한 호외라고 할 수 있다.

83

사드 배치 논란

'사드(THAAD)'란 'terminal high altitude area defense'의 줄임 말로 보통 '고고도 미사일 방어 체계'라고 부른다. 사드는 단거리 미사일(사정거리 1,000킬로미터 미만), 중거리 미사일(사정거리 1,000~3,500 킬로미터), 장거리 미사일(사정거리 3,500~5,500킬로미터)을 최종 단계에 서 요격하기 위해 설계된 미국의 미사일 방어 체계(MD)다. 사드 미 사일은 사거리가 약 200킬로미터 정도인데, 고도 150킬로미터까 지 도달할 수 있다고 한다. 사드는 탄두를 탑재하지 않으며, 비행 중인 적국의 미사일과 충돌해 파괴하도록 설계되었다. 따라서 사드 미사일은 핵미사일 방어에 초점을 맞춘 무기 체계라고 할 수 있다.

2016년 7월 8일 류제승 국방부 국방정책실장과 토머스 밴달(Thomas Vandal) 주한미군사령부 참모장이 서울 용산구 국방부 브리핑실에서 사드의 한반도 배치를 공식 발표했다. 국방부의 사드 배치 방침은 그 이전부터 시작되었다. 2013년 10월 14일 국방부는 유승민 당시 국회 국방위원장이 제출한 보고서에서 사드 배치를 고려 중이라고 밝힌 바 있다. 이듬해 9월 30일 로버트 워크(Robert Work) 미 국방부 부장관은 미국외교협회 주최 간담회에서 "사드 포대를 한국에 배치하는 것을 조심스럽게 고려하고 있고 한국 정부와 협의 중"이라고 말했다.

국방부가 사드 배치 방침을 밝힌 이후 정치권과 지역사회 등에서 찬반 논쟁이 격렬하게 이어졌다. 우선 찬성론자들은 북한의 핵미사일 공격에 대비하려면 고고도에서 요격할 수 있는 방어 수단으로 사드가 꼭 필요하다고 주장했다. 패트리어트는 핵미사일 방어용이 아니라 재래식 탄도미사일 방어가 주목적이어서 30킬로미터의 저고도까지만 요격이 가능한 반면, 사드는 150킬로미터 고도에서 요격이 가능해 북한 핵미사일의 EMP 공격(고강도의 전자파 펄스로 전자 장비를 무력화하는 공격)의 피해를 다소 줄일 수 있다는 것이다.

게다가 문제점으로 지적되었던 전자파와 관련해 레이더의 전자파는 인체에 휴대전화만큼의 영향도 주지 않는다고 주장했다. 또 소음 문제에 대해서도 비상시에만 발전기를 가동하고 평상시에는 상업용 전기를 사용할 계획이기 때문에 주민에게 미치는 소음도 적다고 주장했다. 이들은 중국, 러시아 등 주변국이 반발하는 것은 대한민국의 자주독립 주권을 침해하는 행위로 사드 배치는 주권 국가의 당연한 권리라고 주장했다.

한편 반대론자들은 무엇보다도 사드가 검증되지 않은 무기라는 점을 강조했다. 그간 사드는 총 10여 차례 요격 실험에 성공했다고 하지만, 한 번도 실전에 사용된 적이 없어 신뢰하기 어렵다는 것이다. 게다가 한국 정부는 사드가 방어용이라고 하지만, 실상은 미국의 대중국 공격 무기라고 주장했다. 사드가 한국에 배치되면 중국 영토의 일부가 사드 레이더에 포착되는 것은 물론이고, 상황에 따라서는 공격 대상이 될 수도 있기 때문이다. 장차 사드의 사거리가 업그레이드되어 1,500킬로미터 이상이 될 경우 중국은 심대한 위협에 처할 것이라는 분석도 나오고 있다.

게다가 사드 배치로 인한 전자파와 소음 피해에 대해서도 제대로 검증되지 않았다고 주장한다. 여기에다 당장은 사드 배치 비용을 미국이 전액 부담하겠다고 했으나 언제든지 기존 합의를 뒤집고 그 비용을 한국 측에 전가할 가능성이 있다는 지적도 나오고 있다. 특히 '미국 우선주의'를 표방하고 출범한 트럼프 정부하에서는 그 개연성이 매우 높다는 것이다. 현재 사드 1개 포대 구성 비용은 대략 1조 5천억~2조 원으로 추정되며, 요격미사일 1발의 가격은 약 110억 원으로 알려져 있다. 한미 양국은 한반도에 사드 2개 포대를 배치하기로 합의한 바 있다.

사드 배치 공식 발표 이후 국방부는 부지 물색에 나섰다. 국방부는 부지 선정 과정에 적용한 기준으로 군사적 효용성, 작전 가능성, 주민 건강, 환경, 공사 기간, 비용 등 여섯 가지를 제시했다. 처음 후보지로 거론된 곳은 대구(공산동)였으나 이후 경북 칠곡(왜관)을 거쳐 성주가 물망에 올랐다. 성주 관내에서 후보지로 선정된 성산포대(해발 380미터)의 경우 성주 읍내에서 불과 1.5킬로미터밖에 떨어져 있지 않아 성주 군민들의 거센 반발을 샀다.

이에 국방부는 성주군 내 염속산과 까치산 등을 제3후보지로 검토했고, 최종적으로 성주군 초전면 골프장(롯데그룹 소유)을 사드 배치 장소로 결정했다. 주변에 민가가 드물어 전자파 유해성 논란을 최소화할 수 있으며, 대규모 공사를 하지 않고도 사드 시설뿐 아니라 막사 등 부대시설을 설치할 수 있고 진입로도 이미 나 있어 시간과 경비 절감에 최적이라는 이유에서였다. 하지만 북쪽으로 약 7킬로미터 떨어진 곳에 1만 4천 명이 거주하는 김천 혁신도시가 있으며, 골프장이 속한 초전면은 원불교 성지여서 주민들의 반발도 컸다.

당시 시민단체들은 롯데호텔, 롯데마트 등 롯데 계열사 앞에서 롯데가 성주 골프장을 사드 부지로 제공하지 말 것을 요구하는 시위를 잇달아 벌였다. 또 중국 정부는 현지에 진출한 롯데 계열사의 전 사업장에 대해 세무조사와 소방·위생 점검에 일제히 나서기도 했다. 이 밖에도 중국 정부가 한류 연예인과 예술인들의 중국 공연 등을 잇달아 취소하고, 2016년 12월 23일 중국 해군의 랴오닝호 항공모함과 수십 척의 함대가 서해에서 사상 최초로 실탄 사격 훈련을 하는 등 한동안 사드 배치 후유증이 심각한 지경이었다.

국방부는 2017년 2월 남양주 군용지를 롯데에 내주고 성주 골프장을 받는 사드 부지 교환 계약을 체결했고, 같은 해 4월 26일 새벽 사드 발사대와 레이더 등 핵심 장비를 성주 골프장에 기습 배치했다.

인구 4만 5천여 명에 불과한 작은 시골 마을인 성주는 국방부가 성주를 사드 배치 지역으로 발표한 2016년 7월 13일부터 지금까지 사드 반대 집회를 이어 오고 있다. 촛불집회 200일을 맞아 집회 때 낭송한 시 30편과 집회 사진을 엮어 『성주가 평화다』라는 제목의 기념 시집까지 발간하기도 했다.

인터넷 신문 「뉴스민」의 2016년 8월 11일자 호외.

　사드 배치 논란과 관련해 일간지에서 호외를 발행한 적은 없다. 다만 경북 지역을 대상으로 취재를 하고 있는 인터넷 신문 「뉴스민」에서 성주 사드 반대 투쟁 30일째를 맞아 2016년 8월 11일자로 대판 크기의 4면짜리 호외 5천 부를 찍어 성주 등지에 배포한 바 있다.

84

박근혜 대통령 파면

2016년 12월 9일(탄핵안 가결), 2017년 3월 10일(헌재 파면 결정)

정부 수립 이후 두 번째로 국회에서 대통령 탄핵 소추안이 통과 되었다. 2016년 12월 3일 더불어민주당, 국민의당, 정의당과 무소 속 의원 171명은 박근혜 대통령의 헌법과 법률 위반을 이유로 '대 통령(박근혜) 탄핵소추안'을 국회에서 발의했다. 더불어민주당 우상 호, 국민의당 박지원, 정의당 노회찬 의원이 대표 발의자로 나섰다.

헌법 위반 행위로는 최순실 등 비선실세들이 국정에 개입해 대 의민주주의 의무를 위배했으며, 이들이 각종 정부 인사에 개입해 직업공무원제 위반, 사기업에 금품 출연을 강요하고 뇌물을 수수했 다는 점에서 국민 재산권 보장·시장경제 질서 및 헌법수호 의무를 위반했다고 지적했다. 또 세월호 침몰 사고 당시 적절한 대응 실패 로 헌법 제10조인 '생명권 보장'을 위반했다고 주장했다.

또 법률 위반 행위로는 재단법인 미르·K스포츠재단 설립 과정에 삼성 등 대기업이 출연한 360억 원을 뇌물로 판단했고, 롯데가 70억 원을 추가 출연한 것 등에 대해 뇌물죄와 직권남용, 강요죄를 적용했다. 노무현 전 대통령 탄핵 당시와 비교할 때 사유가 많고 구체적이며 뇌물죄 등 죄질 또한 좋지 않았다고 할 수 있다.

국회는 2016년 12월 8일 '대통령(박근혜) 탄핵소추안'을 본회의에 보고해 다음 날인 9일 표결에 들어갔다. 투표자 299명 가운데 가 234명, 부 56명, 기권 2명, 무효 7명으로 탄핵안을 가결했다. 여당인 새누리당에서도 이탈표가 나왔는데, 투표 불참자 1인은 새누리당의 최경환 의원이었다. 이로써 박근혜 대통령은 12월 9일 오후 7시 3분, 취임 3년 10개월 만에 직무가 정지되었다. 대통령 탄핵소추안이 가결됨에 따라 황교안 국무총리가 헌정 사상 9번째로 대통령 권한대행을 맡게 되었다.

한편 헌재 탄핵심판과는 별개로 국회 청문회와 특검의 수사도 진행되었다. 청문회에 증인으로 출석한 김기춘 전 비서실장과 우병우 전 민정수석은 "모른다.", "기억이 안 난다." 등의 발언으로 '법꾸라지', '우꾸라지'라는 별명과 함께 국민적 비난을 샀다. 박영수 특별검사 팀은 정유라 이대 부정입학 사건, 블랙리스트 사건, 재벌들의 미르·K스포츠재단 출연 등에 대해 강도 높은 수사를 벌여 주범 최순실과 조카 장시호, 김기춘 전 비서실장, 조윤선 전 문체부 장관 등을 구속했다. 특검 수사를 놓고 청와대와 박사모 등 보수 세력들은 불만을 토로했으나 대다수 국민들은 박수를 보냈다. 특검은 활동 기한 연장을 둘러싸고 황교안 대통령 권한대행 측과 신경전을 벌였는데, 황 대행이 동의하지 않아 무산되었다.

박근혜 대통령 탄핵에 대해 국민 대다수는 찬성 입장을 보였다.

한국갤럽에서 국회 표결 전인 2016년 12월 6일부터 사흘간 조사한 결과, 찬성 81퍼센트, 반대 14퍼센트로 나타났다. 두 달 뒤인 2017년 2월 10일 조사에서도 찬성 79퍼센트, 반대 15퍼센트로 비슷한 수치를 보였다. 연령별로 살펴보면 모든 연령대에서 탄핵 찬성 의견이 압도적이었다. 특히 20~40대에서는 탄핵 찬성이 90퍼센트 내외였으며, 50대도 70퍼센트가 찬성했다. 다만 60대 이상은 찬성 60퍼센트, 반대 31퍼센트로, 반대가 다른 연령대보다 조금 많은 것으로 나타났다.

한편 박근혜 대통령 탄핵을 둘러싸고 촛불집회가 재연되었다. 2016년 10월 29일(토) 청계광장에서 시작된 탄핵 촉구 촛불집회는 11월 12일 3차 촛불집회 때 전국에서 100만 명이 촛불을 드는 등 급속하게 확산되었다. 국회 탄핵안 통과 직전인 12월 3일에는 서울 170만 명, 지방 62만 명 등 전국에서 232만 명이 촛불집회에 참석했다. 촛불집회는 2017년 봄까지 20여 차례에 걸쳐 열렸고, 연인원 1,700만 명이 참여했다. 이는 1987년 6월 항쟁 당시 400만 명의 네 배가 넘는 수치다. 촛불집회에 맞대응해 보수 진영의 이른바 '태극기 집회'도 등장했다. 일각에서 태극기 집회 참가자들이 일당을 받고 참가한다는 주장이 제기되어 논란이 일기도 했다.

박근혜 대통령 탄핵 촉구 촛불집회 때 더러 호외가 발행되었다. 진보 진영의 송경동 시인 등은 광화문광장에 텐트를 치고 탄핵 촉구 농성을 벌이면서 「광장신문」을 발행했는데, 총 세 차례(2016. 11. 19., 11. 26., 12. 10.)에 걸쳐 박 대통령의 사퇴를 촉구하는 호외를 발행했다. 보수 매체인 「미디어워치」, 「뉴스타운」 등도 탄핵 반대(기각) 주장을 담은 호외를 여러 차례 발행했다.

국회에서 박근혜 대통령 탄핵안이 가결된 당일(2016. 12. 9.)에도 호외가 발행되었다. 중앙일간지 가운데는 「문화일보」, 지방지로는 「전남일보」, 경제지로는 「아주경제」와 「아시아경제」가 각각 호외를 발행했다.

2016년 12월 9일 국회 탄핵소추 의결로 시작된 탄핵심판은 92일 만에 헌법재판소에서 결정이 내려졌다. 헌재는 2017년 3월 10일 오전 11시 대심판정에서 열린 박근혜 대통령 탄핵심판 재판에서 재판관 8명 전원 일치로 박 대통령 파면을 결정했다.

이정미 헌재 소장 대행은 이날 판결문을 통해 "피청구인(박근혜)의 법 위배 행위가 헌법 질서에 미치는 부정적 영향과 파급 효과가 중대하므로 피청구인을 파면함으로써 얻는 헌법 수호의 이익이 압도적으로 크다고 할 것입니다. 이에 재판관 전원의 일치된 의견으로 주문을 선고합니다."라며 피청구인 대통령 박근혜의 파면을 선고했다. 이로써 우리 헌정 사상 처음으로 현직 대통령의 파면이 결정되었다.

헌재는 피청구인의 헌법 및 법률 위반과 관련해 공무원 임면권 남용(문체부 노태강 국장 등 사직 강요), 언론 자유 침해(「세계일보」 사장 해임) 등에 대해서는 인정하지 않았다. 또 세월호 참사와 관련한 생명권 보호 의무와 직책 성실 의무에 대해서는 "헌법상 대통령으로서의 직책을 성실히 수행할 의무를 부담하고 있다."면서도 탄핵심판 절차 판단 대상이 되지 않는다고 결정했다. 결국 이 같은 위헌·위법 행위는 대의민주제 원리와 법치주의 정신을 훼손한 것이다.

반면 최순실의 국정 개입 허용과 권한 남용에 대해서는 대통령의 지위와 권한을 남용한 것으로서 공정한 직무 수행이라고 할 수 없으며, 헌법과 공직자윤리법을 위반한 행위라고 판단했다. 특히 피청구인의 일련의 언행을 보면 법 수호 의지가 드러나지 않을뿐더러 위헌·위법 행위는 국민의 신임을 배반한 것으로 헌법 수호의 관점에서 용납될 수 없는 중대한 법 위배 행위라며 결국 파면 결정에 이르게 되었다.

헌재에서 탄핵심판이 내려진 당일 국내외에서 호외가 쏟아졌다. 중앙일간지 가운데 「경향신문」은 이날 특별호를 발행했으며, 지방지로는 「전남일보」, 「대전일보」, 「충청일보」, 「동양일보」, 「전북도민일보」 등이, 경제지로는 「아주경제」와 「파이낸셜뉴스」가 호외를 발행했다. 외국 신문으로는 일본의 「아사히신문」, 「요미우리신문」, 「니시니폰신문」 등이 호외를 발행했다.

헌재가 재판 생중계를 허용함에 따라 방송사들은 오전 11시 탄핵 선고 이전부터 헌재와 주변의 집회 현장을 종일 생중계했다. 일본 NHK와 TV아사히 등은 헌재의 탄핵심판 개시와 함께 동시통역으로 이를 생중계했다. NHK는 헌재의 탄핵 인용 발표와 동시에 자막을 통해 "박근혜 대통령이 탄핵되었다."는 속보를 내보냈다. 중국 관영 중앙(CC)TV 역시 헌재의 재판 소식을 생중계로 전했다. 이 밖에 미국의 CNN도 헌재의 선고 직후 'PARK OUT(박근혜 파면)'이라는 제목의 기사를 인터넷판 톱으로 올리는 등 미국 언론들도 속보로 이 소식을 전했다.

한편 대통령직에서 파면된 박근혜 전 대통령은 피의자 신분으로 검찰에 소환되어 조사를 받았다. 3월 21일 검찰에 출석한 박 전 대통령은 "국민 여러분께 송구하게 생각합니다. 성실하게 조사에 임하겠습니다."라고 짧막한 소감을 밝혔다. 검찰은 "사안이 중대하고

박근혜 대통령 파면을 보도한 2017년 3월 10일자 「파이낸셜뉴스」 호외.

지시를 이행한 공직자뿐만 아니라 뇌물 공여자까지 구속된 점에 비추어 구속영장을 청구하지 않는 것은 형평성에 반한다."며 3월 27일 구속영장을 청구했다. 사흘 뒤인 3월 30일 법원에서 영장실질심사가 이루어졌다. 무려 8시간 40분이 걸렸는데, 이는 영장심사 도입 이래 최장 시간으로 기록되었다. 3월 31일, 법원은 박 전 대통령에 대해 구속영장을 발부했고, 박 전 대통령은 이날로 서울구치소에 수감되었다. 이는 전두환·노태우 전 대통령에 이은 세 번째 전직 대통령 구속이며, 파면된 지 21일 만에 구속·수감된 것이다.

5월 31일 1차 공판이 열린 이래 재판은 9개월에 걸쳐 100번 넘게 열렸다. 1주일에 서너 차례씩 이어지는 강행군이었다. 10월 13일 법원은 "증거 인멸의 우려가 있다."며 추가로 구속영장을 발부했다. 이후 박 전 대통령은 건강이 좋지 않다는 이유로 법정에 출석하지 않았다. 또 박 전 대통령이 선임한 사선 변호인단이 전원 사퇴하자 재판부는 조현권 변호사 등 국선 변호인단을 선임해 재판을 진행했다. 11월 27일 박 전 대통령 재판이 재개되자 재판부는 궐석재판을 선언했다. 12월 27일 박근혜·최순실 재판 100차 공판이 열렸는데, 그간 출석한 증인만도 138명에 달했다. 재판부는 1차 공판 때부터 최순실 재판에 박근혜 사건을 병합해 진행해왔다.

그 사이에 박근혜 사건에 연루된 다른 피고인들의 재판도 별도로 진행되었다. 박 전 대통령에게 뇌물을 준 혐의로 기소되어 재판을 받던 이재용 삼성전자 부회장은 1심에서 징역 5년을 선고받고 수감되었다. 그러나 2018년 2월 5일 항소심에서 징역 2년 6개월에 집행유예 4년을 선고받고 구치소 생활 353일 만에 풀려났다. 2심 재판부는 정유라에 대한 승마 지원은 1심 재판부와 마찬가지로 뇌물 혐의를 인정했으나, 코어스포츠에 건넨 용역 비용 36억 원과 최순실에게 마필과 차량을 공짜로 이용하게 한 부분만 뇌물로 인정하고 마필 구매 대금은 뇌물로 볼 수 없다고 판단했다. 또 뇌물 공여와 함께 적용되었던 특정경제범죄 가중처벌법상 재산 국외 도피 혐의는 모두 무죄로 판단했다. 이를 두고 세간에서 '삼성 봐주기 재판'이라는 비난이 다시 쏟아졌다.

또 국정농단의 '공범' 최순실은 2018년 2월 13일 열린 1심 재판에서 징역 20년, 벌금 180억 원을 선고받았다. 가장 형량이 무거운 죄목은 뇌물수수 혐의였다. 재판부는 삼성에게 받은 코어스포츠 용역 비용과 딸 정유라가 사용한 말 세 필 등 모두 72억 9천만 원을 박 전 대통령과 함께 받은 뇌물로 인정했다. 여기에 롯데 측으로부터 받았다 되돌려준 70억 원까지 포함해 최 씨가 박 전 대통령과 공모해 받은 뇌물로 판정된 액수만 140억 원이 넘었다. 이 밖에 KT와 현대차, 포스코 등 기업 의사 결정에 개입한 혐의도 인정되면서 재판부가 분류한 18개 혐의 중 16개가 유죄 또는 일부 유죄로 인정되었다. 재판부는 "극심한 국정혼란과 대통령 파면을 초래해 죄의 책임이 무거운데도 수사와 재판 과정에서 기획된 국정농단 사건이라 주장하는 등 전혀 반성하지 않아 엄중한 처벌이 불가피하다."며 중형 선고의 이유를 밝혔다.

박 전 대통령의 참모들도 줄줄이 법의 심판을 받았다. 박 전 대통령 등과 공모해 삼성 등 15개 전경련 회원사에 미르·K스포츠재단에 774억 원을 출연하도록 강요한 혐의(직권남용 권리행사방해) 등으로 구속된 안종범 전 청와대 경제수석은 2018년 8월 24일 열린 항소심에서 징역 5년, 벌금 6천만 원을 선고받았다. 또 박정희·박근혜 정권에서 대를 이어 보필해온 김기춘 전 청와대 비서실장과 조윤선 전 정무수석은 문화계 블랙리스트 사건과 관련해 직권남용 권리행사방해 등의 혐의로 2심에서 각각 징역 4년과 징역 2년의 실형을 선고받았다.(이후 두 사람은 구속 기간 만료로 석방되었는데, 2018년 10월 5일 서울중앙지법에서 열린 보수단체 불법 지원, 이른바 '화이트리스트' 직권남용 권리행사방해 등 관련 선고 공판에서 김기춘 전 실장은 징역 1년

6개월을 선고받고, 석방된 지 61일 만에 다시 구속되었다.) 또 우병우 전 민정수석도 국정농단 의혹을 제대로 감찰하지 못한 혐의 등으로 1심에서 징역 2년 6개월을 선고받았다. 그 밖에 '문고리 3인방' 등에 대해서는 현재 재판이 진행 중이다.

한편 2018년 2월 27일 열린 박근혜 전 대통령 결심 공판에서 검찰은 징역 30년에 벌금 1,185억 원을 구형했다. 그로부터 한 달여 뒤인 4월 6일 마침내 1심 선고가 내려졌다. 생중계로 진행된 이날 재판에서 박 전 대통령 쪽에서는 국선 변호인인 조현권 변호사와 강철구 변호사 등 두 명만 출석했다. 검찰 측에서는 박영수 특별검사팀에서 삼성그룹 뇌물 사건을 수사한 한동훈 서울중앙지검 3차장 검사와 김창진 특수4부장검사 등 검사 9명과 수사관들이 대거 출석했다. 박 전 대통령은 이날도 참석하지 않아 전직 대통령으로서 책임 있는 모습을 보이지 않았다며 국민적 비난을 샀다.

서울중앙지법 형사합의22부(김세윤 부장판사)는 이날 오후 2시 10분 서울법원종합청사 417호 대법정에서 박 전 대통령 재판 1심 선고 공판을 열었다. 재판장인 김세윤 부장판사는 1시간 40여분간 선고문을 읽어 내려갔고, 마침내 오후 3시 51분, 박 전 대통령을 징역 24년, 벌금 180억 원에 처한다고 판시했다. 2017년 4월 17일 박 전 대통령이 재판에 넘겨진 이래 354일 만에 나온 사법부의 단죄다.

이로써 '비선실세'와 함께 국정을 농단해 온 국민을 분노로 들끓게 한 국정농단 사건의 '몸통'이자 최종 책임자인 박 전 대통령에 대한 사법부의 준엄한 판결이 내려졌다. 박 전 대통령의 나이가 66세인 점을 감안하면 사실상 종신형이라고 할 수 있다. 게다가 국가

정보원 특수활동비 상납 사건이나 공천 불법 개입 혐의 관련 재판이 별도로 진행 중이어서 형량은 더 늘어날 가능성이 높다. 일각에서는 1심 재판부에서 검찰 구형(징역 30년)보다 낮은 형량(징역 24년)을 선고한 것은 추후 판결이 내려질 다른 재판을 감안한 것이라는 주장도 제기되었다. 1심에서 무기징역을 선고한다면 다른 재판은 의미가 없어지기 때문이다.

재판부는 앞서 공범들의 재판 결과와 마찬가지로 핵심 공소 사실들을 모두 유죄로 판단했다. 재판부는 총 18개 죄목 가운데 16개 항목에 대해 유죄를 선고했다. 다만 삼성이 한국동계스포츠영재센터에 낸 후원금 16억 2,800만 원과 미르·K스포츠재단에 낸 출연금 204억 원은 제3자 뇌물로 볼 수 없다고 판단했다. 삼성과의 사이에 명시적·묵시적 청탁이 인정되지 않는다고 본 것이다. 법률상 제3자 뇌물죄가 성립하려면 '부정한 청탁'이 인정되어야 한다. 반면 K스포츠재단의 하남 체육시설 건립 비용 명목으로 롯데그룹이 70억 원을 낸 부분은 강요와 제3자 뇌물 혐의를 모두 인정했다. 박 전 대통령과 신동빈 롯데그룹 회장 사이에 롯데면세점 사업과 관련해 '부정한 청탁'이 오갔다고 본 것이다. 또 SK그룹의 경영 현안을 도와주는 대가로 K스포츠재단의 해외 전지훈련비 등으로 89억 원을 내라고 요구한 혐의도 유죄로 인정했다.

문화·예술계 지원 배제, 이른바 '블랙리스트' 관련 혐의도 모두 유죄로 인정되었다. 각종 지원 심사 과정에서 특정인을 배제하기 위해 블랙리스트를 적용하게 하고, 블랙리스트 적용에 미온적인 문화체육관광부 1급 공무원들의 사직을 요구한 혐의, 노태강 당시 문체부 국장(현 문체부 2차관)의 좌천·사직에 개입한 혐의 등도 포함되었다. 이 밖에도 정호성 전 비서관을 시켜 청와대 기밀 문건을 최 씨에게 유출한 혐의, 조원동 전 경제수석을 시켜 CJ그룹 이미경 부회장의 퇴진을 압박한 혐의도 모두 유죄 판단이 내려졌다. 이로써 국정농단의 주범 박 전 대통령에 대한 사법부의 1차 판단은 막을 내렸다.

선고 공판이 있던 날 법정 주변에는 지지자들이 태극기를 들고 나와 박근혜 전 대통령의 무죄를 외치며 시위를 벌였다. 1심 판결이 나온 후 정치권은 엇갈린 반응을 내놓았다. 박 전 대통령과 정치적 동반자였던 자유한국당은 당일 대변인 논평을 통해 "오늘 재판부의 판결 내용은 이미 예견되었던 것"이라고 일축하고는 "재판 과정을 스포츠 중계하듯 생중계한 것은 매우 개탄스러운 일"이라며 거듭 TV 생중계를 문제 삼았다. 반면 민주당은 "이번 선고 형량은 최고의 권력인 대통령의 신분을 이용해 헌정 질서를 유린하고 법치 질서를 훼손하며 대기업으로부터 사익을 취한 위법 행위에 대해 법원이 엄중한 심판을 내린 것으로, 합당한 판결로 존중한다."고 밝혔다. 야 3당 역시 민주당과 비슷한 취지의 입장을 밝혔다.

한편 서울고법 형사4부(김문석 부장판사)는 8월 24일 열린 박 전 대통령 항소심 선고 공판에서 1심의 판단을 깨고 징역 25년과 벌금 200억 원을 선고했다. 앞서 1심 재판부는 박 전 대통령에게 징역 24년과 벌금 180억 원을 선고했다. 항소심 재판부는 핵심 쟁점이었던 삼성의 뇌물 제공 부분에 대해 1심이 무죄로 판단한 한국동계스포츠영재센터 후원금도 뇌물로 인정하며 이같이 형량과 벌금을 늘렸다. 특히 재판부는 "피고인은 범행을 모두 부인하며 잘못을 반성하는 모습을 보이지 않았고, 오히려 최순실 씨에게 속았다거나 수석들이 한 일이라는 등 납득하기 어려운 변명으로 일관하면서 책임을 주변에 전가했다."고 지적했다.

1심 재판 때부터 재판을 거부해온 박 전 대통령은 항소심 재판에도 출석하지 않았다. 상고 기한은 8월 31일까지였는데, 박 전 대통령은 기한 내에 서울고법에 상고장을 내지 않았다. 하지만 검찰과 박영수 특검 모두 상고하면서 박 전 대통령의 국정농단 사건은 본인 의사와 상관없이 대법원에서 최종 판단을 받게 되었다.

85

문재인-김정은 제3차 남북 정상회담

2018년 4월 27일

이명박-박근혜 보수 정권 9년간 남북 간에는 굳게 빗장이 닫혀 있었다. 2010년 5월 24일 발표된 우리 정부의 대북 제재 조치인 이른바 '5·24 조치'로 남북 교류는 전면적으로 단절되었다. 인적 교류는 물론 물적 교류조차도 감히 엄두를 낼 수 없었다. 게다가 북한 핵 문제로 국제적으로도 북한이 고립되어 있어 남북 대화를 이끌어내기 쉽지 않은 상황이었다. 남북 대화의 계기가 마련된 것은 2018년 봄에 치러진 평창 동계올림픽이었다. 남북한은 과거에도 스포츠 행사를 통해 대화의 물꼬를 튼 경우가 더러 있었다. 미국과 중국 역시 1971년 일본 나고야에서 열린 세계탁구선수권대회를 계기로 이른바 '핑퐁외교'를 벌였다. 두 나라는 관계를 개선하고 급기야 수교를 맺었는데, 이로써 동서 냉전이 종식되었다.

2017년 6월 문재인 대통령은 무주 WTF세계태권도선수권대회

축사에서 북한의 평창 동계올림픽 참가를 처음 제안했다. 이어 8월 15일 제72주년 광복절 경축사에서는 "평창 동계올림픽을 평화올림픽으로 만들어야 한다."고 거듭 강조했다. 9월에 열린 제72차 유엔총회의 기조연설에서도 문 대통령은 북한의 평창 동계올림픽 참가를 적극 환영하며 "평창이 평화의 빛을 밝히는 촛불이 될 것"이라고 말했다.

마침내 북에서 화답이 왔다. 김정은 위원장은 2018년 1월 1일 신년사를 통해 평창 동계올림픽에 대표단을 파견할 용의가 있다고 밝히면서 남북 관계 개선 의지를 공개적으로 드러냈다. 우리 정부는 그 이튿날 즉각 남북 당국회담을 열 것을 북측에 제의했고, 북한이 이에 동의해 2018년 1월 9일 남북 고위급회담이 열렸다. 2년여 만에 마주 앉은 회담에서 남북은 북한의 평창 동계올림픽 참가와 남북 동시 입장, 단일팀 구성에 전격 합의했다. 북한은 선수단과 응원단뿐만 아니라 예술단과 태권도 시범단, 고위급 대표단도 파견하기로 했다.

2월 9일, 분단 이후 처음으로 북한 헌법상 국가수반인 김영남 최고인민회의 상임위원장을 포함한 고위급 대표단이 남측으로 내려왔다. 문 대통령은 2월 10일 북측 고위급 대표단을 면담했는데, 이 자리에서 김 위원장의 여동생이자 북한 노동당 중앙위원회 제1부부장인 김여정 특사는 문 대통령에게 '평양 초청 친서'를 전달했다. 이에 문 대통령은 3월 5일 정의용 국가안보실장을 수석으로 하는 대북 특별사절단을 답방 형식으로 평양에 보냈다. 이들은 김정은 위원장을 면담했고, 이튿날 남북은 4월 말 판문점에서 남북 정상회담을 열기로 합의하고 이를 발표했다. 평창에서 움튼 평화의 봄은 이렇게 해서 제3차 남북 정상회담의 꽃을 피우게 되었다.

4월 27일, 제3차 남북 정상회담이 판문점 남측 '평화의 집'에서 열렸다. 2000년, 2007년에 이어 11년 만에 성사된 이번 회담에서는 북한 최고 지도자가 최초로 남측 땅을 밟았다. 문 대통령과 김정은 위원장은 오전 일정을 마친 후 오후 4시 30분부터 기념 식수를 진행했다. 기념 식수에는 남과 북의 평화와 협력의 의미를 담아 한라산과 백두산의 흙을 섞어 사용했는데, 식수 후에 문 대통령은 대동강 물을, 김 위원장은 한강 물을 각각 뿌려주었다.

이어 두 정상은 수행원 없이 도보다리를 산책하며 담소를 나누었다. 도보다리는 정전협정 직후 중립국감독위원회가 임무 수행을 위해 짧은 거리로 이동할 수 있도록 습지 위에 만든 다리인데, 과거 유엔사가 '풋 브리지(Foot Bridge)'라고 부르던 것을 번역해 '도보다리'라고 부르게 된 것이다. 수행원이나 배석자 없이 진행된 도보다리 산책은 사실상 두 정상의 단독 회담으로 약 30분간 진행되었다. 도보다리 산책은 이날 회담에서 큰 주목을 끌었는데, '새로운 시작'을 여는 역사적 현장이 된 셈이다.

회담을 마친 후 두 정상은 '한반도 평화시대' 개막을 선언하고, 남북 관계의 전면적·획기적 발전, 군사적 긴장 완화와 상호 불가침 합의, 한반도의 완전한 비핵화 및 평화 체제 구축 등을 골자로 한 '판문점 선언'에 합의·서명했다. '판문점 선언'의 주요 내용은 다음과 같다.

1. 남과 북은 남북 관계의 전면적·획기적인 개선과 발전을 이룩한다.

① 민족 자주의 원칙 확인, 기존 남북 간 선언·합의 철저 이행

② 고위급회담 등 분야별 대화를 빠른 시일 안에 개최, 실천 대책 수립

③ 남북 당국자가 상주하는 남북 공동연락사무소 개성 지역 설치

④ 각계각층의 다방면적 교류·협력 및 왕래·접촉 활성화

⑤ 8·15 계기 남북 이산가족 상봉 행사 진행, 남북 적십자회담 개최

⑥ 10·4 선언 합의 사업 적극 추진, 철도·도로 연결 및 현대화

2. 남과 북은 군사적 긴장 완화와 전쟁 위험 해소를 위해 공동 노력한다.

① 상대방에 대한 모든 적대 행위 전면 중지, 비무장지대의 평화지대화

② 서해 평화수역 조성으로 우발적 충돌 방지 대책 마련, 안전 어로 보장

③ 국방부장관회담 등 군사당국자회담 수시 개최, 5월 장성급 군사회담 개최

3. 남과 북은 항구적이고 공고한 평화 체제 구축을 위해 적극 협력한다.

① 무력 불사용과 불가침 합의 재확인 및 엄격 준수

② 상호 군사적 신뢰의 실질적 구축에 따라 단계적으로 군축 실현

③ 올해 종전 선언, 항구적 평화 체제 구축을 위한 3자 또는 4
　　자 회담 개최

④ 한반도의 완전한 비핵화 목표 확인

⑤ 정상회담 정례화 및 직통 전화 실시, 올해 가을 평양에서
　　정상회담 개최

　이 밖에도 김 위원장은 이날 5월 중 풍계리 핵 실험장을 폐쇄할 것이며, 이를 국제 사회에 투명하게 공개하기 위해 한국과 미국의 전문가와 언론인들을 북한으로 초청하겠다고 밝혔다. 김 위원장은 또 서울 표준시보다 30분 늦는 평양 표준시를 서울 표준시에 맞추겠다는 입장도 밝혔다.(북한은 약속대로 5월 5일부터 자체 표준시를 30분 앞당겨 남북한의 표준시가 같아졌다고 발표했다. 또 중간에 곡절이 있긴 했지만, 5월 24일 실시된 풍계리 핵 실험장 폐쇄 때 서방 기자들과 함께 남한 기자들도 초청했다.)

　제3차 남북 정상회담은 미국을 비롯해 전 세계의 주목을 끌었다. 특히 이번 정상회담은 북핵 문제 해결을 위한 북미 정상회담에 앞서 진행된 것이어서 더욱 그러했다. 북측이 비핵화 의지를 천명한 데 대해 세계 각국은 정상회담 결과에 환영의 뜻을 표하며 적극적인 지지 의사를 밝혔다. 문재인 대통령은 4월 30일 열린 수석보좌관회의에서 정상회담 후속 조치를 속도감 있게 추진할 것과 북미 정상회담의 성공을 위해 미국과 긴밀히 협의할 것을 지시했다.

　그러나 6월 12일로 예정된 북미 정상회담은 넘어야 할 산이 적지 않았다. 북한 핵 해결 방안을 놓고 미국은 일괄 타결을 주장한 반면, 북한은 단계적 해결을 들고 나왔다. 또 양측이 비핵화와 체

2018년 4월 27일 열린 제3차 남북 정상회담을 보도한 「문화일보」 호외.

제 보장을 놓고도 의견 차이를 보였다. 이런 가운데 트럼프 대통령이 5월 24일 돌연 회담 취소를 선언하면서 사태가 꼬이기 시작했다. 트럼프 대통령의 회담 취소 편지가 공개된 다음 날(25일) 밤, 김정은 위원장은 문재인 대통령에게 두 번째 정상회담을 요청했다. 이는 사실상 문 대통령에게 SOS를 보낸 것이었다.

5월 26일 오전, 문재인 대통령은 극비리에 판문점으로 향했다. 두 정상은 긴급한 현안을 논의하기 위해 번잡한 절차와 형식을 생략한 채 이날 북측 통일각에서 회담을 가졌다. 이날 오후 청와대는 정상회담 개최 사실은 공개했으나 구체적인 협의 내용은 이튿날로 미루었다.

5월 27일 청와대가 발표한 바에 따르면, 두 정상은 4·27 판문점 선언의 조속한 이행을 재확인했으며, 6월 1일 남북 고위급회담을 개최하고 이어 군사회담, 적십자회담 등을 연이어 열기로 합의했다. 특히 청와대는 이번 회담이 필요에 따라 신속하고 격식 없이 개최된 것에 큰 의미가 있다고 평가했다.

그러나 제4차 남북 정상회담은 북미 정상회담을 성사시키기 위해 마련된 자리였다. 문 대통령은 김정은 위원장과의 회담을 통해 북미 간에 중재자로서의 역할을 충실히 수행했다. 그 결과 북미 간에 다시 대화가 재개되었으며, 마침내 6월 12일 싱가포르에서 역사적인 북미 정상회담이 열렸다.

4·27 남북 정상회담은 당일 오전부터 저녁 환송연 때까지 각 방송사와 청와대가 종일 생방송으로 중계했다. 그럼에도 당일 석간 종합일간지 「문화일보」와 지방지 「동양일보」는 정상회담 소식을 호외로 발행했다. 일본에서는 「아사히신문」이 인터넷판 호외를 발행한 것으로 알려졌다.

정상회담 이튿날 「한겨레」는 1면에 기사는 한 줄도 없이 문 대통령과 김 위원장이 손을 잡고 휴전선 경계선을 넘어오는 사진을 전면에 실어 주목을 끌었다. 국방홍보원이 발행하는 「국방일보」는 28일자로 남북 정상회담 소식을 호외로 발행했다.

문재인 대통령과 김정은 위원장은 9월 18일부터 20일까지 2박 3일간 평양에서 제5차 정상회담을 가졌다.

회담 둘째 날인 19일 남북 정상은 평양 백화원 영빈관에서 한반도의 전쟁 위협 제거와 비핵화 의지, 남북 철도 연결 등을 골자로 한 '9월 평양 공동선언문'을 발표했다. 특히 주목할 점은 남북 양측이 파격적으로 남북 간 군사적 긴장 해소를 위한 군사 합의서를 도출했다는 점이다. 김정은 위원장은 빠른 시일 내에 서울 방문을 약속함으로써 남북 간에 신뢰 관계가 조성되었음을 확인해주었다.

평양 공동선언문은 지난 4·27 판문점 선언의 후속 과제를 군사, 경제, 문화 등 다양한 분야에서 실질적으로 구체화했다는 점에서 큰 의미가 있다. 다만 아쉬운 점은 미국의 대북 제재가 해소되지 않은 상황이어서 남북 경협 프로그램을 구체적으로 제시하지 못했다는 것이다. 그러나 문 대통령은 올해 안에 동서 해안 철도 착공식을 갖겠다고 포부를 밝혔다.

평양 공동선언문에는 남북 간 군사적 적대 관계 해소, 남북한 경제협력, 이산가족 상봉과 같은 인도주의적 조치와 체육·문화 교류, 비핵화 프로그램 등 5개 분야의 조치가 담겼다. 비핵화 문제와 관련해 북측은 동창리 엔진시험장과 미사일 발사대를 유관국 전문가들의 참관하에 우선 영구적으로 폐기하고, 미국이 6·12 북미 공동성명의 정신에 따라 상응 조치를 취하면 영변 핵시설의 영구적 폐기와 같은 추가적인 조치를 계속 취해 나갈 용의가 있다고 밝혔다.

회담 3일째인 20일에는 김정은 위원장의 제안으로 문 대통령 내외와 수행원들이 백두산 천지를 방문했다. 평소 문 대통령은 북측을 통한 백두산 트레킹을 꿈꾸어왔는데, 이날 김 위원장의 제안으로 예상보다 빨리 그 소원을 이루게 된 셈이다. 남북 정상회담 후 문 대통령의 지지율은 단번에 60퍼센트 선을 회복했다.

평양 남북 정상회담 직후 트럼프 미국 대통령은 회담 결과에 대해 환영의 뜻을 표했다. 문 대통령은 9월 25일 미국을 방문해 트럼프 대통령에게 남북 정상회담의 결과를 설명하면서 조속한 북미 정상회담 개최를 촉구했다. 이에 대해 마이크 폼페이오(Mike Pompeo) 미국 국무장관은 26일 미국 CBS와의 인터뷰에서 "2차 북미 정상회담이 10월 이후에 개최될 가능성이 높다."고 밝혔다. 이를 두고 워싱턴 정가에서는 미국 중간선거일인 11월 6일 이후 개최될 가능성이 높다는 관측이 나왔다.

86

사상 첫 북미 정상회담

2018년 6월 12일

분단 후 처음으로 북한과 미국이 마주 앉았다. 1948년 한반도 남북에 각각 따로 정권이 들어선 이래 70년 만에 북한과 미국의 최고 지도자가 손을 맞잡았다. 양측은 1950년 한국전쟁 당시 적대국으로 총부리를 겨눈 당사자들이다. 이번 북미 정상회담으로 한반도에서 전쟁과 대립의 역사는 사라지고 평화의 기운이 감돌기 시작했다.

계기는 2018년 2월에 열린 평창 동계올림픽이었다. 문재인 대통령은 2017년 6월 무주 WTF세계태권도선수권대회 축사에 이어 여러 차례 북한에 평창 동계올림픽에 참가해줄 것을 요청했고, 북한 김정은 위원장이 이에 화답함으로써 전기가 마련되었다. 이로써 냉각 일변도의 남북 관계는 하루아침에 급물살을 타기 시작했다.

북측 고위급 대표단의 남측 방문에 이어 우리 측에서도 특별사절단을 평양에 보내 김정은 위원장을 면담했고, 이튿날 남북은 남북 정상회담에 합의했다. 김정은 위원장은 또 특사단을 만난 자리에서 세계적 이슈인 '한반도 비핵화' 문제를 놓고 미국과 대화할 용의가 있다고 밝혔다. 아울러 관련 대화가 진행되는 동안에는 핵실험이나 미사일 발사 등 전략적 도발을 하지 않겠다고 밝혔다. 이로써 남북에 이어 북미 간에도 대화의 실마리가 마련되었다. 북미 대화의 '중재자'를 자임한 문 대통령은 3월 8일 정의용 국가안보실장과 서훈 국정원장을 미국에 급파했다. 이들은 트럼프 미국 대통령을 만나 김정은 위원장의 뜻을 전달했고, 이 자리에서 트럼프 대통령은 북한의 북미 정상회담 제안을 수락했다.

이후 미국 측도 적극적으로 움직이기 시작했다. 3월 31일 폼페이오 미국 국무장관(당시 내정자)이 특사 자격으로 평양을 비공개 방문했다. 미국은 4월 폼페이오 국무장관의 북한 방문을 공개하고, 김정은 국무위원장과 '완전하고 검증 가능하며 불가역적인 비핵화', 즉 CVID(complete, verifiable and irreversible dismantlement)에 대해 논의했다고 밝혔다. 사전 점검차 방북한 폼페이오 국무장관을 통해 북측의 비핵화 의지가 재확인되면서 북미 정상회담은 속도를 내기 시작했다.

그 와중에 4월 27일 판문점 남측 평화의 집에서 문재인·김정은 남북 정상이 만나 제3차 정상회담을 가졌다. 두 정상은 도보다리 산책을 통해 내밀한 대화를 나누기도 했다. 이날 회담에서 남북 정상은 '판문점 선언'을 통해 조속한 시일 내에 남북 고위급회담 개최, 남북 공동연락사무소 개설, 8·15 이산가족 상봉, 철도 연결, 적대 행위 전면 중단 등에 합의했다. 특히 두 정상은 한반도의 항구적이며 공고한 평화 체제 구축을 위해 완전한 비핵화를 통해 핵 없는 한반도를 실현한다는 공동의 목표를 확인했다.

이날 회담에서 두 정상은 기존의 정전협정을 평화협정으로 전환하기 위한 남·북·미 혹은 남·북·미·중 정상회담을 추진하겠다고 밝혔다. 이로써 북미 정상회담에 작은 기틀을 마련하게 되었다. 이에 대해 미국이 즉각 화답하고 나섰다. 트럼프 대통령은 5월 10일 자신의 트위터를 통해 6월 12일 싱가포르에서 북미 정상회담을 갖겠다고 밝혔다. 이에 앞서 5월 8일 폼페이오 국무장관이 재차 북한을 방문해 북에 억류되어 있던 한국계 미국인 세 명을 데리고 미국으로 귀환했다.

억류자 석방에 이어 북한은 한층 구체적인 노력을 보였다. 5월 24일 북한은 풍계리 핵 실험장을 약속대로 폐쇄했다. 그런데 순항하는 듯했던 정상회담 항로에 뜻밖의 암초가 나타났다. 이날 밤 트럼프 대통령은 돌연 북미 정상회담 개최를 취소하겠다고 발표했다. 트럼프 대통령은 공식 서명한 편지에서 "안타깝게도 북한이 최근 발표한 성명에 담긴 엄청난 분노와 적대감을 고려할 때 현 시점에서 오랫동안 계획된 회담을 갖는 것은 부적절하다고 생각한다. 세계에는 해악이 되겠지만, 양측 모두를 위해 싱가포르 회담은 열리지 않을 것"이라면서도 "만약 당신이 이 중요한 회담과 관련해 마음이 바뀐다면 망설임 없이 전화나 편지를 주기 바란다."며 여운을 남겼다.

논란이 된 성명은 이날 최선희 북한 외무성 부상이 마이크 펜스(Mike Pence) 미국 부통령을 비난한 것을 말한다. 최 부상은 조선중앙통신을 통해 "미국이 우리를 회담장에서 만나겠는지 아니면 핵대 핵의 대결장에서 만나겠는지는 전적으로 미국의 결심과 처신 여하에 달려 있다. 미국이 우리의 선의를 모독하고 계속 불법무도 하게 나오는 경우 나는 조미 수뇌회담을 재고려하는 문제를 최고 지도부에 제기할 것"이라며 강한 분노를 쏟아냈다.

최 부상의 이 같은 발언은 펜스 부통령이 앞서 21일 미국 폭스 뉴스와의 인터뷰에서 북조선이 리비아의 전철을 밟을 수 있다느니, 북한에 대한 군사적 선택안은 배제된 적이 없다느니 하면서 북을 자극하는 발언을 한 데서 빚어진 것이었다. 최 부상의 이 같은 발 언으로 어렵게 시도된 북미 정상회담은 절체절명의 위기를 맞았다. 이날 로이터통신은 백악관 관계자의 말을 인용해 "펜스 부통령에 대한 북한의 반응이 '인내의 한계'였으며 정상회담을 취소하게끔 했다."고 보도했다.

트럼프 대통령의 취소 발표가 나온 다음 날인 5월 25일, 김계관 외무성 제1부상이 유감을 표명했다. 김 제1부상은 "우리는 트럼프 대통령이 지난 시기 그 어느 대통령도 내리지 못한 용단을 내리고 수뇌 상봉이라는 중대 사변을 만들기 위해 노력한 데 대해 의연 내심 높이 평가해왔다."며 "그런데 돌연 일방적으로 회담 취소를 발표한 것은 우리로서는 매우 뜻밖의 일이며, 매우 유감스럽게 생 각하지 않을 수 없다."고 밝혔다. 그러면서도 그는 "(미국과) 마주 앉아 문제를 풀어 나갈 용의가 있다. 열린 마음으로 미국 측에 시 간과 기회를 줄 용의가 있다."며 다소 누그러진 반응을 보였다.

이에 대해 트럼프 대통령이 긍정적인 반응을 보이면서 5월 27일 북미 정상회담이 재추진되었다. 사흘 뒤인 5월 30일, 김영철 북한 노동당 부위원장 겸 통일전선부장이 전격적으로 미국을 방문했다.

김 부위원장은 카운터 파트인 폼페이오 국무장관과 회담을 가진 후 6월 1일 백악관에서 트럼프 대통령을 만나 김정은 위원장의 친서를 전달했다. 트럼프 대통령은 김영철 부위원장이 떠난 후 2018 북미 정상회담 개최를 확정한다고 발표했다. 이로써 분란 사태는 가까스로 봉합되었다.

회담 개최 장소를 놓고 여러 곳이 오르내렸다. 처음부터 거론된 곳은 싱가포르였다. 이 밖에도 몽골, 판문점 등이 거론되었으나, 최종적으로 싱가포르로 확정되었다. 싱가포르에는 미국은 물론 북한 대사관도 있다. 회담을 위해 중국은 김정은 위원장에게 총리 전용기를 제공하는 등 북한에 대해 호의를 베풀며 우의를 과시했다. 김정은 위원장은 북미 정상회담 전후 두 차례에 걸쳐 시진핑 주석을 만나 의제를 협의하고, 회담 결과를 설명했다.

회담 의제를 놓고 양측은 회담 전날까지도 협의를 벌였다. 11일 오전에 만난 양측 실무 대표단은 점심 때 각 정상에게 논의 결과를 보고하고 오후에 다시 만났다가 헤어졌다. 이후 실무회담을 또 열었다. 트럼프 대통령은 11일 오후 '중재자' 문재인 대통령과 장시간 통화하며 의견을 나누었다. 끝까지 회담 결과를 장담하기가 쉽지 않았다. 미국이 요구하는 CVID가 단순한 문제가 아닌 데다 북한의 요구 사항인 체제 보장도 결코 만만한 주제가 아니었기 때문이다.

마침내 6월 12일 오전, 북미 두 정상은 말레이시아어로 '평화와 고요'를 뜻하는 싱가포르 센토사섬 카펠라 호텔에서 만났다. 두 정상은 오전에 단독 회담을 가진 후 오찬에 이어 오후에는 확대 정상회담을 가졌다. 이날 오후 두 정상은 당초의 예상을 깨고 합의문

2018년 6월 12일 「요미우리신문」은 국내외를 통틀어 유일하게
호외를 발행했다.

에 서명했다. 합의 내용은 새로운 북미 관계 수립, 한반도 평화 체
제 구축을 위한 노력, 판문점 선언을 재확인하고 한반도의 완전한
비핵화를 위해 노력할 것을 약속, 전쟁 포로 및 전장 실종자 유해
송환 등 4개 항이다.

합의문에 대해서는 예상보다는 약했다는 평가가 일반적이었다.
미국이 그렇게 부르짖은 CVID는 합의문에 명시되지 않았다. 4·27
남북 정상회담에서 합의한 '완전한 비핵화(complete denuclearization)'

를 확인하는 선에서 그쳤다. 다만 양측은 조속한 시일 내에 북미 간 고위급회담을 추가로 개최해 구체적인 로드맵을 만들기로 했다. 트럼프 대통령도 "우리는 여러 번 만날 것"이라며 후속 정상회담 개최를 예고했다. 합의문 내용을 놓고 국내 보수 진영과 미국 정치권 일각에서는 "알맹이가 빠졌다."며 비난하기도 했다.

6·12 북미 정상회담은 우려했던 것과는 달리 별 무리 없이 원만하게 진행되었다. 미국은 70년 만에 처음으로 북한을 '정상국가'로 인정하고 대우했다. 이번 회담을 통해 김정은 위원장은 보통국가 지도자로서의 이미지를 세계만방에 깊이 각인시켰다. 트럼프 대통령 역시 사려 깊고 결단력 있는 지도자 이미지를 한껏 과시했다. 사상 처음으로 열린 이번 북미 정상회담은 1972년 닉슨-마오쩌둥 회담에 버금가는 세계사적 뉴스라고 할 만하다.

일본 「요미우리신문」은 이날 '미조(米朝, 미국과 북한) 수뇌 악수' 제하의 기사와 함께 양국 정상이 처음 만나 악수하는 사진을 크게 실었다. 6·12 북미 정상회담 호외는 국내외를 통틀어 「요미우리신문」이 유일한 것으로 보인다.

호외로 읽는 한국 현대사

초판 1쇄 펴낸 날 2018. 11. 26.

지은이   정운현
발행인   양진호
책임편집   김진희
디자인   김민정
발행처   도서출판 인문서원

등 록   2013년 5월 21일(제2014-000039호)
주 소   (04045) 서울시 마포구 양화로 56 동양한강트레벨 718호
전 화   (02) 338-5951~2
팩 스   (02) 338-5953
이메일   inmunbook@hanmail.net

ISBN   979-11-86542-52-1 (03910)

이 도서의 국립중앙도서관 출판예정도서목록(CIP)은 서지정보유통지원시스템
홈페이지(http://seoji.nl.go.kr)와 국가자료공동목록시스템(http://www.nl.go.kr /
kolisnet)에서 이용하실 수 있습니다. (CIP제어번호: CIP2018035625)